DIREITO CONSTITUCIONAL
DE POLÍCIA JUDICIÁRIA

Curso de Direito de Polícia Judiciária

CURSO DE DIREITO DE POLÍCIA JUDICIÁRIA

SANDRO LÚCIO DEZAN
GUILHERME CUNHA WERNER

DIREITO CONSTITUCIONAL DE POLÍCIA JUDICIÁRIA

2

Belo Horizonte

FÓRUM

CONHECIMENTO JURÍDICO

2021

Curso de Direito de Polícia Judiciária

Coordenador: Eliomar da Silva Pereira

© 2021 Editora Fórum Ltda.

É proibida a reprodução total ou parcial desta obra, por qualquer meio eletrônico, inclusive por processos xerográficos, sem autorização expressa do Editor.

Conselho Editorial

Adilson Abreu Dallari
Alécia Paolucci Nogueira Bicalho
Alexandre Coutinho Pagliarini
André Ramos Tavares
Carlos Ayres Britto
Carlos Mário da Silva Velloso
Cármen Lúcia Antunes Rocha
Cesar Augusto Guimarães Pereira
Clovis Beznos
Cristiana Fortini
Dinorá Adelaide Musetti Grotti
Diogo de Figueiredo Moreira Neto (*in memoriam*)
Egon Bockmann Moreira
Emerson Gabardo
Fabrício Motta
Fernando Rossi
Flávio Henrique Unes Pereira

Floriano de Azevedo Marques Neto
Gustavo Justino de Oliveira
Inês Virgínia Prado Soares
Jorge Ulisses Jacoby Fernandes
Juarez Freitas
Luciano Ferraz
Lúcio Delfino
Marcia Carla Pereira Ribeiro
Márcio Cammarosano
Marcos Ehrhardt Jr.
Maria Sylvia Zanella Di Pietro
Ney José de Freitas
Oswaldo Othon de Pontes Saraiva Filho
Paulo Modesto
Romeu Felipe Bacellar Filho
Sérgio Guerra
Walber de Moura Agra

FÓRUM
CONHECIMENTO JURÍDICO

Luís Cláudio Rodrigues Ferreira
Presidente e Editor

Coordenação editorial: Leonardo Eustáquio Siqueira Araújo
Aline Sobreira de Oliveira

Av. Afonso Pena, 2770 – 15º andar – Savassi – CEP 30130-012
Belo Horizonte – Minas Gerais – Tel.: (31) 2121.4900 / 2121.4949
www.editoraforum.com.br – editoraforum@editoraforum.com.br

Técnica. Empenho. Zelo. Esses foram alguns dos cuidados aplicados na edição desta obra. No entanto, podem ocorrer erros de impressão, digitação ou mesmo restar alguma dúvida conceitual. Caso se constate algo assim, solicitamos a gentileza de nos comunicar através do *e-mail* editorial@editoraforum.com.br para que possamos esclarecer, no que couber. A sua contribuição é muito importante para mantermos a excelência editorial. A Editora Fórum agradece a sua contribuição.

Dados Internacionais de Catalogação na Publicação (CIP) de acordo com a AACR2

D532d	Dezan, Sandro Lúcio
	Direito Constitucional de Polícia Judiciária / Sandro Lúcio Dezan, Guilherme Cunha Werner.– Belo Horizonte : Fórum, 2021.
	275 p.; 14,5x21,5cm
	Curso de Direito de Polícia Judiciária, v. 2 ISBN da coleção: 978-85-450-0615-2 ISBN: 978-65-5518-149-4
	1. Direito Público. 2. Direito Constitucional. 3. Direito Processual Penal. I. Werner, Guilherme Cunha. II. Título.
	CDD 341.3 CDU 342.9

Elaborado por Daniela Lopes Duarte - CRB-6/3500

Informação bibliográfica deste livro, conforme a NBR 6023:2018 da Associação Brasileira de Normas Técnicas (ABNT):

DEZAN, Sandro Lúcio; WERNER, Guilherme Cunha. *Direito Constitucional de Polícia Judiciária*. Belo Horizonte: Fórum, 2021. 275 p. (Curso de Direito de Polícia Judiciária, v. 2). ISBN 978-65-5518-149-4.

Aos nossos alunos do Curso de Pós-graduação em Direito de Polícia Judiciária, da Escola Superior de Polícia (Polícia Federal), com os agradecimentos pelos frutíferos diálogos e compartilhamento das mais ricas experiências na área da investigação criminal e da Polícia Judiciária.

Nossos mais sinceros agradecimentos a toda equipe que integra a Escola Superior de Polícia, Academia Nacional de Polícia (Polícia Federal), cujo auxílio se fez imprescindível às aulas ministradas e à conclusão desta obra.

SUMÁRIO

APRESENTAÇÃO GERAL DO CURSO
Eliomar da Silva Pereira..15

PLANO GERAL DO CURSO..21

INTRODUÇÃO..23

CAPÍTULO 1
A POLÍCIA JUDICIÁRIA NO ESTADO CONSTITUCIONAL
DE DIREITO BRASILEIRO..27

1.1   A democracia como vetor constitutivo do Estado Constitucional de Direito brasileiro..29

1.2   A blindagem da democracia no Estado Constitucional de Direito....31

1.3   A Polícia Judiciária no Estado Democrático de Direito (Estado Constitucional de Direito)..31

1.3.1   Estado..33

1.3.2   Império da lei (*rule of law*)..34

1.3.3   Prestação de contas (*accountability*)..34

1.3.4   Capacidade de resposta (*responsiveness*)..35

1.3.5   Possibilidade de escolha..36

1.4   Democracia..37

1.5   República..42

1.6   O desenho constitucional da Polícia Judiciária, para um *regime jurídico-constitucional da Polícia Judiciária*..44

1.6.1   Poder..45

1.6.2   Competência..51

1.6.3   Função..55

1.6.4   Responsabilidade 56

1.6.5   Procedimento 61

1.6.6   Tarefa 64

1.6.7   Controle 64

1.6.8   Representação 66

CAPÍTULO 2
A SEGURANÇA PÚBLICA E O REGIME
JURÍDICO-CONSTITUCIONAL DA POLÍCIA JUDICIÁRIA 69

2.1   A autonomia da Polícia Judiciária (PEC nº 412/2009) 72

2.1.1   A autonomia funcional e administrativa da Polícia Judiciária
e o delegado de polícia como autoridade presidente da
investigação criminal 73

2.1.1.1 A autoridade policial de Polícia Judiciária e a autonomia
funcional 75

2.1.1.2 A autonomia funcional da Polícia Judiciária e os conceitos de
investigação criminal, inquérito policial e outros procedimentos
investigatórios a cargo do delegado de polícia 80

2.2   A autonomia funcional da Polícia Judiciária e a presidência
da investigação criminal 85

2.2.1   A correlação entre a autonomia funcional da Polícia Judiciária,
a presidência da condução da investigação criminal e a atuação
de controle externo do Ministério Público 86

2.2.2   Os objetivos da investigação criminal 92

2.3   A autonomia funcional da Polícia Judiciária e a atuação com
juridicidade do delegado de polícia como autoridade presidente
da investigação criminal 98

2.4   Análise do texto vetado, suas razões e o conceito da expressão
"livre convencimento" na atuação funcional do delegado
de polícia 102

2.4.1   O conceito jurídico do termo "técnico-jurídico" 111

2.4.2   O conceito jurídico do termo "isenção" e "imparcialidade" 112

2.5   Categorias lógico-decorrentes da atuação com "isenção" e
"imparcialidade": *a investigação não é para as partes processuais* 113

2.5.1   O dever de observância dos termos do art. 14 do Código de
Processo Penal 115

2.6 O suprimento do texto vetado do §3º do artigo 2º da Lei nº 12.830/2013 pela interpretação sistemática *imediata* (direta) da própria Lei nº 12.830/2013 116

2.7 O suprimento do texto vetado do §3º do art. 2º da Lei nº 12.830/2013 pela interpretação sistemática *mediata* (indireta) por norma da Lei nº 9.784/99 117

2.8 A lei como instrumento da Administração Pública e da Polícia Judiciária 120

2.8.1 Os princípios de direito como instrumentos normativos da *Administração Pública da investigação criminal* 122

2.8.2 Contorno normativo do princípio da legalidade administrativa 130

2.9 A legalidade e a juridicidade administrativa na investigação criminal e a sua aplicação pela Polícia Judiciária 134

2.9.1 A autonomia funcional da Polícia Judiciária e a irrelevância jurídico-sistêmica do veto do §3º da Lei nº 12.830/2013 136

2.9.2 A autonomia funcional da Polícia Judiciária e o exemplo do §6º do art. 2º da Lei nº 12.830/2013 138

2.9.3 A autonomia funcional da Polícia Judiciária e os contornos jurídicos das requisições ministeriais diante da juridicidade administrativa na investigação criminal 140

2.10 A autonomia funcional da Polícia Judiciária e a ilegitimidade de condução, pelo Ministério Público, dos fins materiais e formais da investigação criminal 142

2.11 A autonomia funcional da Polícia Judiciária e a conclusão sobre os efeitos dos princípios da legalidade e da juridicidade na atuação da Administração Pública na investigação criminal 144

2.12 A indevida ideia de um ciclo completo de polícia (PEC nº 431/2014): uma proposta de confusão da função investigativa, como ofensa ao Estado Democrático de Direito 146

CAPÍTULO 3
DIREITOS CONSTITUCIONAIS FUNDAMENTAIS E A INVESTIGAÇÃO CRIMINAL DE POLÍCIA JUDICIÁRIA 151

3.1 A investigação criminal e a sua teoria comum, como ambiente de reconhecimento e de concreção de direitos fundamentais: o inquérito policial como fase do processo criminal 152

3.2 Contornos fundamentais do inquérito policial federal constitucionalizado 167

3.3   Uma noção geral de devido processo legal punitivo do Estado: a relação entre o direito material e o direito processual.................170

3.3.1   O devido processo legal, o *ne bis in idem* e a necessidade de uma adequada leitura epistêmica dos bens jurídicos.....................170

3.3.2   O conceito de *ne bis in idem* sob um critério de razão e de justiça 173

3.3.3   O escopo teleológico da proibição de mais de uma punição pelo mesmo fato...177

3.3.4   O *efeito impeditivo universal-constitucional* do princípio *ne bis in idem* para uma adequada leitura epistêmica da teoria do bem jurídico...182

3.4   Direito geral a um devido processo legal como direito constitucional fundamental 193

3.4.1   O princípio do devido processo legal 195

3.4.2   O princípio do devido processo legal formal 197

3.4.3   O princípio do devido processo legal substantivo ou material........198

3.4.4   "Ninguém será privado da liberdade ou de seus bens sem o devido processo legal" (LIV): *o princípio da devida investigação legal* 199

3.4.5 "Aos litigantes, em processo judicial ou administrativo, e aos acusados em geral são assegurados o contraditório e ampla defesa, com os meios e recursos a ela inerentes" (LV): os princípios do contraditório e da (ampla) defesa no inquérito policial 200

3.4.5.1 O princípio do contraditório no processo penal estrito e no inquérito policial 201

3.4.5.2 Princípio da ampla defesa no processo penal estrito e o princípio da (ampla) defesa no inquérito policial.......................................203

3.4.6   "São inadmissíveis, no processo, as provas obtidas por meios ilícitos" (LVI): *proibição de meios ilícitos no inquérito policial*.................206

3.4.6.1 Provas (elementos de prova) de interesse do processo penal (investigação e processo estrito)...206

3.4.6.2 Elementos de prova ilegal...212

3.4.6.3 Elementos ilícitos de prova...214

3.4.6.4 Elementos de prova ilegítimos..217

3.4.7   "Ninguém será considerado culpado até o trânsito em julgado de sentença penal condenatória" (LVII): a presunção de inocência e o *nemo tenetur se detegere* no inquérito policial, ou o princípio *nemo tenetur se detegere* no inquérito policial.................217

3.4.8 "A todos, no âmbito judicial e administrativo, são assegurados a razoável duração do processo e os meios que garantam a celeridade de sua tramitação" (LXXVIII): *o princípio da duração razoável do inquérito policial* 218

3.4.8.1 O princípio da razoável duração do inquérito policial 220

3.4.8.2 O princípio da celeridade do inquérito policial 226

3.5 Os direitos constitucionais fundamentais específicos em caso de prisão 227

3.5.1 "Ninguém será preso senão em flagrante delito ou por ordem escrita e fundamentada de autoridade judiciária competente, salvo nos casos de transgressão militar ou crime propriamente militar, definidos em lei" (LXI) 230

3.5.2 "A prisão de qualquer pessoa e o local onde se encontre serão comunicados imediatamente ao juiz competente e à família do preso ou à pessoa por ele indicada" (LXII)....................................232

3.5.3 "O preso será informado de seus direitos, entre os quais o de permanecer calado, sendo-lhe assegurada a assistência da família e de advogado" (LXIII) 235

CAPÍTULO 4
CONTROLE EXTERNO DA POLÍCIA JUDICIÁRIA............................239

4.1 A dimensão do controle externo da Polícia Judiciária 241

4.2 A origem do controle externo...242

4.3 A criação dos Conselhos 243

4.4 Problemas do controle feito pelo Ministério Público 246

4.4.1 Ingerência do Poder Executivo..247

4.4.2 Seletividade na investigação 249

4.4.3 Afastamento do controle do Poder Judiciário....................................252

CONSIDERAÇÕES FINAIS..257

REFERÊNCIAS...261

APRESENTAÇÃO GERAL DO CURSO

1. O CURSO DE DIREITO DE POLÍCIA JUDICIÁRIA (CDPJ) se estrutura a partir de dois postulados fundamentais que se assumem pela coordenação da obra, quais sejam, (i) *a Polícia Judiciária como instituição essencial à função jurisdicional do Estado*; e (ii) *o inquérito policial como processo penal*, visando à consolidação de um devido processo penal para o Estado de Direito.[1]

Esses postulados se podem remeter a "direitos a organização e procedimento", exigíveis a título de direitos a ações positivas, oponíveis ao legislador, como condições de efetividade prática de direitos fundamentais,[2] pois a proteção desses direitos depende de que o poder punitivo esteja organizado com uma divisão de funções intraprocessuais, que viabilize uma efetiva proporcionalidade no exercício da função jurisdicional.[3]

A considerar tudo que vem implicado essa concepção, apenas uma dogmática jurídica compartimentada em disciplinas estanques, que já não é possível no atual estágio da ciência jurídica nacional, poderia remeter as matérias de Polícia Judiciária e inquérito policial

---

[1] Postulados que defendemos desde o nosso PEREIRA, Eliomar da Silva. Introdução: investigação criminal, inquérito policial e Polícia Judiciária. *In*: PEREIRA, Eliomar da Silva; DEZAN, Sandro Lúcio. *Investigação criminal conduzida por delegado de polícia*: comentários à Lei 12.830/2013. Porto Alegre: Juruá, 2013. p. 21-34 – embora tenhamos usado inicialmente a expressão "função essencial à Justiça", segundo a linguagem constitucional positiva que agora tentamos explicar melhor na perspectiva do direito de polícia judiciária.

[2] Cf. ALEXY, Robert. *Teoria dos direitos fundamentais*. 2. ed. 4. tir. São Paulo: Malheiros, 2015. p. 470 *et seq.*

[3] Cf. GÖSSEL, Karl Heinz. *El derecho procesal penal en el Estado de Derecho*. Buenos Aires: Rubinzal, 2007. p. 20 *et seq.*

exclusivamente ao direito administrativo, sem perceber o que há de constitucionalmente relevante e processualmente inevitável na atividade de investigação criminal, além da necessária incursão no campo do direito internacional em virtude da criminalidade organizada transnacional.

Daí a exigência metodológica de estruturar essa obra em volumes de direito constitucional, administrativo, processual (I e II) e internacional de Polícia Judiciária, além do volume dedicado às disciplinas extrajurídicas (teoria da investigação criminal, sistemas comparados de investigação criminal, gestão estratégica da investigação criminal, gestão pública da Polícia Judiciária), tudo precedido de uma introdução ao direito de Polícia Judiciária, buscando cobrir a totalidade das disciplinas do curso de Especialização em Direito de Polícia Judiciária do Programa de Pós-Graduação da Escola Superior de Polícia, que tem entre seus professores os coordenadores desta obra.

2. A ideia de uma Polícia Judiciária como instituição essencial à função jurisdicional do Estado, distinta rigidamente de uma polícia de segurança pública, vem acrescida de sua necessária autonomia institucional e funcional, bem como de um controle externo democrático e uma fiscalização interna no inquérito policial, não apenas pelo órgão oficial de acusação, assumido pelo Ministério Público, mas também por um órgão oficial de defesa que se deveria assumir pela Defensoria Pública.

Embora ao pensador jurídico dogmático esse postulado pareça estar em desconformidade com o constitucionalismo formal nacional, em verdade ele está, em perspectiva jurídica zetética, em conformidade material com o Estado (constitucional e democrático) de Direito, segundo a concepção de Luigi Ferrajoli, para quem:

Na lógica do Estado de direito, as funções de polícia deveriam ser limitadas a apenas três atividades: a atividade investigativa, com respeito aos crimes e aos ilícitos administrativos, a atividade de prevenção de uns e de outros, e aquelas executivas e auxiliares da jurisdição e da administração. Nenhuma destas atividades deveria comportar o exercício de poderes autônomos sobre as liberdades civis e sobre os outros direitos fundamentais. As diversas atribuições, por fim, deveriam estar destinadas a corpos de polícia separados entre eles e organizados de forma independente não apenas funcional, mas também, hierárquica e administrativamente dos diversos poderes aos quais auxiliam. Em particular, a polícia judiciária, destinada à investigação dos crimes e à execução dos provimentos jurisdicionais, deveria ser separada

APRESENTAÇÃO GERAL DO CURSO | 17

rigidamente dos outros corpos de polícia e dotada, em relação ao Executivo, das mesmas garantias de independência que são asseguradas ao Poder Judiciário do qual deveria, exclusivamente, depender.[4] Ademais, com essa ideia, pretende-se corrigir uma equivocada concepção do constituinte, que já Fábio Konder Comparato havia observado, ao propor ao Conselho Federal da Ordem dos Advogados do Brasil que se fizesse uma PEC para separar rigidamente as funções de polícia de prevenção e polícia de investigação, atribuindo a um Conselho Nacional de Polícia Judiciária o seu controle externo de maneira mais democrática, retirando o controle exclusivo do órgão oficial de acusação.[5]

3. A ideia de inquérito policial como processo penal, por sua vez, vem acrescida da sua indispensabilidade como fase prejudicial, opondo-se à doutrina tradicional que reivindica a investigação criminal como procedimento exclusivamente preparatório da ação penal, reduzido à mera peça informativa que se pode dispensar e, consequentemente, nunca transmite nulidades ao processo, em flagrante ofensa a direitos fundamentais ao devido processo penal.

A considerar a quantidade de provas que efetivamente se produzem no inquérito policial – numa distinção entre provas repetíveis e provas irrepetíveis, sob a perspectiva do que é efetivamente utilizado nas motivações de sentenças –, parece-nos que a ciência jurídico-processual brasileira já não se pode contentar com a tradição de obstruir a efetividade dos princípios jurídico-processuais na fase em que eles mais se fazem necessários ao devido processo. Trata-se, em última análise, de uma questão de justiça, que requer levar a sério os princípios garantistas do direito processual penal desde a fase de inquérito.

O fato de que a Polícia Judiciária atua mediante um aparelho administrativo, à semelhança de qualquer outra atividade estatal, não nos pode levar à confusão de considerar a investigação criminal como matéria exclusiva de direito administrativo, a considerar seus efeitos irremediavelmente processuais penais, bem como a função judicial que exsurge materialmente de parte essencial de seus atos.

Considerado como fase do processo penal, que produz irremediavelmente prova, o inquérito policial precisa passar a entender-se como

---

[4] FERRAJOLI, Luigi. *Direito e razão*: teoria do garantismo penal. São Paulo: RT, 2002. p. 617.

[5] Cf., a respeito dessa proposta, COUTINHO, Jacinto Nelson de Miranda. Da autonomia funcional e institucional da polícia judiciária. *Revista de Direito de Polícia Judiciária*, Brasília, v. 1, n. 1, p. 13-23, jan./jul. 2017.

fase obrigatória, imprescindível,[6] sem a qual não é possível a efetividade material da jurisdição que requer uma legitimidade cognitiva, trazendo a maior contrariedade possível no juízo de proporcionalidade de medidas restritivas de direito, chamando a Defensoria Pública ao inquérito, como órgão oficial de defesa, investida na função de fiscalização da efetividade da proteção aos direitos fundamentais, no interesse do indivíduo (proibição de excesso de poder), em igualdade de condições com a fiscalização do Ministério Público, como órgão oficial de acusação, investido na função de fiscalização da efetividade da persecução penal, no interesse da coletividade (proibição de omissão de poder).

Essa nova arquitetura da divisão do poder intraprocessual está em conformidade com a concepção de um direito penal mínimo, cujo objetivo duplo justificante é tanto a prevenção dos delitos quanto a prevenção das penas informais, a exigirem necessariamente um espelhamento na estrutura do processo e na distinção dos interesses,[7] o que se deve observar desde a fase de inquérito, como processo de investigação penal.

4. Trata-se, aqui, de efetivamente distinguir, numa divisão profunda de poder intraprocessual, não apenas o órgão oficial de acusação do órgão de julgamento, mas também do órgão oficial de investigação, bem como de um órgão oficial de defesa,[8] como forma de assegurar uma acusatoriedade não meramente formal ao processo, instituindo, assim, uma igualdade efetiva de armas, com a limitação dos poderes do Ministério Público, a ser considerado "parte (naturalmente) parcial",[9] enterrando em definitivo o discurso legitimador de poder punitivo que ainda insiste na ideia de uma acusação que também zela pelos direitos de defesa, ao mesmo tempo em que é o titular da investigação criminal.[10]

---

[6]   Como se compreende a fase de inquérito no processo penal português, cf. SILVA, Germano Marques. *Processo penal preliminar*. Lisboa: Universidade Católica Portuguesa, 1990. p. 137 *et seq.*

[7]   Cf. a respeito, FERRAJOLI, Luigi. *Direito e razão*: teoria do garantismo penal. São Paulo: RT, 2002. p. 267 *et seq.*

[8]   GÖSSEL, Karl Heinz. *El derecho procesal penal en el Estado de Derecho*. Buenos Aires: Rubinzal, 2007. p. 39 *et seq.*

[9]   Cf. expressão de MONTERO AROCA, Juan. *Proceso penal y libertad*: ensayo polémico sobre el nuevo proceso penal. Madrid: Civitas, 2008. p. 122 *et seq.*

[10] A chamar atenção para o criptoautoritarismo desse discurso, presente no Código Rocco, mas incompatível com um "giusto processo", cf. RICCIO, Giuseppe. *La procedura penale*. Napoli: Editoriale Scientifica, 2010. p. 27 *et seq.* A considerar isso um mito, cf. CASARA, Rubens R. R. *Mitologia processual penal*. São Paulo: Saraiva, 2015. p. 152 *et seq.*

APRESENTAÇÃO GERAL DO CURSO | 19

É preciso, em definitivo, no direito brasileiro, entender-se que o sistema acusatório, ao separar as funções de acusar e julgar, não consente que a acusação possa ter sobre a defesa qualquer proeminência,[11] tampouco que possa produzir provas que serão utilizadas em julgamento, sem controle recíproco das partes, pois isso nos leva irremediavelmente de volta ao inquisitório, como o advertia Francesco Carrara.[12]

Em suma, é com esse espírito que se desenvolve todo o *Curso de Direito de Polícia Judiciária*, em sete volumes, no objetivo de estabelecer um novo marco à compreensão da Polícia Judiciária, ao mesmo tempo em que tenta atribuir-lhe o primeiro esboço sistemático de uma disciplina negligenciada pela dogmática jurídica nacional.

5. Contudo, embora se trate de um primeiro passo na sistematização doutrinária do direito de Polícia Judiciária, que para evoluir dependerá de discussões mais constantes e aprofundadas em torno das diversas questões jurídicas que se levantam, é importante que se reconheçam as diversas ações acadêmicas que lhe antecederam e viabilizaram essa nossa iniciativa, que possui débito com muitos colaboradores aos quais deixamos aqui nossos agradecimentos.

Em especial, registramos nossos agradecimentos aos componentes do Grupo de Pesquisa sobre Direito de Polícia Judiciária (2016-2017),[13] aos participantes do I Congresso de Direito de Polícia Judiciária (2017),[14] aos Membros do Conselho Científico da *Revista de Direito de Polícia Judiciária* (2017-)[15] e aos professores do Curso de Especialização em Direito de Polícia Judiciária (2017-),[16] pela adesão ao projeto geral de construção e discussão sobre o Direito de Polícia Judiciária. Nomeadamente, pedindo desculpas se tiver esquecido alguém: Alexandre Moraes da Rosa; Américo Bedê Freire Júnior; Anthony W. Pereira;

---

[11] Nesse sentido, cf. FERRAJOLI, Luigi. *Direito e razão*: teoria do garantismo penal. São Paulo: RT, 2002. p. 450 *et seq*.

[12] CARRARA, Francesco. *Programa do curso de direito criminal*: parte geral. São Paulo: Saraiva, 1957. v. 2. p. 319.

[13] Cf. CNPQ. *Grupo de Pesquisa Direito de Polícia Judiciária*. Disponível em: http://dgp.cnpq.br/dgp/espelhogrupo/4940013669176426.

[14] Cf. DELEGADOS se reúnem em Brasília para congresso da polícia judiciária. *Conjur*, 30 maio 2017. Disponível em: https://www.conjur.com.br/2017-mar-30/delegados-reunem-brasilia-congresso-policia-judiciaria.

[15] Cf. *Revista de Direito de Polícia Judiciária*, v. 2, n. 4, 2018. Disponível em: https://periodicos.pf.gov.br/index.php/RDPJ.

[16] Cf. ACADEMIA NACIONAL DE POLÍCIA. *Pós-Graduação*. Disponível em: http://www.pf.gov.br/anp/educacional/pos-graduacao/.

Carlos Roberto Bacila; Célio Jacinto dos Santos; Diana Calazans Mann; Elisângela Mello Reghelin; Francisco Sannini Neto; Franco Perazzoni; Guilherme Cunha Werner; Henrique Hoffmann Monteiro de Castro; Jacinto Nelson de Miranda Coutinho; Jaime Pimentel Júnior; José Pedro Zaccariotto; Luiz Roberto Ungaretti de Godoy; Manuel Monteiro Guedes Valente; Márcio Adriano Anselmo; Mart Saad; Milton Fornazari Júnior; Octavio Luiz Motta Ferraz; Paulo Henrique de Godoy Sumariva; Rafael Francisco Marcondes de Moraes; Rodrigo Carneiro Gomes; Ruschester Marreiros Barbosa; Sandro Lucio Dezan; Vinicius Mariano de Carvalho; Wellington Clay Porcino.

Não poderíamos, ainda, deixar de manifestar nosso agradecimento ao apoio e incentivo que recebemos do coordenador da Escola Superior de Polícia, Dr. Júlio Cesar dos Santos Fernandes, quem por primeira vez suscitou a ideia da necessidade de uma disciplina especificamente orientada à discussão das questões de interesse da Polícia Judiciária.

É a todos que entregamos esta publicação, esperando ter atendido às expectativas geradas, desde o primeiro passo dado em 2016, quando anunciamos a criação de uma nova disciplina jurídica nacional: *Direito de Polícia Judiciária*.

Eliomar da Silva Pereira
Coordenador do Curso

PLANO GERAL DO CURSO

COORD. ELIOMAR DA SILVA PEREIRA

VOLUME 1
Introdução ao Direito de Polícia Judiciária
Eliomar da Silva Pereira

VOLUME 2
Direito Constitucional de Polícia Judiciária
Guilherme Cunha Werner e Sandro Lúcio Dezan

VOLUME 3
Direito Administrativo de Polícia Judiciária
Sandro Lúcio Dezan

VOLUME 4
Direito Processual de Polícia Judiciária I
Eliomar da Silva Pereira e Márcio Adriano Anselmo (Org.)

VOLUME 5
Direito Processual de Polícia Judiciária II
Eliomar da Silva Pereira e Márcio Adriano Anselmo (Org.)

VOLUME 6
Direito Internacional de Polícia Judiciária
Eliomar da Silva Pereira e Milton Fornazari Junior (Org.)

VOLUME 7
Disciplinas Extrajurídicas de Polícia Judiciária
Eliomar da Silva Pereira (Org.)

INTRODUÇÃO

O *regime jurídico-constitucional da Polícia Judiciária*, a considerar-se, conjuntamente, *(i)* por uma óptica orgânica, a relação de autonomia e de interdependência sistêmica da Polícia Judiciária para com os demais órgãos e instituição de Estado dedicados à persecução criminal, e, *(ii)* por uma óptica substancial, a submissão da Polícia Judiciária ao dever de deferência à centralidade dos direitos constitucionais fundamentais na ordem normativa, busca traçar um panorama sistêmico-normativo da investigação criminal constitucionalizada.

Este segundo volume do Curso de Polícia Judiciária que se ora delineia, apresentando o *regime jurídico-constitucional da Polícia Judiciária*, é resultado de estudos de direito constitucional e de direito processual penal, aplicados ao plexo de normas sistêmicas que envolvem a atividade de Polícia Judiciária, especialmente a abarcar a função jurídica do delegado de polícia, na condução constitucionalmente qualificada do inquérito policial.

Na prática acadêmica, vislumbrou-se, como por óbvio, uma essencial correlação entre a legitimidade e a validade da investigação criminal e os preceitos principiológicos constitucionais fundamentais e, não obstante, as regras constitucionais, para a aplicação de normas de processo penal à vista de um Estado Constitucional de Direito.

Notadamente, não se há mais que falar em uma epistemologia do Direito sem que se sintam os reflexos diretos e indiretos dos efeitos normativos da Constituição Federal. Nesse arcabouço, regras e princípios que materializam direitos fundamentais, são, de todo, incontornáveis, para se reconhecer um estado de coisas constitucionais, coisas estas a saber: as normas e as praxes dos diversos ramos do direito e, no caso detido à pesquisa, o processo penal e a investigação criminal realizados pela Polícia Judiciária, sem óbices às relações orgânicas e institucionais para este fim: a concretização dos direitos fundamentais em todo o *iter* penal persecutório do Estado.

Afere-se uma, salutar ao Estado de Direito, *fuga do direito processual penal para o direito constitucional,* permitindo-se falar em uma nova epistemologia subsistêmica do direito processual penal: o direito constitucional de Polícia Judiciária, inferido de um *regime jurídico-constitucional da Polícia Judiciária.*

Mas o que é o direito constitucional de Polícia Judiciária? É ele um *conjunto de normas de direito processual penal legitimadas e validadas por normas constitucionais, nomeadamente, aquelas que respeitam a estruturação institucional-orgânica funcionalmente autônoma e juridicamente independente e os direitos constitucionais fundamentais, aplicada a investigação criminal, para a elucidação dos elementos de autoria, de materialidade do ilícito penal e as circunstâncias e elementares que o compuseram, realizada por meio de inquérito policial ou outro instrumento processual exclusivamente dedicado à investigação criminal.*

Afirmamos que o direito de Polícia Judiciária se trata de "um conjunto de normas de direito processual penal legitimadas e validadas por normas constitucionais", uma vez que a persecução criminal se opera por regulação jurídica do ramo epistemológico do direito processual penal, todavia balizadas por normatividade pré-fundante, posta com o escopo de garantia aos indivíduos, pelo direito constitucional. Com efeito, há normas processual penal e de seu subsistema de Polícia Judiciária tanto nas leis processuais penais, quanto na própria Constituição Federal.

Quanto à afirmação de que são "aquelas que respeitam a estruturação institucional-orgânica funcionalmente autônoma e juridicamente independente e os direitos constitucionais fundamentais, aplicada a investigação criminal", quer-se com isso esclarecer que as normas processuais penais e constitucionais com reflexos penais são as dedicadas, para a compreensão do direito constitucional de Polícia Judiciária, à organização de uma instituição policial que exerça com efetividade a imparcialidade na busca da elucidação do crime, e, para isso, faz-se imprescindível a autonomia funcional e a independência jurídico-valorativa dos fatos tidos como de relevo para as balizas legais de reconhecimento do fato típico, ilícito e culpável. Isso se concentra ou se realiza por via da investigação criminal, contudo, com o escopo de concretização de direitos fundamentais.

A investigação criminal não possui o condão primeiro de subsidiar o órgão acusador e, do mesmo modo, subsidiar o órgão defensivo.

Verte-se ela em uma atuação compromissada com a busca da verdade dos fatos relevantes para o direito penal e processual penal, à vista inafastável de direitos constitucionais fundamentais. Não tende ela, assim, para um escopo acusatório ou para um escopo defensivo, senão para um móvel de propiciação da elucidação imparcial do crime, em franco acordo com o Estado Constitucional de Direito.

Com expressão *"realizada por meio de inquérito policial ou outro instrumento processual exclusivamente dedicado à investigação criminal"*, denota que a investigação criminal se materializa no bojo de instrumentos processuais (ou procedimentais alguns) exclusivamente a isso dedicados: o inquérito policial, ou outro instrumento investigativo a cargo da Polícia Judiciária. Surge, assim, a concepção de exclusividade do processo de investigação criminal, para se afirmar que, somente por exceção, deve-se aceitar a elucidação de crimes por vias transversas, levadas a efeito por instrumentos procedimentais outros, distintos do inquérito policial: instrumento de investigação criminal por excelência. O adequado é os demais procedimentos e/ou processos servirem apenas de notícia do fato criminoso e não mais que isso, para serem utilizados como meio de instrução do inquérito policial.

Essa é a essência do direito constitucional de Polícia Judiciária: um direito constitucional-processual penal, manejado pela Polícia Judiciária, no bojo do inquérito policial ou de outro processo jurídico de investigação criminal, para, à luz de direitos fundamentais e do interesse público constitucionalmente categorizado, elucidar o ilícito penal ou, ao menos, elencar indícios de sua autoria e materialidade.

Sob esse contexto, conceber-se-á o *Direito Constitucional de Polícia Judiciária* a partir de três eixos teóricos: *(i)* a Polícia Judiciária no Estado brasileiro e a sua correlação com a função de segurança pública; *(ii)* as implicações entre os direitos constitucionais fundamentais e a investigação criminal realizada pela Polícia Judiciária; e *(iii)* a independência funcional da Polícia Judiciária pela óptica implícita constitucional, à vista do seu controle externo.

CAPÍTULO 1

A POLÍCIA JUDICIÁRIA
NO ESTADO CONSTITUCIONAL
DE DIREITO BRASILEIRO

A distinção entre é e dever ser, real e ideal, apesar de apresentar uma elevada complexidade, também tem um caráter fundamental de elidir confusões. Fundado em tal assertiva, o Cientista Político italiano Giovanni Sartori analisa a afirmação de que o "socialismo seria superior à democracia liberal" e pondera que para justificar de forma lógica essa ou qualquer outra avaliação possível entre regimes é preciso comparar o real com o real e/ou o ideal com o ideal.

Não é logicamente sustentável comparar o socialismo enquanto ideal com a democracia na realidade. Isso seria na visão do autor trapacear. Entretanto tal fórmula argumentativa é observada na construção do discurso de validação da superioridade dos regimes comunistas frente às democracias, e pode ser considerada como uma falácia que passa completamente despercebida. E assim arremata: *atentar para a distinção entre é e deve ser mostra imediatamente o absurdo de afirmar que o ideal de uma coisa é superior à realidade de outra.*[1]

A mesma armadilha argumentativa é identificada no discurso acadêmico que aponta a aparente tensão entre a Polícia Judiciária e o Estado Democrático de Direito. Estabelece-se uma correlação falaciosa entre o papel da Polícia Judiciária em regimes ditatoriais e totalitários (plano das ideias) e o seu efetivo papel no atual Estado Democrático de Direito brasileiro (plano do real), a verter-se em Estado Constitucional de Direito.

---

[1] A distinção é apontada por Giovanni Sartori, em sua obra *A teoria da democracia revisitada*, São Paulo: Ática, 1994, p. 17-39, p. 30-31.

Especificamente no plano das ideias, a Polícia Judiciária em regimes autoritários e ditatoriais cumpre o papel de polícia de governo, entretanto tal exercício de poder é injustificável e impossível de ser reproduzido no plano real das democracias, como a brasileira, uma vez que sua realidade se transmuta constitucionalmente para uma polícia Republicana de Estado.

A polícia apresenta um caráter geral preventivo e administrativo[2] e encontra-se prevista e regulamentada no artigo 144 da Constituição Federal, dividindo-se em Polícias Preventivas (Polícia Militar e Polícia Rodoviária Federal) – às quais cabem a missão de polícia ostensiva e preservação da ordem pública e patrulhamento ostensivo das rodovias federais, respectivamente (artigo 144, parágrafos 2º e 5º da CF) – e as Polícias Judiciárias (Polícia Federal e as Polícias Civis dos Estados), que incumbem as funções de Polícia Judiciária e apuração de infrações penais (artigo 144, parágrafos 1º e 4º da CF), exercem, portanto, uma dupla função: por um lado, dando efetividade às determinações da Justiça Criminal e, de outro, apurando as infrações penais, assim repercutindo de forma primaria na Justiça Penal e secundariamente na segurança pública.

A dicção do texto constitucional no tocante à Polícia Judiciária estabelece em seu art. 144, §4º da CF, "Às polícias civis, dirigidas por delegados de polícia de carreira, incumbem, ressalvada a competência da União, as funções de Polícia Judiciária e a apuração de infrações penais, exceto as militares".

No mesmo sentido, o art. 2º, *caput*, da Lei nº 12.830/1913, ao disciplinar a investigação criminal conduzida por delegado de polícia, disciplina "As funções de Polícia Judiciária e a apuração de infrações penais exercidas pelo delegado de polícia são de natureza jurídica, essenciais e exclusivas de Estado", explicitando sua dupla função: (a) *Polícia Judiciária*, relacionada a atividades de auxílio ao Poder Judiciário, materializável no cumprimento de suas ordens relativas à

---

[2] A distinção surge claramente com a edição do *Código dos Delitos e Das Penas*, editado na França em 1795 por meio da Lei de 3 do Brumário do Ano IV que estabeleceu: "A polícia é instituída para manter a ordem e a tranquilidade pública, a liberdade, a propriedade, a segurança individual (...). A polícia administrativa tem por objeto a manutenção habitual da ordem pública em cada lugar e em cada parte da Administração geral. Seu principal e prevenir delitos. Ela manda executar as leis, ordenações e regulamentos de ordem pública. (...) A polícia judiciária investiga os delitos, os crimes e as contratações que a polícia administrativa não conseguiu impedir de cometer, reúne provas e entrega autores aos tribunais encarregados pela lei de puni-los". Conforme MONET, Jean-Claude. Polícias e sociedade na Europa. *Polícia e Sociedade*, São Paulo, Edusp, v. 3, p. 104.

execução de mandados de busca e apreensão, mandados de prisão, condução de testemunhas, entre outras, e de (b) *polícia investigativa*, desenvolvendo atividades voltadas à colheita de provas e elementos de informação quanto à autoria e materialidade criminosa, apuração de infrações penais por meio de inquérito policial (art. 2º, §1º).

Portanto, ao conjugar as duas acepções da locução Polícia Judiciária, tem-se que "a Polícia, em palavras simples, consiste no *órgão* da administração direta, voltado *à* segurança pública. Quando atua como integrante da Justiça Penal, se diz que a polícia *é* judiciária. Incumbe-lhe, qual todos sabem de raiz, a feitura dos inquéritos policiais, dentre outros deveres. Existe, talvez, certo exagero em vê-los, apenas, sob o *ângulo* da administração pública. Afinal de contas, a função, também, faz o *órgão*".[3] Quando realiza inquérito policial, a polícia exerce função judiciária, porque, "se organicamente a Polícia Judiciária entronca na máquina administrativa do Estado, funcionalmente ela se liga ao aparelho judiciário".[4][5]

O presente capítulo tem por objetivo central identificar o efetivo papel constitucional a ser desempenhado pela Polícia Judiciária no Estado Democrático de Direito, afastando-se das armadilhas, especulações e apriorismos do mundo do dever ser e aproximando-se dos fatos e do caráter real do ser, como fontes original e segura, aptas a identificar a importância dos órgãos de Estado na garantia da integridade do país.

1.1   A democracia como vetor constitutivo do Estado Constitucional de Direito brasileiro

A República Federativa do Brasil apresenta o regime jurídico de Estado Democrático de Direito, conforme anteriormente descrito, e expressamente referido no parágrafo primeiro do art. 1º da Constituição Federal de 1988 ao dispor que *"todo o poder emana do povo, que o exerce por meio de representantes eleitos ou diretamente, nos termos desta Constituição"*.

---

[3]   PITOMBO, Sérgio Marcos de Moraes. *Inquérito policial*: novas tendências. Belém: CEJUSP, 1987, p. 16.

[4]   TORNAGHI, Hélio. *Instituições de Processo Penal*. 2. ed. São Paulo: Saraiva, 1977. v. 2, p. 202.

[5]   O mesmo argumento justificou o voto vencido do Ministro Cesar Peluzo, Relator do RE nº 593.727/GM perante o Supremo Tribunal Federal que fixou repercussão geral para o Ministério Público possuir competência para investiga.

O desenho constitucional adotado no Brasil é o da Democracia Semidireta, em que se escolhe pelo voto os representantes para elaborar as leis (Poder Legislativo) e aplicá-las (Poder Executivo), bem como prevê em ocasiões especiais a participação dos governados *a posteriori* na deliberação de assuntos de natureza política ou do próprio ordenamento jurídico utilizando-se do plebiscito, referendo, iniciativa popular e também pelo veto popular, este último, quando previsto.[6]

Historicamente, a opção da Assembleia Constituinte 1987-1988 funda-se na afirmação de um princípio democrático desenvolvido no âmbito da Comunidade Internacional, especificamente no pós-guerra, e observável no próprio caráter propositivo da Declaração Universal dos Direitos Humanos de 1948 das Nações Unidas,[7] na *Cláusula Democrática* prevista em seu artigo 21º, ao prever especificamente no nº 1º – *Toda pessoa tem o direito de tomar parte no governo de seu país, diretamente ou por intermédio de representantes livremente escolhidos; e instrumentaliza tal previsão no nº 3 – A vontade do povo será a base da autoridade do governo; esta vontade será expressa em eleições periódicas e legítimas, por sufrágio universal, por voto secreto ou processo equivalente que assegure a liberdade de voto.*

A dicção dos artigos assegura a participação política dos cidadãos nos negócios públicos e simultaneamente explicita o direito de autodeterminação manifesta em um governo interno de caráter democrático fundado na eficácia das eleições periódicas e honestas;[8] bem como na soberania nacional dos Estados e a não ingerência externa em assuntos internos, especificamente em matéria eleitoral.[9]

---

[6] O Veto Popular é um instrumento de soberania popular exercido por sufrágio universal que possibilita ao povo vetar projetos de lei, arquivando-os mesmo contra a vontade da casa legislativa. No Brasil é previsto no art. 104 da Lei Orgânica do Município de Aracaju/SE e disciplinado na Lei nº 3.037/2002.

[7] Como pode ser observado do preâmbulo da Declaração Universal de Direitos Humanos das Nações Unidas, essa foi redigida sob o impacto das atrocidades cometidas durante a Segunda Guerra Mundial, ao afirmar que o reconhecimento da dignidade inerente a todos os membros da família humana e dos seus direitos iguais e inalienáveis constitui o fundamento da liberdade, da justiça e da paz no mundo, bem como que o desconhecimento e o desprezo dos direitos do Homem conduziram a atos de barbárie que revoltam a consciência da humanidade e que o advento de um mundo em que os seres humanos sejam livres de falar e de crer, libertos do terror e da miséria, foi proclamado como a mais alta inspiração do Homem. Tal assertiva retoma os ideais da Revolução Francesa, representou a manifestação histórica de que se formara, enfim, em âmbito universal, o reconhecimento dos valores supremos da igualdade, da liberdade e da fraternidade entre os homens, como ficou consignado em seu art. 1º: todos os seres humanos nascem livres e iguais em dignidade e em direitos. Dotados de razão e de consciência, devem agir uns para com os outros em espírito de fraternidade.

[8] Resolução nº 45/150, de 18 de dezembro de 1990, da Assembleia Geral das Nações Unidas.

[9] Resolução nº 45/151, de 18 de dezembro de 1990, da Assembleia Geral das Nações Unidas.

Nesse contexto é importante destacar o papel constitucional das Polícias Judiciárias, especialmente no tocante aos principais crimes que possam ser praticados contra o Estado Democrático que atentem ao sistema eleitoral e político, e na necessária defesa institucional dos órgãos de Estado, conforme será desenvolvido no presente capítulo e em todos os subsequentes.

1.2 A blindagem da democracia no Estado Constitucional de Direito

A proteção da democracia pressupõe a adoção de cláusulas impeditivas da sua modificação ou supressão. Trata-se, conforme definido por Paulo Otero,[10] de uma blindagem da democracia contra o totalitarismo, procurando, dessa forma, garantir a democracia, alguns textos constitucionais limitam a possibilidade de modificação futura da própria constituição, o legislador de revisão constitucional encontra-se impedido de abolir ou eliminar a identidade da Constituição.

O constituinte originário permitiu a alteração da Constituição, desde que obedecidos o *quórum* qualificado de 3/5, em cada casa legislativa, em dois turnos de votação para aprovação das emendas (art. 60, §2º), a proibição de modificação constitucional na vigência de estado de sítio, defesa, ou intervenção federal (art. 60, §1º), e no tocante à matéria, estabeleceu um núcleo intangível: as *cláusulas pétreas* (art. 60, §4º, da CF/88).

A utilização dos limites materiais de revisão constitucional como instrumento de blindagem *antitotalitária* de um eventual processo de revisão subversiva da Constituição, no Brasil, exclui a possibilidade de deliberação de proposta de emenda constitucional tendente a abolir o voto direto, secreto, universal e periódico, a separação dos Poderes e os direitos e garantias individuais. Trata-se especificamente de uma garantia democrática de vedação ao retrocesso.

1.3 A Polícia Judiciária no Estado Democrático de Direito (Estado Constitucional de Direito)

O Estado Democrático de Direito, conforme aponta José Afonso da Silva, não significa apenas reunir formalmente os conceitos de Estado

---

[10] Conforme definição de Paulo Otero, *in A democracia totalitária*: do Estado totalitário à sociedade totalitária. Portugal: Principia. 2001, p. 237-238.

Democrático e Estado de Direito, mas sim na criação de um novo conceito que leva em conta os conceitos dos elementos componentes e os supera. Nesse sentido:

> A Constituição Portuguesa instaura o Estado de Direito Democrático, com o "democrático" qualificando o Direito e não o Estado. Essa é uma diferença formal entre ambas as constituições. A nossa emprega a expressão mais adequada, cunhada pela doutrina, em que "democrático" qualifica o Estado, o que irradia os valores da democracia sobre todos os elementos constitutivos do Estado e, pois, também sobre a ordem jurídica. O Direito, então imantado por esses valores, se enriquece do sentir popular e terá que ajustar-se ao interesse coletivo.[11]

A democracia que o Estado Democrático de Direito realiza pressupõe um processo de: (a) *convivência social* em uma sociedade livre, justa e solidária (art. 3º, I), em que todo o poder emana do povo e deve ser exercido em proveito do povo, diretamente ou por representantes eleitos (art. 1º, parágrafo único); (b) *participativa*, na medida em que envolva a participação crescente do povo no processo decisório e na formação dos atos de governo; (c) *pluralista*, referente à multiplicidade de ideias, culturas e etnias, pressupondo o diálogo entre opiniões divergentes e sua convivência de forma organizada; (d) *libertador* da pessoa humana de todas as formas de opressão, o que não depende apenas do reconhecimento formal de certos direitos individuais, políticos e sociais, mas especialmente da vigência de condições econômicas suscetíveis de favorecer o seu pleno exercício.[12]

Conforme observado, a democracia qualifica o Estado, e assim irradia os valores da democracia sobre todos os seus elementos constitutivos, especificamente sobre suas instituições. Nesse contexto é importante observar que a Polícia Judiciária deve ser sempre uma polícia de Estado, e nunca de governo, uma vez que mesmo os governos democraticamente eleitos devem obediência à Constituição e aos seus princípios.

Assim, em um Estado Democrático de Direito é possível identificar cinco instituições heterogêneas e perfeitamente equilibradas: Estado, primado do direito, prestação de contas, capacidade de resposta

---

[11] SILVA, José Afonso. *Curso de Direito Constitucional Positivo*. 26. ed. São Paulo: Malheiro. 2006, p. 119-120.

[12] SILVA, José Afonso. *Curso de Direito Constitucional Positivo*. 26. ed. São Paulo: Malheiro. 2006, p. 119-120.

e possibilidade de escolha, que a seguir serão tratadas individualmente com o objetivo de estabelecer um conjunto de correlações com as atividades de Polícia Judiciária na defesa do Estado e da Democracia.

1.3.1 Estado

O modelo Weberiano de Estado pressupõe uma comunidade humana inserida em um determinado território, caracterizada pelo monopólio da possibilidade do *uso legítimo da força*,[13] exercendo-a apenas e exclusivamente *através das instituições de Estado designadas para tal finalidade*.[14]

A legitimação do uso da força é o ponto central que distingue o Estado de outras instituições, trata-se da possibilidade do uso do poder-força legitimado pelo Estado com o objetivo de fazer cumprir as leis visando preservar e reestabelecer a ordem pública, a paz social e o Estado Democrático de Direito.

O legítimo balizamento da atuação do Estado decorre do pactuado através das leis, não sendo legítima a ação estatal baseada na violência. A afirmação de que o Estado detém o monopólio do uso legítimo da violência não pode – e não deve – ser considerada correta, em razão inclusive da imprecisão no uso dos conceitos, por si só antagônicos – violência e força –, sendo o Estado a fonte de legitimação do exercício da força, compreendida como a coação física utilizável em última instância para vencer a violência e, assim, reestabelecer a ordem pública e a paz social em benefício de todos os cidadãos.[15]

---

[13] O Estado exerce o *uso legítimo da força* e não da *violência*, uma vez que a violência pressupõe uma ação contrária à ordem moral, jurídica ou política, portanto, afirmar que o poder político estatal exerce o monopólio legítimo da violência é afirmar que a violência é o meio específico e exclusivo, para o exercício do poder político, sendo este contrário à lei; portanto uma ação de Estado legítima deve desenvolver-se dentro dos estritos balizamentos legais e não pode nunca ser desempenhada como uma pretensão de exercício ilimitado da vontade dos governantes, conforme WERNER, Guilherme Cunha. Cleptocracia: corrupção sistêmica e criminalidade organizada. *In: Criminalidade organizada*: investigação, direito e ciência. Portugal: Almedina 2017, p. 25.

[14] WEBER, Max. *Max Weber's Complete Writings*. Ed. Oxford Digital, 2008, p. 56-57.

[15] Nessa linha de argumentação e utilizando-se do mesmo arcabouço teórico, destaco as conclusões do VIII Congresso das Nações Unidas sobre a Prevenção do Crime e o Tratamento dos Delinquentes das Nações Unidas, de 7 de setembro de 1990, onde foram estabelecidos os Princípios Básicos Sobre o Uso da Força e Armas de Fogo pelos Funcionários Responsáveis pela Aplicação da Lei; assim, o uso legítimo da força deve ser exercido com moderação e na exata medida e proporção da gravidade da infração, em consonância com o objetivo legítimo a ser atingido, com o escopo de minimizar os danos e ferimentos e respeitar e preservar a vida humana (UNITED NATIONS CCPCJ, 1990).

As instituições policiais em geral, e a Polícia Judiciária em especial, são detentoras do poder-dever de fazer o uso legítimo da força como ação legal, necessária e proporcional, amparada na Constituição e nas leis, no interesse público, visando reestabelecer a ordem pública e a paz social, com respeito à dignidade da pessoa humana. Nesse contexto, os responsáveis pela aplicação da lei só podem empregar a força quando tal se afigure estritamente necessário e na medida exigida para o cumprimento do seu dever.[16] É importante destacar o papel da Polícia Federal na persecução dos crimes políticos[17] perpetrados em detrimento das instituições do Estado, que serão objeto de estudo em capítulo próprio.

1.3.2 Império da lei (rule of law)

As leis devem ter eficácia, abrangência e aplicabilidade não apenas para as pessoas comuns, mas também de forma indistinta sobre todos, inclusive sobre aqueles que detêm e aplicam o poder do Estado, sendo esta a viga mestra do Estado de Direito em que a regulamentação e a restrição do poder são feitas buscando seu correto exercício. A ordem coercitiva estatal deve ser organizada de tal modo a possibilitar que uma minoria transforme-se em maioria a qualquer momento, face ao relativismo político.[18]

Nesse diapasão, os atos de Polícia Judiciária obedecem ao Princípio da Legalidade, em que prevalece o império da lei que se apresenta na política criminal como um conjunto legislativo que define as infrações e justifica a medida da resposta estatal a estas de forma direta e clara.

1.3.3 Prestação de contas (accountability)

A accountability é um conceito cunhado na Ciência Política e expressa a ideia de controle e se configura na obrigação dos integrantes

---

[16] Conforme se observa inclusive no art. 3º do Código de Conduta para Funcionários responsáveis pela aplicação da lei, da Assembleia Geral das Nações Unidas, em 17 de dezembro de 1979.

[17] O STF através da ADPF nº 153 DF, firmou entendimento de que o crime político é aquele praticado contra os bens jurídicos essenciais à ordem constitucional, como a ordem político-social, a soberania do Estado, sua estrutura organizacional, que, concomitantemente, seja motivado por ideais políticos, tenha o intento de revolucionar a organização pública. Disponível em: http://www.stf.jus.br/arquivo/cms/noticiaNoticiaStf/anexo/ADPF153.pdf.

[18] KESEN, Hans. A democracia. São Paulo: Martins Fontes. 1993, p. 107.

dos órgãos públicos e representantes políticos prestarem contas às instâncias controladoras bem como à população das suas atividades.[19] A transparência impõe uma responsabilidade democrática de informar as decisões e ações, passadas e futuras, e consequente responsabilização por eventual desvio de conduta, sendo uma resposta substantiva apresentada não apenas para os detentores do poder, mas também para toda a sociedade.[20]

Atualmente, o tema guarda conexão com o direito de acesso à informação, garantido pela Lei nº 12.527/2011,[21] que denota a inclusão da noção de que a comunicação entre o Estado e seus cidadãos deve ocorrer de forma clara e acessível, de modo a permitir que o cidadão possa conferir os dados e utilizá-los para análises e propostas de melhoramento do sistema, possibilitando, assim, a formação de um sistema constante de participação e retroalimentação.[22]

Pressupõe a existência de um Sistema Nacional de Integridade compreendido como uma Estrutura organizada, complexa e multidimensional constituída por pilares institucionais com um papel relevante, direta e indiretamente, na prevenção e no combate à corrupção. Esses pilares são compostos por órgãos administrativos, como os Tribunais de Contas, Controladorias Gerais, Corregedorias Gerais, Assembleias e Câmaras Legislativas, sociedade civil e a opinião pública que ao constatar o desvio de conduta informam os órgãos de investigação, Polícias Judiciárias, para apuração dos fatos através de inquérito policial.

1.3.4 Capacidade de resposta (*responsiveness*)

Refere-se à habilidade específica de atendimento das demandas formuladas e às propostas estabelecidas na agenda política, não apenas

---

[19] MELO, Marcus André. (2007). O viés majoritário na política comparada: responsabilização, desenho institucional e qualidade democrática. *Revista Brasileira de Ciências Sociais*, 22(63), 11-29.

[20] SCHEDLER, Andreas. *In*: SCHEDLER, Andreas; DIAMOND, Larry; PLATTNER, Marc F. The Self-Restraining State: Power and Accountability in New Democracies. London: Lynne Rienner Publishers, 1999, p. 13-28.

[21] A Lei nº 12.527, de 18 de novembro de 2011, regulamentou o acesso a informações previsto no inciso XXXIII do art. 5º, no inciso II do §3º do art. 37 e no §2º do art. 216 da Constituição Federal; altera a Lei nº 8.112, de 11 de dezembro de 1990; revoga a Lei nº 11.111, de 5 de maio de 2005, e dispositivos da Lei nº 8.159, de 8 de janeiro de 1991.

[22] HABERMAS, Jüngen. *Between Facts and Norms*: Contributions to a Discourse Theory of Law and Democracy. EUA: MIT Press. 1996, p. 330-334.

por meio de respostas retóricas feitas por meio dos programas políticos, mas também na forma efetiva e eficaz em definir as prioridades orçamentárias. É a resposta democrática no tocante à forma como políticos priorizam as diferentes agendas e o grau de correspondência destas com as preferências públicas.[23]

A capacidade de resposta encontra-se diretamente relacionada com os índices de corrupção. Um ambiente com pouca ou nenhuma transparência, em que os detentores do poder não se veem obrigados a informar os motivos e fundamentos das decisões tomadas, tampouco das ações executadas, terá como resultado a má-governança e a ausência de responsabilização pelo desvio de conduta, propiciando a pátria da corrupção sistêmica.

O combate à corrupção sistêmica só é possível com a criação e fortalecimento de um Sistema de Integridade, composto tanto por órgãos administrativos (Tribunais de Contas e Controladorias Gerais) quanto jurisdicionais (Polícias Judiciárias, Ministérios Públicos, Poder Judiciário), os quais devem efetuar controle efetivo das ações de governo de forma substantiva não apenas sobre os detentores do poder, mas também sobre todos os seus representantes de forma autônoma e independente.

1.3.5 Possibilidade de escolha

O sistema democrático pressupõe eleições periódicas, livres e justas, em que todos os cidadãos tenham o direito de acesso, em condições de igualdade, às funções públicas através de eleições honestas, realizadas periodicamente por sufrágio universal e igual, com voto secreto e salvaguarda de liberdade de voto.[24]

O Brasil conta com um sistema de integridade próprio voltado à garantia do exercício da democracia através do voto, a Justiça Eleitoral,

---

[23] PERSSON, Torsten; GERARD, Roland; GUIDO, Tabellini. Separation of Powers and Political Accountability. *Quarterly Journal of Economics* 112: 1163-1165, 1997.

[24] Declaração Universal de Direitos Humanos das Nações Unidas – "Artigo 21º 1. Toda a pessoa tem o direito de tomar parte na direção dos negócios públicos do seu país quer diretamente, quer por intermédio de representantes livremente escolhidos. 2. Toda a pessoa tem direito de acesso, em condições de igualdade, às funções públicas do seu país. 3. A vontade do povo é o fundamento da autoridade dos poderes públicos: e deve exprimir-se através de eleições honestas a realizar periodicamente por sufrágio universal e igual, com voto secreto ou segundo processo equivalente que salvaguarde a liberdade de voto". A mesma regra se repete nos artigos 25 e 26 do Pacto Internacional dos Direitos Civis e Políticos

especificamente criada para tal finalidade. A Polícia Judiciária eleitoral e a polícia investigativa eleitoral serão exercidas pelas autoridades policiais no território de suas respectivas circunscrições com a finalidade de apurar as infrações penais e de sua autoria, nesse sentido: (a) Polícia Investigativa Eleitoral é a incumbida de fazer as investigações das infrações eleitorais, de elaborar o inquérito policial eleitoral; (b) Polícia Judiciária Eleitoral é a destinada a cumprir as requisições dos Juízes Eleitorais e membros do Ministério Público Eleitoral,[25] em paralelo ao modelo constitucional da Polícia Judiciária inicialmente descrito.

A atribuição para investigar os crimes eleitorais encontra-se estabelecida na Resolução do TSE nº 23.222/2010, "art. 2º A Polícia Federal exercerá, com prioridade sobre suas atribuições regulares, a função de Polícia Judiciária em matéria eleitoral, limitada às instruções e requisições do Tribunal Superior Eleitoral, dos Tribunais Regionais ou dos Juízes Eleitorais (Res.-TSE nº 8.906, de 5 de novembro de 1970 e art. 94, §3º, da Lei nº 9.504/1997). E especificamente no Parágrafo único. Quando no local da infração não existir órgãos da Polícia Federal, a Polícia Estadual terá atuação supletiva (Res.-TSE nº 11.494, de 8 de outubro de 1982 e Acórdãos nºs 16.048, de 16 de março de 2000 e 439, de 15 de maio de 2003)".[26]

1.4 Democracia

Retomando a teoria de Giovanni Sartori para identificar o significado original de *demokratia,* palavra grega composta por *demos* (povo) e *kratos* (poder) e sintetizada na soberania do povo pela interação de dois princípios fundamentais: demos-proteção, ao assegurar a liberdade e proteger os cidadãos do arbítrio e o demos-empoderamento, ao garantir o seu poder de escolher, influenciar e controlar quem governa em seu nome.[27]

---

[25] BARROS, Francisco Dirceu. *Direito Processual Eleitoral.* Rio de Janeiro: Elsevier 2010, p. 66.

[26] É importante destacar as ações da Polícia Federal e Polícias Civis, durante o primeiro turno das Eleições 2018, monitoradas pelo Centro do Sistema Único de Segurança Pública; foram registradas 1.847 ocorrências de crime eleitoral, com 728 prisões e apreensões que somam R$306.783,00 e US$90.600,00. As equipes de segurança também apreenderam mais de 260 mil materiais de campanha irregulares. Entre as principais ocorrências registradas estão crimes eleitorais, como boca de urna, compra de votos, desobediência civil, propaganda e transporte irregulares. Disponível em: http://www.seguranca.gov.br/ news/collective-nitf-content-82. Acesso em: 12 out. 2018.

[27] O conceito de democracia trabalhado por Giovanni Sartori. *A teoria da democracia revisitada.* São Paulo: Ática, 1994, p. 17-39, p. 25-50.

A análise do Polícia Judiciária na defesa e proteção da democracia pressupõe compreender como se forma a democracia e o processo democrático de forma isenta e abrangente.

Infelizmente, o debate político e acadêmico muita vezes encontra-se contaminado por uma retórica de justificação do exercício do poder que, no limite, torna-se tão absurdo, podendo ser sintetizado na máxima, *a democracia é o meu governo, qualquer outra forma de governo é tirania.*

Trata-se, portanto, de um sistema em que os governantes, agindo diretamente, competem e cooperam com o objetivo de serem escolhidos por eleições e em contrapartida responsabilizados por suas ações políticas,[28] uma vez que o poder decisório-deliberativo em uma democracia é conquistado em uma competição aberta pelo voto popular.[29]

A concepção clássica de democracia evolui no contexto Anglo-Americano, conforme observável na definição de Thomas Cooper em 1795: "democracia é o governo do povo para o povo", retomada pelo Senador por Massachusetts, Daniel Webster, em 1830, ao afirmar que a democracia é "o governo do povo, feito pelo povo, para o povo e responsável perante o provo" e consagrada pelo Presidente Abraham Lincoln em 1863 na celebre frase: "democracia é o governo do povo, pelo povo, para o povo".

A democracia como sistema político, entretanto, não pode estar limitada apenas à forma de escolha do governante, tampouco no grau de desenvolvimento econômico de determinado país, uma vez que seja possível identificar que quanto mais próspera for a nação, maiores serão as possibilidades da construção de um regime democrático sólido. Entretanto em uma sociedade economicamente desigual e dividida entre uma grande massa pobre e uma pequena elite favorecida, o resultado será a oligarquia (domínio ditatorial do pequeno estrato superior) ou a tirania (ditadura de base popular). Nesse particular, caberá à população um papel preponderante de participação efetiva

---

[28] Conforme aponta Philippe C Schmitter e Terry L. Karl. O que a democracia é... e não é. *In*: DIAMOND, Larry. *Para Entender a Democracia*. Curitiba, PR: Atuação, 2017, p. 30-49.

[29] O acesso ao poder político, na visão de Joseph Schumpeter, é conquistado com o reconhecimento no sistema democrático por meio do voto, sendo esta a fonte legitimadora do exercício do poder; entretanto, o voto transmuta-se em um recurso de disputa a ser conquistado por quem deseje exercer o poder, tendo por consequência uma disputa meramente mercadológica com pouco espaço para a efetiva participação democrática destinada a atender uma vontade fundada no bem comum. *Capitalism, Socialism and Democracy*. New York: Routledge Schumpeter, 2003: 269-273.

na vida política, demonstrando um amadurecimento e autodisciplina necessários para evitar sucumbir à demagogia.[30] A democracia pressupõe uma delimitação a partir de termos opostos, como autoritarismo, absolutismo, totalitarismo, ditadura e autocracia, sendo a última a que melhor se contrapõe à ideia de democracia por explicitar a forma de autoaclamação na assunção do poder, vinculado alguém ao seu exercício de poder de forma irrevogável, contrapondo-se a democracia onde o poder e outorgado por terceiros em caráter revogável.[31] Reafirma-se, portanto, a necessidade de que em uma democracia o exercício do poder seja limitado e controlado.

O avanço do nível democrático é estabelecido conforme o grau de percepção dos cidadãos sobre a liberdade, igualdade política, e especificamente no controle popular sobre como as decisões políticas são tomadas no sentido de determinar o funcionamento legítimo e legal de instituições estáveis, bem como na efetiva capacidade das instituições de controle de garantir a integridade do sistema político como um todo.

A democracia é identificada no plano da governança com a capacidade de satisfação das expectativas dos cidadãos (qualidade em termos de resultados), no plano da ampla liberdade e igualdade política (qualidade em termos de conteúdo); no plano da responsabilidade, ao avaliar se o governo garante a liberdade e a igualdade nos termos do Estado de Direito e se as instituições governamentais são responsáveis e responsabilizadas perante a lei e a constituição (qualidade em termos de procedimento).[32]

Identificar a dimensão da democracia é particularmente importante para descrever e explicar suas variações e mudanças em sua extensão e abrangência, bem como nos processos de democratização, assim, Charles Tilly, com base na produção acadêmica e nos institutos internacionais como *Freedom House*,[33] propõe quatro tipos de modelos de abordagem possíveis:[34]

---

[30] Nesse sentido é a contribuição de Seymour M. Lipset. Some Social Requisites of Democracy: Economic Development and Political Legitimacy. *American Political Science Review*, (1959) 53: p. 69-105.

[31] O conceito de democracia trabalhado por Giovanni Sartori. *A teoria da democracia revisitada*. São Paulo, SP: Ática. 1994, p. 17-39, p. 25-50

[32] Conforme aponta Larry Diamond e Lenonardo Morlino. Introduction. *In: Assessing the Quality of Democracy*. New York: The John Hopkins University Press 2005, p. xi-xii.

[33] A *Freedom House* foi fundada em 31 de outubro de 1941 por iniciativa de Eleonor Roosvelt e Wendell Willkie, com sede em Washington, Estados Unidos. É uma instituição sem fins lucrativos, de fomento à pesquisa sobre direitos humanos e democracia, coordena e publica anualmente o índice de democracia mundial, *Democracy Index*, entre outras pesquisas voltadas a qualidade da democracia. Disponível em: https://freedomhouse.org/.

[34] O tema é tratado por Charles Tilly. *Democracia*. Petrópolis, RJ: Vozes, 2013, p. 15-38.

- Constitucional: concentra-se sobre a análise das leis que um regime sanciona no que se refere à atividade política, e a observância das cláusulas democráticas;
- Substantiva: foca nas condições de vida e na forma política que um determinado regime promove, e o impacto de valores, como bem-estar do ser humano, liberdade individual, segurança, equidade, igualdade social, deliberação pública e resolução pacífica dos conflitos na agenda política;
- Procedimental: centrada na análise dos instrumentos de promoção da democracia, como eleições livres e periódicas, formas de consulta popular, *recall* e *impeachment*;
- Orientada para o processo: observa a forma como os procedimentos mínimos encontram-se presentes e são aplicados, para que possa existir uma democracia.

As abordagens voltadas para o processo democrático, conforme o pensamento de Robert Dahl,[35] pressupõem que os eleitores devam ter as suas preferências igualmente consideradas na conduta do governo, e para tanto se fazem necessárias as seguintes garantias institucionais: (1) liberdade de formar e aderir a organizações; (2) liberdade de expressão; (3) direito de voto; (4) elegibilidade para cargos públicos; (5) direitos de líderes políticos disputarem apoio e votos; (6) fontes seguras e alternativas de informação; (7) eleições livres e idôneas; e (8) instituições para fazer com que as políticas governamentais dependam de eleições e de outras manifestações de preferências.[36]

As abordagens indicadas não podem ser consideradas separadamente, uma vez que é possível identificar países que se autoproclamam

---

[35] DAHL, Robert A. *Poliarquia*: participação e oposição. São Paulo, SP: Edusp. 1997, p. 25-50.

[36] Os pressupostos indicados transcendem o caráter conceitual e estabelecem critérios especificamente operacionais para a democracia, ao pressupor um conjunto mínimo de processos que necessitam estar continuamente presentes, Robert Dahl afasta conteúdos conceituais que os filósofos políticos regularmente consideram como grandes modelos históricos de democracia: as cidades gregas e romanas, os povoados vikings, as assembleias de cidade e algumas cidades-estados, todos eles fundaram um sistema de deliberação política a partir da exclusão massiva, especialmente de mulheres, escravos e pobres, a inclusão de todos, ou quase todos os adultos é produto da democracia do último século, basta observar que no Brasil o direito ao voto, para as mulheres, começou a ser reconhecido apenas com a edição do primeiro Código Eleitoral, Decreto nº 21.076, de 24 de fevereiro de 1932 – O Código Eleitoral de 1932 disciplinou as eleições padronizadas e estabeleceu o voto obrigatório, secreto e universal, incluindo as mulheres, regra incorporada à Constituição de 1934. Entretanto, o voto feminino era estendido às mulheres solteiras e viúvas que exerciam trabalhos remunerados, as mulheres casadas deveriam estar autorizadas pelos maridos conforme as regras do Código Eleitoral de 1935 (Lei nº 48/1935), apenas o Código Eleitoral de 1965 (Lei nº 4.737/1965) igualou o voto feminino ao masculino.

democráticos em suas constituições, entretanto não o são na vida real.

Os próprios critérios de análise estabelecidos pela *Freedom House* indicam países constitucionalmente democráticos, ou seja, os que se declaram democráticos a partir de suas constituições, mas não o são, como se observa na Venezuela, República Popular Democrática da Coreia do Norte e Rússia, que atingem, respectivamente, os seguintes índices de pontuação 30/100, 3/100 e 20/100, muito distante de democracias reais, como no caso do Canadá ou da Noruega, cujos índices são 99/100 ou 100/100, respectivamente.

A distorção aumenta quando a análise incorpora direitos fundamentais, participação política e controle governamental. O Instituto Internacional para a Democracia e Assistência Eleitoral (IDEA)[37] considera cinco índices essenciais que, aplicados aos países anteriormente referidos, estariam respectivamente quantificados da seguinte forma: (a) governo representativo 0.48, 0.13, 0.43; (b) direitos fundamentais 0.43, 0.10, 0.45; (c) controle governamental 0.26, 0.08, 0.32; (d) administração imparcial 0.19, 0,17 e 0.32; (e) participação eleitoral 0.74, 0.00 e 0,63, uma vez mais distinto dos índices apresentados pelo Canadá, 0.82, 0.83, 0.73, 0.83 e 0.63, ou Noruega, 0.78, 0.93, 0.87, 0.89 e 0.78.

O contexto apresentado estabelece os parâmetros necessários para identificar um regime não democrático disfarçado com o figurino da democracia. A efetividade da democracia pressupõe a observância de uma série de pressupostos mínimos que devem estar presentes.

Nesse contexto, se observarmos os Índices de Percepção da Corrupção apresentados pela Transparência Internacional, os países anteriormente referidos estariam nas seguintes colocações: Venezuela (166º), República Popular Democrática da Coreia do Norte (174º), e Rússia (131º), contra Canadá (9º) e Noruega (6º).

---

[37] O *International Institute for Democracy and Electoral Assistence* IDEA é uma organização intergovernamental fundada em 27-28 de fevereiro de 1995, com sede em Estocolmo, na Suécia, com o objetivo de apoiar e fortalecer as instituições e processos democráticos em todo o mundo através de pesquisas e desenvolvimento de banco de dados e no estudo e difusão de boas práticas eleitorais. As eleições se apresentam como importante variável de controle da democracia conforme evidenciado nos trabalhos desenvolvidos pelo Instituto Internacional para Democracia e Assistência Eleitoral (IDEA), que monitora os processos políticos ao redor do mundo e apresenta um banco de dados sobre financiamento dos partidos políticos e das campanhas eleitorais, indicadores seguros que a ausência de regulamentação nas doações exerce uma influência negativa na política e prejudica a integridade das eleições e, por conseguinte, a democracia conduz as pessoas a perderem a fé nos políticos e nos processos eleitorais.

Assim, a democracia conceitual encontra-se distante da democracia real. O regime democrático é muito mais amplo e complexo; pressupõem instrumentos de efetivo controle e responsabilização no exercício do poder, um Sistema de Integridade composto por órgãos de fiscalização e investigação constitucionalmente previstos e dotados de competências específicas e autonomia própria para o desempenho de suas funções de forma republicana.

1.5 República

No Brasil, a República foi proclamada pelo Marechal Deodoro da Fonseca em 15 de novembro de 1889. Afastou-se do poder D. Pedro II sem qualquer movimentação popular.[38] Apesar da pouca aderência popular aos ideais republicanos, na Constituição de 1891 e nas subsequentes era cláusula pétrea, entretanto, na Constituição de 1988 a República surge como um princípio sensível (art. 34, VII, "a", CF) que haveria de ser confirmado, como o foi por plebiscito (art. 2º do ADCT).

O termo república, conforme discorre Celso Lafer, apresenta mais de um significado. No seu sentido mais amplo, denota comunidade política organizada, correspondendo em grego com a *politéia*, originando a palavra inglesa *polity* e vertida para o latim como *civitas*, que, em inglês, Hobbes traduziu por *commonwealth*.[39]

Entretanto e na sua vertente originada do latim *res publicæ*, que atinge o seu completo significado de *coisa pública*, que imediatamente indica que os bens que guarnecem o Estado pertencem ao povo, refletindo a ideia do interesse geral e do bem comum. É esse o sentido que Nicolau Maquiavel, em sua obra *O Príncipe*, pela primeira vez na Ciência Política utiliza o termo república em sua concepção moderna, em contraste com a monarquia, ao afirmar na abertura de sua obra que *todos os Estado que existiram já existiram são e foram sempre repúblicas ou monarquias.*[40]

República e democracia não se confundem, a história registra a existência de repúblicas aristocráticas, como Gênova, Veneza e Florença, e de monarquias democráticas, como Inglaterra, Bélgica e

---

[38] Nesse sentido recomenda-se a leitura de: CARVALHO, José Murilo de. *Os bestializados*: o Rio de Janeiro e a República que não foi. São Paulo: Companhia das Letras, 2016.

[39] LAFER, Celso. O significado de República. *Revista de Estudos Históricos*. Rio de Janeiro, FGV, 1989, v. 2, n. 4, p. 214-224.

[40] MAQUIAVELLI, Niccolò. *Machiavelli*: Tutte Le Opere Firenze: Sassoni, 1971, p. 258.

Dinamarca. Entretanto, no debate político, a democracia é a grande estrela e a república acaba relegada a um segundo plano, como a forma de governo contraposta à monarquia. Trata-se, entretanto, de limitar um importante tema à esfera política sem dar a devida atenção ao regime dos bens públicos.

O patrimonialismo encontra-se relacionado com um modelo de dominação tradicional patriarcal observável nas antigas monarquias fundadas no *pariato*, sistema de organização e distribuição de títulos aristocráticos de exercício do poder e nobreza com nítida divisão da sociedade em classes baseada na posse da terra e fundada na rígida hierarquia, em que o monarca ou o aristocrata, detentores do poder, dispunham também das propriedades dos bens e algumas vezes das pessoas, podendo destinar tais recursos conforme sua vontade, em razão do caráter privado e particular dos mesmos, sendo um sistema político baseado no conceito de patrimônio estatal condicionado à fruição exclusiva do governante, sendo este o antigo regime autocrático presente na maioria dos países europeus até antes da Revolução Francesa em 1789.

A superação do sistema patrimonial levou à criação das repúblicas no modelo democrático fundado na vontade da lei, ou seja, na matriz da *Dominação Legal* weberiana.

A falta de um sistema de combate à corrupção eficiente e a deterioração do sistema político conduz ao surgimento dos Estados *Neopatrimonialistas*, definidos por Christopher Clapham como sendo a forma de organização em que as relações de caráter patrimonial permeiam o sistema político e administrativo que, apesar de formalmente construído em uma matriz racional-legal, o sistema de poder (alocação dos recursos públicos) é utilizado na obtenção de ganhos pessoais com o rompimento da estrita divisão das esferas públicas e privadas, com a formalização de uma coalizão de interesses objetivando enriquecimento próprio resultante da corrupção em suas diversas modalidades.[41]

Entretanto é possível identificar uma aparente dicotomia entre a realização da democracia e o exercício da república, concepções de dimensões distintas e de convivência árdua. A democracia é caracterizada pela inclusão política e social, enquanto a república é o governo da lei voltado ao bem comum, eficaz e transparente, assim:

---

[41] CLAPHAM, Christopher. *The Third World Politics*. Ed. Taylor & Francis e-Library. 1997, p. 72 e 140-144.

As democracias podem não ser republicanas, como as democracias socialistas, e as repúblicas podem não ser democráticas, como a romana não o foi. Uma das maneiras de caracterizar o momento político atual vivido pelo Brasil *é* dizer que precisamos continuar a democratizar a república pela inclusão social, sem abandonar o esforço de republicanizar a democracia pelo governo eficaz e transparente, requisito indispensável parta o fortalecimento das instituições.[42]

A crítica supratranscrita aponta na direção da necessidade de tornar o governo mais transparente republicanizando a democracia, especificamente no combate *à* corrupção, o que pressupõe instituições republicanas dotadas de autonomia, conforme disposto na Convenção das Nações Unidas Contra o Crime Organizado Transnacional – Convenção de Palermo (Decreto nº 5.015/2004 art. 9º, 1 e 2), e na Convenção das Nações Unidas Contra a Corrupção – Convenção de Mérida (Decreto nº 5.687/2006 art. 6, 11 e 36), que estabeleceram o dever dos Estados Parte em adotarem medidas eficazes de ordem legislativa e administrativa visando promover a integridade, prevenir, detectar e punir a corrupção dos agentes públicos bem como adotar medidas no sentido de se assegurar que as suas autoridades que atuam em matéria de prevenção, detecção e repressão da corrupção de agentes públicos possam agir de maneira eficaz, conferindo a essas autoridades independência suficiente para impedir qualquer influência indevida sobre a sua atuação.

1.6 O desenho constitucional da Polícia Judiciária, para um *regime jurídico-constitucional da Polícia Judiciária*

A formação do Estado Democrático de Direito brasileiro pressupõe um conjunto de instituições políticas dotadas de poder e com capacidade para desempenhar suas funções. O direito constitucional organizatório, conforme estabelece José Joaquim Gomes Canotilho, é o conjunto de regras e princípios constitucionais que regulam a formação dos órgãos constitucionais, sobretudo dos órgãos de soberania, estabelecem as respectivas competências e funções, bem como a forma e os procedimentos adequados para o desempenho de suas atividades.

---

[42] CARVALHO, José Murilo de. *A cidadania no Brasil:* o longo caminho. 18. ed. Rio de Janeiro: Civilização Brasileira. 2014, p. 245.

As estruturas organizatório-funcionais, na visão de Canotilho, sugerem as seguintes características: (a) articulação necessária das competências e funções dos órgãos constitucionais para o cumprimento das tarefas atribuídas; (b) as normas organizatórias não devem ser consideradas como preceitos de limites materialmente vazios típicos de um Estado liberal tendencialmente abstencionista, mas sim como uma verdadeira norma de ação de um Estado constitutivo; (c) as competências constitucionais encontram-se vinculadas à responsabilidade funcional; (d) estabelecer um grau de controle constitucional não apenas jurídico das inconstitucionalidades, mas também com sanções políticas pelo não cumprimento das tarefas constitucionais.[43]

A última característica é desempenhada por um sistema de integridade constitucionalmente previsto, capaz de desempenhar efetivo controle, impondo aos integrantes dos órgãos públicos e representantes políticos a obrigação de prestarem contas às instâncias controladoras de suas ações bem como de estarem sujeitos a sanções pelo abuso do poder.

A análise aqui proposta toma como ponto de partida a ideia do direito constitucional organizatório proposto por J. J. Canotilho, com oito dimensões, assim delimitadas: *poder, competência, função, responsabilidade, procedimento, tarefa, controle* e *representação*. Tais dimensões são perfeitamente identificáveis nas atividades cotidianas e na formação institucional das Polícias Judiciárias (Civis e Federal), a seguir desenvolvidas.

1.6.1 Poder

No Brasil, são poderes da União, independentes e harmônicos entre si, o Legislativo, o Executivo e o Judiciário, denominados também de órgãos de soberania, entretanto a Constituição também utiliza a expressão Poderes Públicos para circunscrever um complexo sistema de órgãos dotados de competências específicas para o exercício de funções determinadas.

Segundo Maria Silvia Zanella Di Pietro, o Poder de Polícia pode ser compreendido, no seu sentido mais restrito, como sendo as intervenções gerais e abstratas, como os regulamentos, ou as concretas e específicas, como as autorizações, as licenças e as injunções, todas do

---

[43] Nesse sentido CANOTILHO, José Joaquim Gomes. *Direito constitucional e teoria da constituição*. 7. ed. Portugal: Almedina, 2007, p. 541-546.

Poder Executivo, destinadas a alcançar o mesmo fim, o de prevenir e obstar o desenvolvimento de atividades particulares contrastantes com os interesses sociais, tal noção corresponde ao poder desempenhado pela Polícia Administrativa.[44] Entretanto, o Poder de Polícia da Polícia Administrativa é objeto de estudo do Direito Administrativo e não se confunde com a Polícia Judiciária, por apresentar uma finalidade distinta, a repressão a ilícitos penais, que é objeto de estudo do Direito Processual Penal.[45]

As Polícias Judiciárias, apesar de pertencerem ao Poder Executivo, administrativamente, exercem poderes destinados à viabilidade da justiça penal (art. 144, incisos I e IV c/c §1º e 4º da CF/1988).

A Constituição da República ao disciplinar o sistema processual penal, conforme aponta Ruchester Marreiros Barbosa, balizou a *persecutio criminis* com uma dupla reserva jurisdicional: (a) caráter absoluto: nas medidas de natureza investigatória que deverão ser decididas exclusivamente pelo Estado-juiz; e (b) caráter relativo: para as medidas decididas pelo Estado-investigador que será submetido a um controle posterior ao Estado-juiz.

A segunda forma de reserva no Estado Democrático de Direito atribui ao Estado-investigação, representado pelo delegado de polícia, um conjunto de poderes-deveres de natureza decisória e também cautelar para consecução dos fins da investigação criminal, qual seja, a apuração da verdade eticamente construída da infração penal e dos indícios de sua autoria.[46]

Entretanto, essa dimensão de poder deve ser devidamente compreendida, uma vez que limitar a Polícia Judiciária como órgão auxiliar do Poder Judiciário é balizar sua verdadeira missão constitucional, bem como cercear ou retirar a sua função investigativa seria esvaziar seu sentido.[47]

---

[44] DI PIETRO, Maria Sylvia Zanella. *Direito Administrativo*. 18. ed. São Paulo: Atlas, 2004, p. 112.

[45] CARVALHO, Matheus. *Manual de Direito Administrativo*. Salvador: Juspodivm, 2017, p. 126.

[46] BARBOSA, Ruchester Marreiros. A função judicial do delegado de polícia na Decisão Cautelar do Flagrante Delito. *Revista de Direito de Polícia Judiciária*. Brasília, Ano 1, n. 2, p. 157-1958, jul./dez. 2017. Disponível em: https://periodicos.pf.gov.br/index.php/RDPJ/article/view/512.

[47] PEREIRA, Eliomar da Silva. Direito de Polícia Judiciária: introdução às Questões fundamentais. *Revista de Direito de Polícia Judiciária*. Brasília, Ano 1, n. 1, p. 47-48, jul./dez. 2017 Disponível em: https://periodicos.pf.gov.br/index.php/RDPJ/article/view/470/278.

A doutrina mais recente tem adequadamente defendido a posição da Polícia Judiciária como Função Essencial à Justiça, sobretudo, ao reconhecer o valor condicionado da investigação e sua necessária submissão ao crivo do contraditório, doutrina que vem se fortalecendo desde a promulgação da Constituição Federal de 1988, e tendo por principal precursora a Profa. Marta Cristina Cury Saad.[48]

A Polícia Judiciária como Função Essencial à Justiça foi inicialmente desenvolvida em parecer da lavra do jurista Jacinto Nelson de Miranda Coutinho, apresentado pelo Conselho da Ordem dos Advogados do Brasil em proposição de Emenda Constitucional[49] redigida pelo jurista Fábio Konder Comparato,[50] ao qual remeto à leitura, destacando aqui os seguintes pontos:

06. O ponto de partida para a justificação da proposta apresentada pelo i. proponente é a distinção entre as funções exercidas pela polícia judiciária e pela polícia de segurança pública, cabendo a esta última, essencialmente, a preservação da ordem pública e da incolumidade das pessoas e bens mediante ações imediatas e ostensivas, vinculando-se naturalmente ao Poder Executivo.

07. A polícia judiciária, de maneira diversa, não deveria restar subordinada ao Poder Executivo por exercer *função essencial ao exercício da Justiça*, consistente na apuração de infrações penais.

Partindo do levantamento legislativo proposto por Célio Jacinto dos Santos, ao enumerar o conjunto de poderes-deveres do delegado de polícia visando à instrução do Inquérito Policial, é possível destacar a avaliação jurídica dos fatos na lavratura do auto de prisão em flagrante delito; a concessão de liberdade mediante fiança nas situações fixadas em lei; a determinação para recolhimento do preso à prisão; a expedição

---

[48] SAAD, Marta Cristina Cury. *O direito de defesa no inquérito policial*. São Paulo: Revista dos Tribunais. 2004

[49] A opção da Assembleia Constituinte de 1987-1988 pela subordinação da Polícia Judiciária ao Poder Executivo não enfrentou o conjunto de inconvenientes enraizados na tradição autoritária de concentração do poder enraizadas desde o período colonial até as mais recentes práticas coronelistas em um sistema que reverbera desde a constituição do Império, e deveria ser redimensionado, inclusive no plano da necessária *autonomia funcional e administrativa e na iniciativa de elaborar sua proposta orçamentária dentro dos limites estabelecidos na lei de diretrizes orçamentárias*, nos termos da PEC nº 412/2019 que será objeto de análise em capítulo próprio. O referido parecer encontra-se disponível em: http://www.oab.org.br/editora/revista/users/revista/1211292337174218181901.pdf. Acesso em: 25 out. 2018.

[50] Vale o comentário ao parecer e à PEC desenvolvido por PEREIRA, Eliomar da Silva. Introdução: investigação criminal, inquérito policial e polícia judiciária. In: *Investigação criminal conduzida por delgado de polícia: comentários a Lei nº 12.830/2013*. Curitiba: Juruá, 2013, p. 21-34.

de nota de culpa ao preso, dentre outras, mas todos com uma carga jurisdicional constitucionalmente determinada.[51]

Assim, os poderes-deveres do delegado de polícia visando à instrução do Inquérito Policial, materializam-se em um poder de caráter jurisdicional. Nesse contexto, a análise jurídica dos fatos e a lavratura do auto de prisão em flagrante delito; a concessão de liberdade mediante fiança com a fixação dos parâmetros legais da mesma; a tipificação penal com a expedição de nota de culpa e o próprio ato de indiciamento são atos processuais fundamentados mediante análise técnico-jurídica do fato, que deverá indicar a autoria, materialidade e suas circunstâncias, conforme a dicção do art. 2º, §6º, da Lei nº 12.850/2013.

A análise da própria natureza jurídica da prisão em flagrante remete a dois aspectos fundamentais: (a) a necessária ordem escrita e fundamentada da autoridade de Polícia Judiciária em consonância com a prisão por ordem escrita e fundamentada da autoridade judiciária competente, ambos, portanto de caráter jurisdicional, conforme art. 5º, LXI, CF/1988; (b) mesmo após a entrada em vigor da Lei nº 12.403/2011, a doutrina especializada, representada por Rafael Francisco Marcondes

---

[51] A lista completa: a avaliação jurídica dos fatos na lavratura do auto de prisão em flagrante delito; a concessão de liberdade mediante fiança nas situações fixadas em lei; a determinação para recolhimento do preso à prisão; a expedição de nota de culpa ao preso; a comunicação da prisão a familiares ou pessoa indicada pelo preso; a comunicação da prisão ao magistrado, ao ministério público e defensoria pública; a determinação de realização de exame de corpo de delito e outros exames periciais; a representação por busca e apreensão domiciliar; a restituição de coisas apreendidas; o comparecimento no local do crime para proceder às investigações cabíveis; colher provas para o esclarecimento do fato investigado; a oitiva de testemunhas; interrogar o acusado; ouvir o ofendido; proceder a reconhecimento de pessoas e a acareações; ordenar a identificação do indiciado conforme a lei de regência; averiguar a vida pregressa do indiciado; a requisição de documentos, informações e dados a pessoas físicas e jurídicas; a representação pela prisão preventiva ou prisão temporária; a representação por outras medidas cautelares diversas da prisão provisória; a representação ao juiz competente pela realização de exame médico-legal para averiguar eventual insanidade mental do acusado; a representação à autoridade judiciária pelo sequestro e arresto; representar pela quebra de sigilo bancário, fiscal, das comunicações telefônicas e telemáticas; representar ao Poder Judiciário pela infiltração de agentes; representar ao juiz pela concessão de perdão judicial ao colaborador; celebrar acordo de colaboração com investigado; representar pela captação ambiental quando for o caso; a comunicação de ação controlada ao juiz; e a produção de relatório de inquérito policial com suas conclusões e fundamentos técnico-jurídico, conforme SANTOS, Célio Jacinto dos. A Polícia Judiciária no Estado Democrático de Direito. *Revista de Direito de Polícia Judiciária*: Revista da Escola Superior de Polícia (ANP) Brasília, Ano 1, n. 1, p. 81-128, jul./dez. 2017, incluindo ainda a lavratura de Termo Circunstanciado e as medidas cautelares da Lei Maria da Penha.

de Moraes[52] e Fernando da Costa Tourinho Filho,[53] destacava o caráter penal cautelar da prisão em flagrante, espécie de medida pessoal cautelar destinada a viabilizar a pronta coleta e formalização dos atos instrutórios voltados a regular persecução penal, uma vez que sua decretação é extrajudicial, mas projeta-se para uma moderação judicial *a posteriori*.[54]

Inúmeras são as medidas restritivas e coativas de caráter jurisdicional que o Estado atribui à Polícia Judiciária, a quem incumbe observar e zelar pelas garantias asseguradas à pessoa presa, detida ou investigada. Trata-se da primeira organização pública que integra o sistema persecutório penal com o poder de apreciar as circunstâncias da restrição de liberdade do indivíduo, o fato penal e seus elementos, deliberando pela manutenção da restrição ou outra providência, sempre lastreado na legalidade. O delegado de polícia, como autoridade estatal titular da investigação policial, tem o poder-dever de definir os fatos investigados, provados e instruídos,[55] em última análise detém o poder-dever de subsumir o fato à norma penal.

Portanto, a parcela de poder constitucionalmente destinada à Polícia Judiciária não deve, entretanto, ser apenas compreendida como instrumento de apoio e auxílio necessário à eficácia das ordens emanadas do Poder Judiciário.

Assim, o delegado de polícia não é um ente autômato no âmbito da investigação criminal. A todo instante é instado a decidir, o que dá sentido à sua função democrática, além da exclusiva função de investigar, uma vez que assegura que *ninguém será levado à prisão ou nela mantido quando for cabível liberdade provisória*, ou até mesmo decidir pela não lavratura do auto de prisão em flagrante por estar calçada em prova ilícita, exercendo o verdadeiro papel de *autoridade de garantias*,

---

[52] MORAES, Rafael Francisco Marcondes. *Prisão em flagrante delito constitucional*. Salvador: Juspodivm. 2014, p. 35-38.

[53] TOURINHO FILHO, Fernando da Costa. *Processo penal*. São Paulo: Saraiva, 2008, p. 11.

[54] A natureza jurídica da prisão em flagrante é de medida cautelar, da mesma forma que a prisão preventiva, assim efetuada a prisão em flagrante só se justifica a permanência do indicado em cárcere para assegurar o resultado final do processo e para garantir-lhe o desenrolar normal, conforme aponta Fernando da Costa Tourinho Filho. *Processo Penal*. São Paulo: Saraiva, 2008, p. 11.

[55] Sobre as coações processuais-penais veja SANTOS, Célio Jacinto. *Investigação criminal especial*: seu regime no Estado Democrático de Direito. Porto Alegre: Núria Fabris, 2013, p. 118; A Polícia Judiciária no Estado Democrático de Direito. *Revista de Direito de Polícia Judiciária*. Brasília: ANP, Ano 1, n. 1, p. 81-128, jul./dez. 2017. Disponível em: https://periodicos.pf.gov.br/index.php/RDPJ/article/view/472; e PITOMBO, Sérgio Moraes. *Breves notas em torno da coação processual penal*, p. 103-109.

função tipicamente judicial, reconhecida pela Corte Interamericana de Direitos Humanos como função materialmente judicial, ao interpretar artigo 7º, item 5, do Decreto nº 678, de 6 de novembro 1992, que promulga a Convenção Americana sobre Direitos Humanos[56] "ou outra autoridade que exerce função judicial", *in verbis*: "as ditas características não correspondem somente aos *órgãos* estritamente jurisdicionais, mas que as disposições do artigo 8.1 da Convenção se aplicam também as decisões de *órgãos* administrativos, pois função fora da reserva absoluta da jurisdição".[57]

Nesse mesmo sentido, destaca Ruchester Marreiros Barbosa outro importante documento das Nações Unidas sobre Direitos Humanos, denominado de "Conjunto de Princípios para a Proteção de Todas as Pessoas Sujeitas a Qualquer forma de Detenção ou Prisão – 1988"[58] Segundo esse documento, que elenca 39 princípios sobre pessoas capturadas, detidas e presas, realiza uma interpretação teleológica sobre o alcance de "ou outra autoridade autorizada por lei a exercer funções judiciais", disposto em seu Anexo, e seu princípio 11.3, *in verbis*:[59]

Princípio 11

1. Ninguém será mantido em detenção sem ter a possibilidade efetiva de ser ouvido prontamente por uma autoridade judiciária ou outra autoridade. A pessoa detida tem o direito de se defender ou de ser assistida por um advogado nos termos da lei.

---

[56] A Convenção Americana sobre Direitos Humanos (Pacto de São José da Costa Rica), de 22 de novembro de 1969 foi promulgada no Brasil Decreto nº 678/1992 e estabelece: "Artigo 7º – Direito à liberdade pessoal: 5. Toda pessoa presa, detida ou retida deve ser conduzida, sem demora, à presença de um juiz ou outra autoridade autorizada por lei a exercer funções judiciais e tem o direito de ser julgada em prazo razoável ou de ser posta em liberdade, sem prejuízo de que prossiga o processo. Sua liberdade pode ser condicionada a garantias que assegurem o seu comparecimento em juízo".

[57] BARBOSA, Ruchester Marreiros. A função judicial do delegado de polícia na decisão cautelar do flagrante delito. *Revista de Direito de Polícia Judiciária*. Brasília, Ano 1, p. 157-1958, jul./dez. 2017. Disponível em: https://periodicos.pf.gov.br/index.php/RDPJ/article/view/512.

[58] Conforme observa no Grupo de Trabalho sobre Detención Arbitraria, Conclusiones y Recomendaciones de 15 de diciembre de 2003, UN DOC E/CN.4/2004/3, párr. 86. Disponível em: http://www2.camara.leg.br/atividade-legislativa/comissoes/comissoes-permanentes/cdhm/comite-brasileiro-de-direitos-humanos-e-politica-externa/ConjPrinProtPesSujQuaForDetPri.html. Acesso em: 30 ago. 2018.

[59] BARBOSA, Ruchester Marreiros. A função judicial do delegado de polícia na Decisão Cautelar do Flagrante Delito. *Revista de Direito de Polícia Judiciária*. Brasília, Ano 1, n. 2, p. 157-1958, jul./dez. 2017. Disponível em: https://periodicos.pf.gov.br/index.php/RDPJ/article/view/512.

2. *A pessoa detida e o seu advogado, se o houver, devem receber notificação, pronta e completa da ordem de detenção, bem como dos seus fundamentos.*

3. *A autoridade judiciária ou outra autoridade devem ter poderes para apreciar, se tal se justificar, a manutenção da detenção.*

(...)

Princípio 37

A pessoa detida pela prática de uma infração penal deve ser apresentada sem demora a uma autoridade judiciária ou outra autoridade prevista por lei, prontamente após sua captura. Essa autoridade decidirá sem demora da legalidade e necessidade da detenção.

Cumpre destacar que a Audiência de Custódia instituída pela Resolução nº 213/2005 do Conselho Nacional de Justiça não retirou o caráter jurisdicional da atividade do delegado de polícia na Prisão em Flagrante e nem teve a força de afastar ou mitigar a aplicação do art. 7.5 da CADH, conforme se observa na dicção do artigo 8º, §1º, que impede durante a entrevista com a pessoa presa em flagrante que sejam realizadas *perguntas relativas ao mérito dos fatos que possam constituir eventual imputação* mantendo-se, assim, a reserva jurisdicional contida no Pacto de São José da Costa Rica.

1.6.2 Competência

A competência compreende o poder de ação e de atuação atribuídos constitucionalmente aos vários órgãos, poderes públicos, e seus agentes para a persecução das tarefas que lhe são atribuídas. Trata-se de importante balizamento destinado a limitar o poder de um determinado órgão tanto em relação aos outros da administração pública quanto em relação aos próprios administrados.[60]

A Polícia Federal, conforme o texto constitucional, exerce, com exclusividade, as funções de Polícia Judiciária da União, destacando-se que as Polícias Civis também são dotadas da competência para a apuração das infrações penais e das atividades de Polícia Judiciária das justiças estaduais. O constituinte, ao estabelecer a competência para a investigação criminal, não atribuiu essa função a nenhum outro órgão. Trata-se de competência exclusiva, ou seja, o seu exercício é atribuído exclusivamente a apenas um órgão (art. 144, §1º, inciso IV, da CF/1988).[61]

---

[60] Nesse sentido CANOTILHO, José Joaquim Gomes. *Direito constitucional e teoria da constituição*. 7. ed. Portugal: Almedina, 2007, p. 541-546.

[61] Cumpre destacar que a exclusividade da investigação foi alvo de Repercussão Geral. Julgado mérito de tema com repercussão geral no RE nº 593727, TRIBUNAL PLENO

A competência constitucional pressupõe dois importantes vetores explicitados no Princípio da Tipicidade de Competência – onde as competências dos órgãos constitucionais devem ser expressamente enumeradas na constituição; e no Princípio da Indisponibilidade de Competências – na qual as competências constitucionalmente fixadas não possam ser transferidas para órgãos diferentes dos quais foram atribuídos.

Trata-se de dois princípios que impedem a alteração das regras constitucionais de competência dos órgãos de soberania, (e especificamente os órgãos que detêm a possibilidade de fazer uso legítimo da força do Estado para a garantia de suas ações, como é o caso das Polícias Judiciárias), e mesmo no caso de competência legal, essas devem estar em concordância com os preceitos constitucionais.[62]

A constituição ao atribuir funções institucionais delimita seu exercício à forma exclusiva e privativa, aquela indelegável e esta delegável, sendo exclusiva a atividade que somente pode ser realizada ou praticada pelo detentor da autoridade ou competência para fazê-lo, em detrimento das demais instituições.[63]

É possível estabelecer no âmbito das competências constitucionais os seguintes níveis: competência exclusiva: atribuída a um só órgão; competências concorrente: atribuída a título igual a vários órgãos. Assim, Canotilho assevera que *a força normativa das constituições*

---

do Supremo Tribunal Federal: "O Tribunal, por maioria, negou provimento ao recurso extraordinário e reconheceu o poder de investigação do Ministério Público, nos termos dos votos dos Ministros Gilmar Mendes, Celso de Mello, Ayres Britto, Joaquim Barbosa, Luiz Fux, Rosa Weber e Cármen Lúcia, vencidos os Ministros Cezar Peluso, Ricardo Lewandowski e Dias Toffoli, que davam provimento ao recurso extraordinário e reconheciam, em menor extensão, o poder de investigação do Ministério Público, e o Ministro Marco Aurélio, que dava provimento ao recurso extraordinário e negava ao Ministério Público o poder de investigação. Em seguida, o Tribunal afirmou a tese de que o Ministério Público dispõe de competência para promover, por autoridade própria, e por prazo razoável, investigações de natureza penal, desde que respeitados os direitos e garantias que assistem a qualquer indiciado ou a qualquer pessoa sob investigação do Estado, observadas, sempre, por seus agentes, as hipóteses de reserva constitucional de jurisdição e, também, as prerrogativas profissionais de que se acham investidos, em nosso País, os Advogados (Lei nº 8.906/94, art. 7º, notadamente os incisos I, II, III, XI, XIII, XIV e XIX), sem prejuízo da possibilidade ? sempre presente no Estado democrático de Direito ? do permanente controle jurisdicional dos atos, necessariamente documentados (Súmula Vinculante nº 14), praticados pelos membros dessa Instituição. Redator para o acórdão o Ministro Gilmar Mendes. Ausente, justificadamente, o Ministro Gilmar Mendes. Presidiu o julgamento o Ministro Ricardo Lewandowski. Plenário, 14.05.2015".

[62] Nesse sentido CANOTILHO, José Joaquim Gomes. *Direito constitucional e teoria da constituição...*, p. 547.

[63] ALMEIDA, Fernanda Dias Menezes de. *Competências nas Constituições de 1988.* 6 ed. São Paulo. Atlas. 2013., p. 62-64.

é incompatível com a existência de competências não escritas, salvo nos casos de a própria constituição autorizar o legislador a alargar o leque de competências normativo-constitucionais, afastando-se, portanto, a aplicabilidade no direito constitucional da doutrina dos poderes implícitos, resultantes ou inerentes.[64]

O contexto jurídico apresentado de exclusividade não permite interpretações, tampouco a aplicação da Teoria dos Poderes Implícitos, utilizada para legitimar a atuação do Ministério Público Federal no exercício de atividade de Polícia Judiciária da União. Nesse sentido, destaca-se o pensamento do Ministro Marco Aurélio do Supremo Tribunal Federal:[65]

> A evocação do axioma jurídico "quem pode o mais pode o menos" estaria correta se estivéssemos diante de interpretação de normas de direito privado. Nessa seara, realmente, quem possui autorização para fazer o mais pode fazer o menos, pois, para os particulares, vale o princípio da legalidade ampla, ou seja, tudo que não estiver proibido está permitido. No direito público, aplica-se o princípio da legalidade estrita. Logo, os órgãos só podem proceder em conformidade com o que está expressamente autorizado.
>
> A ausência de previsão conduz à vedação. Descabe a aplicação da teoria dos poderes implícitos, pois a medida pressupõe vácuo normativo. Somente se a Carta não houvesse disciplinado acerca da investigação criminal, se mostraria possível a observância dessa teoria com a finalidade de suprir a omissão do constituinte.[66]

A citada afastou a aplicabilidade da "Teoria dos Poderes Implícitos" como instrumento de interpretação das normas de Direito Público, entretanto, o Supremo Tribunal Federal no RE nº 593727/MG, julgado em 14 de maio de 2015, fixou em Repercussão Geral a possibilidade de o Ministério Público, dispor da competência de

---

[64] CANOTILHO, José Joaquim Gomes. *Direito constitucional e teoria da constituição...* 2007, p. 547-549.

[65] Voto-Vista do Ministro Marco Aurélio dando provimento ao recurso ao anular, desde a origem, o Processo-Crime nº 1.0000.06.444038-1/000, que tramita perante o Tribunal de Justiça do Estado de Minas Gerais, proclamando a ilegitimidade absoluta do Ministério Público para, por meios próprios, realizar investigações criminais.

[66] Nesse sentido, o Supremo Tribunal Federal já havia se posicionado por diversas vezes destacando: EMENTA: O MP deve requisitar investigações à polícia, não cabe ao membro do Ministério Público realizar, diretamente, investigações tendentes à apuração de infrações penais, mas requisitá-las à autoridade policial, competente para tal. (CF, art 144, §§1º e 4º) (STF, Inf, STF 142, RE nº 205.473 – AL Rel. Min. Carlos Veloso).

promover, por autoridade própria, e por prazo razoável, investigações de natureza penal.[67] As investigações promovidas pelo Ministério Público deveriam seguir os balizamentos da Repercussão Geral de que os atos de investigação conduzidos deveriam estar sujeitos ao permanente controle do Poder Judiciário, entretanto não é o que se observa na Resolução nº 181/2017 do Conselho Nacional do Ministério Público que disciplina a instauração e tramitação do Procedimento de Investigação Criminal (PIC) e prevê a possibilidade de arquivamento na própria instituição sem o referido controle conforme art. 19, §1º, facultada ao órgão *superior interno responsável por sua apreciação, nos termos da legislação vigente.*[68]

Melhor seria a aplicação da "Teoria dos Poderes Expressos", baseada na aceitação da norma legal partindo da leitura direta do texto constitucional, se não fosse assim, estaríamos diante da constante invasão de atribuição entre órgãos públicos, desvirtuando a própria gênese da república como o governo da lei voltada ao bem comum, onde cada instituição detém um papel específico a ser desempenhado e passaríamos ao anacronismo da usurpação, do arbítrio, rompendo-se com a Segurança Jurídica,[69] compreendida nas suas duas dimensões:

---

[67] "O Ministério Público dispõe de competência para promover, por autoridade própria, e por prazo razoável, investigações de natureza penal, desde que respeitados os direitos e garantias que assistem a qualquer indiciado ou a qualquer pessoa, sob a investigação do Estado, observadas, sempre, por seus agentes, as hipóteses de reserva constitucional de jurisdição e, também, as prerrogativas profissionais de que se acham investidos, em nosso País, os advogados (Lei 8.906/1994, art. 7º, notadamente os incisos I, II, III, XI, XIII, XIV e XIX), sem prejuízo da possibilidade – sempre presente no Estado democrático de Direito – do permanente controle jurisdicional dos atos, necessariamente documentados (Enunciado 14 da Súmula Vinculante), praticados pelos membros dessa Instituição".

[68] "Art. 19. Se o membro do Ministério Público responsável pelo procedimento investigatório criminal se convencer da inexistência de fundamento para a propositura de ação penal pública, nos termos do art. 17, promoverá o arquivamento dos autos ou das peças de informação, fazendo-o fundamentadamente. (Redação dada pela Resolução nº 183, de 24 de janeiro de 2018) §1º A promoção de arquivamento será apresentada ao juízo competente, *nos moldes do art. 28 do Código de Processo Penal, ou ao órgão superior interno responsável por sua apreciação, nos termos da legislação vigente*" (Anterior parágrafo único renumerado para §1º pela Resolução nº 183, de 24 de janeiro de 2018). Disponível em: http://www.cnmp.mp.br/portal/images/Resolucoes/Resolu%C3%A7%C3%A3o-181.pdf.

[69] A segurança jurídica encontra-se umbilicalmente ligada ao direito adquirido, ato jurídico perfeito e a coisa julgada, assim "os princípios da protecção da confiança e da segurança jurídica podem formular-se assim: o cidadão deve poder confiar em que aos seus actos ou às decisões públicas incidentes sobre os seus direitos, posições jurídicas e relações, praticados ou tomadas de acordo com as normas jurídicas vigentes, se ligam os efeitos jurídicos duradouros, previstos ou calculados com base nessas mesmas normas. Estes princípios apontam basicamente para: (1) a proibição de leis retroactivas; (2) a inalterabilidade do caso julgado; (3) a tendencial irrevogabilidade de actos administrativos constitutivos de direitos". (CANOTILHO, José Joaquim Gomes. *Direito constitucional e teoria da constituição...* 2007, p. 373).

(1) estabilidade ou eficácia *ex post* da segurança jurídica: uma vez adotadas, na forma e procedimento legalmente exigidos, as decisões estaduais não devem poder ser arbitrariamente modificadas, sendo apenas razoável alteração das mesmas quando ocorram pressupostos materiais particularmente relevantes; (2) previsibilidade ou eficácia *ex ante* do princípio da segurança jurídica que, fundamentalmente, se reconduz à exigência de certeza e calculabilidade, por parte dos cidadãos, em relação aos efeitos jurídicos dos atos normativos.[70]

1.6.3 Função

A função é a relação de referência entre uma norma de competência e os fins dessa norma. Assim as funções de investigação realizadas por órgão de competência de Polícia Judiciária, destinados a apurar a materialidade e autoria delitiva, materializáveis pelo meio do inquérito policial é função judiciária uma vez que se liga funcionalmente ao aparelho judiciário.

A denominação Polícia Judiciária tem sentido na medida em que não se cuida de uma atividade policial ostensiva[71] (típica da Polícia Militar para a garantia da segurança nas ruas), mas investigatória, cuja função se volta a colher provas para o órgão acusatório e, na essência, para que o Judiciário avalie no futuro.[72]

A primeira diferença que se faz presente entre ambas as polícias, indicada por Celso Bastos, é pelo fato de que o ato fundado na polícia administrativa exaure-se nele mesmo. Dada uma injunção, ou emanada uma autorização, encontram-se justificados os respectivos atos, não precisando ir buscar o seu fundamento em nenhum ato futuro. "A Polícia Judiciária busca seu assento em razões estranhas ao próprio ato que pratica. A perquirição de um dado acontecimento só se justifica pela intenção de futuramente submetê-lo ao Poder Judiciário. Desaparecida esta circunstância, esvazia-se igualmente a competência para a prática do ato".[73]

---

[70] *Idem, ibidem*, p. 380.

[71] Policiamento ostensivo – Ação policial, exclusiva das Polícias Militares em cujo emprego o homem ou a fração de tropa engajados sejam identificados de relance, quer pela farda quer pelo equipamento, ou viatura, objetivando a manutenção da ordem pública (art. 2º, nº 27, do Decreto nº 88.777/1983).

[72] Conforme aponta Guilherme Nucci (NUCCI, Guilherme de Souza. *Manual de processo e execução penal*. São Paulo: Revista dos Tribunais, 2005, p. 123).

[73] BASTOS, Celso Ribeiro. *Curso de direito administrativo*. 5. ed. São Paulo: Saraiva, 2001, p. 153

A doutrina mais recente proposta por Joaquim Canuto Mendes de Almeida, conforme destaca Eliomar da Silva Pereira, identifica dois critérios essenciais para distinguir a Polícia Judiciária da administrativa: (a) a distinção entre funções preventivas e funções repressivas, "a Polícia Judiciária opera depois das infrações para investigar a verdade e, a respeito, prestar informações à justiça"; e (b) na diferença de efeitos judiciais das funções policiais, "o valor de prova judicial assinala um ato judiciário da polícia, uma função de Polícia Judiciária", ao passo que a polícia administrativa alcança valor meramente informativo.

Assim é possível concluir que "Polícia Judiciária é, pois, em correlação oposta à polícia preventiva, a polícia repressiva, auxiliar do Poder Judiciário; e, em correlação oposta à polícia que auxilia por informações, a polícia que prepara provas judiciais".[74]

Entretanto, é importante observar que a Constituição Federal também prevê tarefas de policiamento ostensivo para a Polícia Federal, como: (i) Polícia de Fronteiras – no controle da entrada e saída de pessoas e mercadorias do território nacional (art. 144, §1º, III) prevenindo o tráfico ilícito de entorpecentes (art. 144, §1ª, II c/c art. 70 da Lei nº 11.343/2006) e o contrabando e descaminho (art. 334, CP) e a evasão de divisas (art. 22, parágrafo único, da Lei nº 7.492/1986); (ii) Polícia Marítima – atuando nos portos em função similar ao policiamento de fronteira, incluindo aqui os crimes praticados em detrimento da normalidade da navegação e atos de pirataria; e (iii) Polícia Aeroportuária – é a polícia de fronteira realizada nos aeroportos (aeródromos), em especial no fluxo de pessoas e cargas.[75]

1.6.4 Responsabilidade

A responsabilidade constitucional é considerada em três dimensões distintas: (a) a responsabilidade pressupõe ao sujeito do exercício de poder certa margem de discricionariedade para agir com liberdade de decisão; (b) a responsabilidade implica uma vinculação

---

[74] Conforme PEREIRA, Eliomar da Silva. Direito de Polícia Judiciária: introdução às Questões Fundamentais. *Revista de Direito de Polícia Judiciária*. Brasília, Ano 1, n. 1, p. 47-48, jul./dez. 2017. Disponível em: https://periodicos.pf.gov.br/index.php/RDPJ/article/view/470/278, *referindo-se à* MENDES DE ALMEIDA, J. C. *Princípios fundamentais do processo penal*, 1973, p. 60.

[75] MENDES, Gilmar Ferreira; CANOTILHO, José Gomes; SARLET, Ingo Wolfgang; STRECK, Lenio Luiz. *Comentários à Constituição do Brasil*. 2. ed. São Paulo: Saraiva, 2018, p. 1700-1701

funcional traduzida na obrigatoriedade da observância de certos deveres jurídico-constitucionais e da prossecução de certas tarefas; (c) a responsabilidade articula-se com a existência de sanções jurídicas (penais, civis e administrativas) e consequentemente no Princípio da Imputação de Responsabilidade, uma vez que no Estado Democrático de Direito é imprescindível a correta identificação da autoridade detentora do poder de decisão responsável pela prática dos atos.[76]

O Estado se faz presente pela ação dos seus servidores organizados no interior de uma burocracia.[77] Entretendo tal expressão, se deturpou ao longo da história e atualmente apresenta uma carga negativa relacionada à ineficiência do Estado, porém, o termo deveria ser compreendido em sua acepção weberiana como a organização do poder em sua dimensão pessoal, seria a personalização do poder do Estado.

A perspectiva proposta por Max Weber encontra o seu fundamento histórico na matriz germano-prussiana, recebendo críticas por não descrever com precisão a burocracia moderna, as gestões horizontais, delegações e elevado nível de autonomia. Entretanto, as características mais essenciais da moderna burocracia são a especificidade do cargo, a subordinação a uma autoridade superior responsável dentro da instituição, a separação entre a esfera pública e privada. Assim as atuais inovações na administração pública devem estar alicerçadas no modelo weberiano tradicional.[78]

Os pilares clássicos propostos por Max Weber[79] são: os cargos definidos por uma área funcional com esferas de competência

---

[76] CANOTILHO, José Joaquim Gomes. *Direito constitucional e teoria da constituição...* 2007, p. 544.

[77] No sentido corrente, o burocrata é aquele que trabalha nos escritórios (*"bureaux"*) e, mais particularmente, nos serviços estatais, o sufixo *"cracia"* evoca o poder do estado que lhe é atribuído. A teoria propõe a expressão *bubolano*, no lugar de burocrata, uma vez que utiliza o sufixo *"lano"*, mais neutro, para falar dos trabalhadores que povoam os escritórios. Assim a palavra *"burolano"* servia para designar aquele que trabalha nos escritórios, logo, o conjunto de pessoas que povoam os escritórios fala de *burolénia*. Nesse sentido, SAUVY, Alfred. *La bureaucratie.* Paris: PUF, 1956, p. 128 *apud* Gélédane e Brémond, 1988, p. 39-40.

[78] Conforme aponta SCHICK, Allen. Why Most Developing Countries Should Not Try New Zeeland Reforms. *World Bank Research Observer*, 123, n. 8, p. 1123-1131, 1998.

[79] Max Weber estabelece as seguintes características para a burocracia: (a) os burocratas são livres em termos pessoais e estão sujeitos à autoridade apenas no interior de uma determinada área; (b) estão organizados em hierarquias de postos claramente definidas; (c) cada cargo possui uma esfera de competência definida; (d) os cargos são preenchidos através de uma relação contratual livre; (e) os candidatos s~]ao selecionados com base em qualificações técnicas; (f) os burocratas dão remunerados por salários fixos; (g) o cargo é tratado como a única ocupação do incumbente; (h) o cargo constitui uma carreira; (i) existe uma separação entre propriedade e gestão; (j) os funcionários estão sujeitos a um controle e disciplina estritos. WEBER, Max. *Economy and Society*, v. I, p. 220-221, XXX.

claramente definidas; a organização dos cargos em hierarquias previamente estabelecidas; a seleção dos candidatos em uma base impessoal fundada na qualificação profissional, autonomia política superior e separação da esfera pública e privada.

A modernização do sistema político brasileiro, conforme aponta Sandro Lucio Dezan, pressupõe que os cargos e as funções públicas, inclusive as funções de confiança e os cargos em comissão, sejam ocupados por pessoas físicas que passam a desempenhar as atribuições a eles atinentes, que, em alguns casos, gozam de estabilidade no serviço, e, em outros, desprovidos de tal garantia.

Disso se denota que os cargos podem ser ocupados por agentes estatais com maior ou menor garantia no exercício de suas funções. A estabilidade, a vitaliciedade, a irredutibilidade de subsídios, a inamovibilidade, são exemplos de garantias de exercício imparcial da função pública em decorrência do cargo ocupado.[80]

O sistema republicano estabelece que a seleção dos candidatos pressuponha uma disputa pelo acesso aos cargos públicos, fundado na meritocracia. A *Cláusula Democrática* da Declaração Universal dos Direitos Humanos de 1948 apresenta no já referido artigo 21º expressa referência à possibilidade de acesso aos cargos públicos no item nº 2 – "Toda pessoa tem igual direito de acesso ao serviço público do seu país, que assegura a participação dos cidadãos na máquina pública do estado de forma igualitária".

Trata-se de previsão devidamente incorporada pelo Constituinte de 1987-1988, ao estabelecer que a investidura em cargo ou emprego público depende de aprovação prévia em concurso público de provas ou de provas e títulos, de acordo com a natureza e a complexidade do cargo ou emprego, na forma prevista em lei, ressalvada as nomeações para cargo em comissão declarado em lei de livre nomeação e exoneração (art. 37 II CF/1988). O preceito legal impede qualquer modalidade de provimento que propicie ao servidor investir-se, sem prévia aprovação em concurso público destinado ao seu provimento, em cargo que não integra a carreira na qual anteriormente investido (Súmula Vinculante nº 43 STF).

A Lei nº 8.112/1990 apresenta o conceito legal de cargos públicos como o conjunto de atribuições e responsabilidades previstas na

---

[80] DEZAN, Sandro Lúcio. O regime jurídico-administrativo da Polícia Federal e do cargo de delegado de Polícia Federal à luz da nova redação da Lei nº 9.266/96. *Revista de Direito de Polícia Judiciária*: Revista da Escola Superior de Polícia (ANP) Brasília, Ano 1, n. 1, p. 1-259, jan./jun. 2017. Disponível em: https://periodicos.pf.gov.br/index.php/RDPJ/article/view/473/281. Acesso em: 12 out. 2018.

CAPÍTULO 1
A POLÍCIA JUDICIÁRIA NO ESTADO CONSTITUCIONAL DE DIREITO BRASILEIRO | 59

estrutura organizacional que devem ser cometidas a um servidor, sendo criados por lei e acessíveis a todos os brasileiros, com denominação própria e vencimento pago pelos cofres públicos, para provimento em caráter efetivo ou em comissão. Conforme destaca Sandro Adriano Dezan, para o desempenho dessas atribuições, a doutrina tradicional divide a categoria de agentes públicos em: agentes políticos,[81] servidores públicos,[82] empregados públicos[83] e, finalmente, os particulares em colaboração com o poder público.[84] [85]

No âmbito da Polícia Federal, o art. 2º da Lei nº 9.266/96, com a nova redação dada pela Lei nº 13.034/2014, estipula que "a Carreira Policial Federal é composta por cargos de nível superior, cujo ingresso ocorrerá sempre na terceira classe, mediante concurso público, de provas ou de provas e títulos, exigido o curso superior completo, em nível de graduação, observados os requisitos fixados na legislação pertinente".[86]

---

[81] Os agentes políticos são os agentes públicos ocupantes do alto escalão da Administração Pública os dos Poderes Legislativo e Judiciário, geralmente escolhidos não por concursos públicos, mas sim pelo voto, em sistema de eleições. Geralmente exercem mandato, mas, todavia, podem ocupar o cargo ou a função em caráter vitalício, a exemplo dos Ministros dos Tribunais Superiores, conforme explica Sandro Lúcio Dezan (DEZAN, Sandro Lúcio. O regime jurídico-administrativo da Polícia Federal e do cargo de delegado de Polícia Federal à luz da nova redação da Lei nº 9.266/96. *Revista de Direito de Polícia Judiciária*: Revista da Escola Superior de Polícia (ANP) Brasília, Ano 1, n. 1, p. 1-259, jan./jun. 2017).

[82] Os servidores públicos, incluindo nessa categoria os policiais federais, são os agentes públicos regidos pelo regime estatutário. No âmbito federal, os ocupantes estatutários de cargos públicos são regidos pela Lei nº 8.112/1990, que estipula o regime jurídico único dos servidores públicos civis da União, das autarquias e das fundações públicas; conforme Sandro Lúcio Dezan (*Idem, Ibidem*).

[83] Os empregados públicos são a espécie de agentes públicos submetidos ao regime jurídico expresso na Consolidação das Leis do Trabalho. Destarte, não possuem estabilidade nos moldes dos servidores públicos, operando-se ela de forma distinta e com menor grau de tutela. Não ocupam cargos públicos, mas empregos públicos e desempenham atividades nas pessoas jurídicas de direito privado da Administração Pública Indireta, onde percebem seus salários, conforme Sandro Lúcio Dezan (*Idem, Ibidem*).

[84] Os particulares, em colaboração com o poder público, se constituem em espécie de agentes públicos compreendidos como pessoas particulares, sem vínculo com a Administração, que prestam serviços públicos ou de interesse público sem a percepção de salários diretos. Não ocupam cargos ou empregos na Administração Pública, mas tão somente funções, comumente de exercício transitório. São exemplos de particulares em colaboração com o poder público o mesário nas eleições, os jurados do Tribunal do Júri etc., conforme Sandro Lúcio Dezan (*Idem, Ibidem*).

[85] DEZAN, Sandro Lúcio. O regime jurídico-administrativo da Polícia Federal e do cargo de delegado de Polícia Federal à luz da nova redação da Lei nº 9.266/96. *Revista de Direito de Polícia Judiciária*: Revista da Escola Superior de Polícia (ANP) Brasília, Ano 1, n. 1, p. 1-259, jan./jun. 2017. Disponível em: https://periodicos.pf.gov.br/index.php/RDPJ/article/view/473/281. Acesso em: 12 out. 2018.

[86] No tocante à Polícia Federal é importante observar o Decreto-Lei nº 2.251/1985, que em seu art. 1º, esclarece quais são os cargos que compõem a carreira policial federal, ao

No topo da hierarquia institucional encontra-se o cargo de delegado de polícia, com um conjunto de atribuições e responsabilidades de Autoridade Policial responsável em coordenar e executar as medidas investigativas destinadas a coletar elementos aptos a comprovarem a materialidade delitiva, conforme disposto no artigo 6º do Código de Processo Penal. Portanto, a legalidade das diligências efetuadas recai sobre a Autoridade Policial, em razão de ser a autoridade responsável pela presidência do inquérito policial e, por conseguinte, na condução das investigações criminais, determinando a apreensão de objetos, a realização de exames periciais, inclusive propondo os quesitos a serem respondidos pelos Peritos Criminais, conforme podemos observar do imperativo legal do Código de Processo Penal, em especial no artigo 4º e seguintes em consonância com a Portaria nº 523 de 28 de julho de 1989, Anexo I, no tocante à descrição das atividades do delegado de polícia Federal.

O conceito de ato de autoridade é trabalhado em toda a sua dimensão por Hely Lopes Meireles ao tratar dos remédios constitucionais, em especial do Mandado de Segurança, como sendo toda a manifestação do Poder Público, exteriorizada e personificada através da pessoa física investida do poder de decisão dentro da sua esfera de competência que lhe é atribuída através da norma legal.[87]

---

prescrever que *fica criada, no Quadro Permanente do Departamento de Polícia Federal, a Carreira Policial Federal, composta de cargos de delegado de polícia Federal, Perito Criminal Federal, Censor Federal, Escrivão de Polícia Federal, Agente de Polícia Federal e Papiloscopista Policial Federal, conforme o Anexo I deste Decreto-lei, com os encargos previstos na Constituição Federal e na legislação específica.*

[87] Hely Lopes Meirelles ensina que: "Ato de autoridade é toda manifestação ou omissão do Poder Público ou de seus delegados, no desempenho de suas funções ou a pretexto de exercê-las. Por autoridade entende-se a pessoa física investida de poder de decisão dentro da esfera de competência que lhe é atribuída pela norma legal. Deve-se distinguir autoridade pública do simples agente público. Aquela detém, na ordem hierárquica, poder de decisão e é competente para praticar atos administrativos decisórios, os quais, se ilegais ou abusivos, são suscetíveis de impugnação por mandado de segurança quando ferem direito líquido e certo; este não pratica atos decisórios, mas simples atos executórios, e, por isso, não responde a mandado de segurança, pois é apenas executor de ordem superior. (...) Considera-se autoridade coatora a pessoa que ordena ou omite a prática do ato impugnado, e não o superior que o recomenda ou baixa normas para sua execução. Não há confundir, entretanto, o simples executor material do ato com a autoridade por ele responsável. Coator é a autoridade superior que pratica ou ordena concreta e especificamente a execução ou inexecução do ato impugnado e responde pelas suas consequências administrativas; executor é o agente subordinado que cumpre a ordem por dever hierárquico, sem se responsabilizar por ela (...) Incabível é a segurança contra autoridade que não disponha de competência para corrigir a ilegalidade impugnada. A impetração deverá ser sempre dirigida contra a autoridade que tenha poderes e meios para praticar o ato ordenado pelo Judiciário; tratando-se, porém, de simples ordem

O conceito proposto indica o caminho exato para delimitar uma importante distinção entre autoridade e agente da autoridade. Assim, a autoridade é aquela que detém o poder de decisão, sendo a competente para praticar atos administrativos decisórios, os quais, quando maculados de ilegais ou abusivos, são susceptíveis de impugnação por mandado de segurança, ao atingirem direito líquido e certo, ou por *habeas corpus*, quando recaírem sobre a liberdade individual. Por seu turno, o agente da autoridade não pratica atos decisórios, mas apenas atos executórios, não podendo ser responsabilizado ou qualificado como autoridade coatora.

Portanto, o simples executor não pode ser apontado como coator no sentido legal; coator é sempre aquele que decide. Assim, o ato de autoridade é aquele que traz embutido o poder decisório, tendo o conteúdo deliberativo, não apenas o executivo.

Assim, ao determinar a realização de uma perícia, a Autoridade Policial está decidindo com base na legislação em vigor, atendendo ao preceituado no artigo 6º do Código de Processo Penal, cabendo aos agentes da autoridade a importante tarefa de dar cabal cumprimento aos atos determinados, desde que não sejam manifestamente ilegais, recaindo eventual impugnação da medida única e exclusivamente sobre a Autoridade Policial detentora do poder decisório e responsável pelos atos praticados.

1.6.5 Procedimento

O procedimento é o exercício do poder juridicamente regulamentado a ser obedecido pelos órgãos e seus agentes com vistas ao cumprimento de suas funções e tarefas dentro das esferas de competência previamente estabelecidas. O exercício das funções

---

proibitiva (não fazer), é admissível o *writ* contra o funcionário que está realizando o ato ilegal, a ser impedido pelo mandado. Um exemplo esclarecerá as duas situações: se a segurança objetiva a efetivação de um pagamento abusivamente retido, o mandado só poderá ser dirigido à autoridade competente para incluí-lo na folha respectiva; se visa à não efetivação desse mesmo pagamento, poderá ser endereçado diretamente ao pagador, porque está na sua alçada deixar de efetivá-lo diante da proibição judicial. Essa orientação funda-se na máxima *'ad impossibilita nemo tenetur'*: ninguém pode ser obrigado a fazer o impossível. Se as providências pedidas no mandado não são da alçada do impetrado, o impetrante é carecedor da segurança contra aquela autoridade, por falta de legitimação passiva para responder pelo ato impugnado. A mesma carência ocorre quando o ato impugnado não foi praticado pelo apontado coator". (*Mandado de Segurança*. 18. ed. São Paulo: Malheiros, p. 31, 54-55).

públicas encontra-se sujeito a um iter procedimental juridicamente adequado à garantia dos direitos fundamentais e à defesa dos princípios básicos do Estado Democrático de Direito. Assim temos o procedimento legislativo – modo como a função legislativa é exercida; procedimento administrativo – modo de exercício da função administrativa e poder jurisdicional – modo de exercício de função jurisdicional.[88]

É importante destacar que os estados não têm competência para legislar sobre Direito Processual Penal, pois a Constituição Federal confere essa prerrogativa exclusivamente à União, nos termos do artigo 22, inciso I, CF/1988, portanto, sem competência não haverá procedimento juridicamente aceitável.[89] Assim, os procedimentos podem ser disciplinados em normativos infraconstitucionais e infralegais, como a Instrução Normativa nº 108-DG/PF, de 7 de novembro de 2016, que regulamenta as atividades de Polícia Judiciária no âmbito da Polícia Federal, dispondo sobre a padronização de procedimentos apuratórios, bem como diversos enunciados da Corregedoria-Geral de Polícia Federal disciplinando os mais variados assuntos.[90]

Assim, as normas procedimentais não podem inovar, ampliando as competências previstas na Constituição ou criando procedimentos distintos dos estabelecidos no Código de Processo Penal e na legislação processual federal. Entretanto, não é o que se observa, uma vez que a Resolução nº 181, de 07 de agosto de 2017, foi editada para regulamentar

---

[88] CANOTILHO, José Joaquim Gomes. *Direito constitucional e teoria da constituição...* 2007, p. 545.

[89] Nesse sentido é o entendimento uniforme do STF ADI nº 4792/ES "EMENTA: AÇÃO DIRETA DE INCONSTITUCIONALIDADE. ARTS. 56, INC. XXI, E 93 DA CONSTITUIÇÃO DO ESPÍRITO SANTO. INCOMPETÊNCIA DE ESTADO-MEMBRO PARA LEGISLAR SOBRE PROCESSAMENTO E JULGAMENTO DE CRIMES DE RESPONSABILIDADE COMETIDOS POR GOVERNADOR. EXIGÊNCIA DE AUTORIZAÇÃO PRÉVIA DA ASSEMBLEIA LEGISLATIVA PARA INSTAURAÇÃO DE PROCESSO CONTRA O GOVERNADOR POR PRÁTICA DE CRIMES DE RESPONSABILIDADE. 1. Inconstitucionalidade formal decorrente da incompetência dos Estados-membros para legislar sobre processamento e julgamento de crimes de responsabilidade (art. 22, inc. I, da Constituição da República). 2. Constitucionalidade das normas estaduais que, por simetria, exigem a autorização prévia da assembleia legislativa como condição de procedibilidade para instauração de ação contra governador (art. 51, inc. I, da Constituição da República). 3. Ação julgada parcialmente procedente para declarar inconstitucional o inc. XXI do art. 56 ("processar e julgar o governador e o vice-governador do estado nos crimes de responsabilidade e os secretários de estado nos crimes da mesma natureza conexos com aqueles"); e da segunda parte do art. 93 da Constituição do Estado do Espírito Santo ("ou perante a assembleia legislativa, nos crimes de responsabilidade")." Processo eletrônico: DJe-076 DIVULG 23-04-2015 PUBLIC 24-04-2015.

[90] Nos Estados, as Polícias Civis também editam portarias resoluções e enunciados voltados aos trabalhos de Polícia Judiciária, como em São Paulo

o Procedimento Investigatório Criminal (PIC), a cargo do Ministério Público.

A referida resolução vai muito além de uma desejável regulamentação, conferindo aos membros do Ministério Público poderes não contemplados nem pela Constituição Federal, nem pela legislação ordinária e em certas oportunidades torna prescindível o próprio Poder Judiciário, conforme aponta Janaina Paschoal ao destacar três pontos fundamentais:

(a) o poder irrestrito para inspeções, vistorias e requisições de documentos, inclusive sigilosos, independentemente da interferência do Poder Judiciário (art. 7º);

(b) possibilitar a tomada de depoimento de testemunhas e investigados traz uma série de inovações que tornará ainda mais morosas as apurações, dado que se fala, inclusive, em deprecar oitivas para órgãos policiais (art. 8º); e

(c) a possibilidade de Acordo de Não Persecução Penal, nos casos de delitos cometidos sem violência ou grave ameaça, o Ministério Público, "poderá propor ao investigado acordo de não-persecução penal, desde que este confesse" e cumpra, entre outros, os requisitos de reparar o dano, prestar serviços à comunidade e pagar prestação pecuniária (art. 18); tais medidas geram insegurança jurídica uma vez que, apesar de o Ministério Público ser uno, muitas são as vezes em que um de seus membros pede absolvição, o juiz acata e o outro membro recorre; e nesses casos, alegam a independência funcional.[91]

Merece especial destaque que os parâmetros fixados pelo Supremo Tribunal Federal no julgamento da Repercussão Geral RE nº 593727/MG, especificamente nas *"hipóteses de reserva constitucional de jurisdição"* o que afasta a fixação de pena e muito menos a imposição de pagamento de prestação pecuniária,[92] atividades jurisdicionais que o Ministério Público não possui por ser parte, acusação no Processo Penal.

---

[91] PASCHOAL, Janaina. *Primeiras notas sobre a resolução 181/17 do CNMP*: esqueceram que há Constituição Federal e leis no Brasil?. Disponível em: https://www.migalhas.com.br/Qu entes/17,MI265066,51045Janaina+Paschoal+critica+resolucao+que+amplia+poderes+do+M P+em. Acesso em: 12 ago. 2018.

[92] Conforme disposto no art. 18 "inciso IV – pagar prestação pecuniária, a ser estipulada nos termos do art. 45 do Código Penal, a entidade pública ou de interesse social a ser indicada pelo Ministério Público, devendo a prestação ser destinada preferencialmente àquelas entidades que tenham como função proteger bens jurídicos iguais ou semelhantes aos aparentemente lesados pelo delito; (Redação dada pela Resolução nº 183, de 24 de janeiro de 2018)".

1.6.6 Tarefa

As atribuições de competências são formuladas para dotar os órgãos constitucionais de poder (ou, mais apropriadamente, ao Estado de Direito Democrático: funções) específico para o cumprimento de determinadas missões específicas, denominadas de tarefas constitucionalmente definidas, uma vez que se encontram vinculadas à competência e demandam o desempenho de tarefas das mais variadas espécies.[93]

As tarefas vinculam-se a atividades administrativas de fiscalização e controle como o exercido pela Polícia Federal no âmbito das empresas que exploram serviços de vigilância e transportes de valores (Lei nº 7.102/1983), sobre produtos e insumos químicos que possam ser destinados à elaboração da cocaína em suas diversas formas e de outras substâncias entorpecentes ou que determinem dependência física ou psíquica (Lei nº 9.017/1995 c/c Lei nº 7.102/1983), registro, posse e comercialização de armas de fogo e munição (Lei nº 10.826/2003) e atestados de antecedentes, bem como as Polícias Civis dos Estados na emissão de Registro Geral de Identidade RG e atestados de antecedentes.

As tarefas podem ser exercidas de forma concorrente, como a emissão de documentos de viagem, passaporte comum, para estrangeiro e de emergência, tarefas da Polícia Federal que podem ser exercidas por repartições consulares, os consulados gerais, consulados, vice-consulados, setores consulares das missões diplomáticas e escritórios de representação do Brasil no exterior (Decreto nº 5.978/2006 – Anexo art. 5º e parágrafo único).

1.6.7 Controle

A Polícia Judiciária desempenha uma função repressiva e restauradora a um só tempo, agindo após a ocorrência das infrações penais, visando angariar todos os elementos necessários à elucidação dos fatos com a elaboração do Inquérito Policial.

Trata-se de medida de natureza essencial e exclusiva de Estado, cuja função instrumental é de assegurar as seguintes garantia ao investigado: (a) a certeza de não ser, a princípio, apontado como autor

---

[93] CANOTILHO, José Joaquim Gomes. *Direito constitucional e teoria da constituição...* 2007, p. 545.

de um delito sem que o seja; (b) a estabilidade das normas a serem seguidas durante a investigação; (c) a previsibilidade de não serem desrespeitados os seus direitos fundamentais, eis que as diligências adotadas devem ser registradas; e direta ou indiretamente apresenta as seguintes características e finalidades: (c.1.) servir de antecipação probatória prévia do processo penal, seja se prestando à acusação ou ao arquivamento da investigação, evitando-se injustiças; (c.2.) reconstituir o fato investigado e coletar provas de efeito absoluto e relativo; (c.3.) garantir a aplicação da lei penal e das ordens pública e econômica; (d) possibilitar a reparação do dano; e (c.4.) possibilitar a formulação da defesa.[94]

Para que tais objetivos sejam atingidos, a função investigatória demanda imparcialidade, serenidade e respeito à dignidade da pessoa humana, sendo o delegado de polícia a primeira autoridade de estado a preservar os direitos fundamentais, não só da vítima, mas também dos próprios investigados,[95] e por essa razão de ser *"único procedimento investigatório – entre todos os praticados nos diversos países – que permite sete maneiras de controles pelas diversas 'instituições' sociais"*, a saber: (I) o controle direto do juiz de direito; (II) o Ministério Público, de duas formas: a primeira externa, controlando as atividades da Polícia Judiciária e, a segunda, interna, mediante a verificação direta dos termos do inquérito policial, em decorrência de suas manifestações, requerendo, requisitando, etc.; (III) o controle pela Corregedoria da Polícia; (IV) o controle exercido pelos membros da comunidade, tais como o próprio ofendido e seus pares, a fim de evitar desmandos e tergiversações; (V) o exercido pela Ordem dos Advogados do Brasil, no exercício de suas funções institucionais e pelo advogado do próprio investigado, da vítima e/ou das testemunhas, nos termos dos artigos 133 e 143 da Constituição da República; (VI) o controle do investigado, que, nos termos do art. 14 do CPP, poderá propor a realização de diligências e oferecer testemunhas comprobatórias de sua versão.[96]

O controle, na concepção aqui tratada, parte da concepção de competência dos mecanismos de responsabilidade e sanção, e encontra-se

---

[94] DAURA, Anderson de Souza e MELO, Cesar Pereira (2011) O Inquérito Policial como Instrumento de Segurança Jurídica: um olhar sobre suas características e finalidades. *Segurança Pública e Cidadania*. Brasília, v. 4, n. 2, p. 111-139, jul/dez 2011.

[95] NETO, Francisco Sannini; HOFFMANM, Henrique. Independência funcional do delegado de polícia. *Temas Avançados de Polícia Judiciária*. Salvador: Juspodivm, 2017, p. 42.

[96] BARROS, Caio Sérgio Paz de. *Contraditório na CPI e no inquérito policial*. São Paulo: Thomson, 2005, p. 26.

1.6.8 Representação

No sistema democrático pode existir sob o ponto de vista organizatório-funcional os órgãos de representação política selecionados por eleições, e os de representatividade, compostos por um colegiado representativo e os indivíduos ou grupos sociais dos quais é expressão. Assim, a representação política é a forma de seleção dos governantes baseada na eleição, da qual se institui o exercício do poder político e o controle por parte dos representados, e não se confunde com a representatividade dos colegiados.

O Brasil foi afetado pela conjuntura econômica global e das pressões internacionais de órgãos como o Banco Mundial,[97] que na década de 1990 advertiu da necessidade da reforma do Judiciário, dotando-o de instrumentos de transparência e controle (*accountability*), com o objetivo de possibilitar a pronta resolução dos conflitos de forma igualitária tanto para os cidadãos, quanto para os agentes econômicos (*responsiveness*), com escopo de garantir a segurança e estabilidade jurídica.

Nesse diapasão nasceu a Emenda Constitucional nº 45, no ano de 2004, com o objetivo de criar os Conselhos Nacionais da Justiça (CNJ) e do Ministério Público (CNMP), posição colegiada e participação democrática de diversos ramos da sociedade, cujas decisões proferidas não apresentam um caráter jurisdicional, tampouco normativo, apenas limitando-se ao plano interno institucional de observância e ao cumprimento dos deveres e obrigações legais, na ordem administrativo-funcional, prevendo, inclusive, a possibilidade do recebimento de reclamações e denúncias relativas aos seus integrantes com previsão de pronto encaminhamento ao controle interno dos órgãos exercido pelas respectivas corregedorias.

Cabe destacar que a composição colegiada se demonstrou, na prática, pouco representativa (representatividade), na proporção de um

---

[97] O Banco Mundial em 1996 publicou o Documento Técnico nº 319 indicando os elementos necessários a uma reforma do setor judiciário na América Latina e Caribe. Disponível em: http://w1.cejamericas.org/index.php/biblioteca/biblioteca-virtual/doc_view/4487-the-judicial-sector-in-latin-america-and-the-caribbean-elements-ofreform-pdf,-5-2-mb.html. Acesso em: 10 jul. 2016.

¼ (um quarto) dos integrantes pertencentes aos quadros da Ordem dos Advogados e da sociedade civil e o restante da própria instituição ou a instituição correlata de controle.[98][99]

---

[98] O Conselho Nacional de Justiça CNJ é composto por quinze membros eleitos por dois anos, permitida apenas uma recondução, salvo o Presidente, nove escolhidos dentre os representantes da própria instituição nas esferas Federal e Estatual, observados critérios específicos de designação dos seis demais escolhidos dois são oriundos dos Ministérios Públicos, e o restante, ou seja, apenas quatro da sociedade civil, sendo dois advogados indicados pelo Conselho Federal da Ordem dos Advogados e dois cidadãos de notável saber jurídico e reputação ilibada, indicados um pela Câmara dos Deputados e outro pelo Senado Federal (art. 103-B CF/1988 com redação dada pela Emenda Constitucional nº 45/2004 com modificações efetuadas pela Emenda Constitucional nº 61/2009).

[99] O Conselho Nacional do Ministério Público CNMP apresenta uma composição de quatorze membros eleitos por dois anos, permitida apenas uma recondução, sendo oito escolhidos dentre os representantes da própria instituição nas esferas Federal e Estatual, observados critérios específicos de designação dos seis demais membros escolhidos em pares dentre os integrantes do Poder Judiciário, restando apenas quatro, sendo dois advogados indicados pelo Conselho Federal da Ordem dos Advogados e dois cidadãos de notável saber jurídico e reputação ilibada, indicados um pela Câmara dos Deputados e outro pelo Senado Federal (art. 130-A CF/1988 com redação dada pela Emenda Constitucional nº 45/2004).

CAPÍTULO 2

A SEGURANÇA PÚBLICA E O REGIME JURÍDICO-CONSTITUCIONAL DA POLÍCIA JUDICIÁRIA

A segurança coletiva, público-social, ou segurança pública, é prevista na Constituição Federal brasileira de 1988 em seu artigo 144, ao alinhavar os órgãos de segurança pública e suas atribuições. O texto constitucional elenca uma série de instituições do Estado-executivo dedicada à função de polícia. Algumas com o caráter de polícia preventiva, outras com o caráter de polícia investigativa ou judiciária, outras ainda com o caráter de polícia de fiscalização, ou, nomeadamente, detentora de poder de polícia fiscalizatória (polícia administrativa), sem, contudo, o poder-função aplicado à prevenção e ou à repressão de crimes e contravenções. Em alguns casos, há o compartilhamento ou a concentração em uma única instituição de todas essas faces da segurança pública: a função preventiva, a função investigativa e a função de polícia administrativa.[100]

O artigo 144 da CF/1988 prescreve que a segurança pública é um dever do Estado e, à luz desse dever subjetivo surge um direito subjetivo de todos os indivíduos, para poderem exigir desse mesmo Estado a garantia da segurança. Sem embargo disso, para além de um direito do indivíduo, a segurança pública compreende ainda, por força do mesmo dispositivo constitucional, uma responsabilidade, ou seja, uma obrigação jurídica, plasmada no dever de empenho, de cada indivíduo, para buscar condutas que contribuam para a redução da

---

[100] Cf. ARANHA, Adalberto José Queiroz Telles de Camargo. *Da prova no processo penal*. São Paulo: Saraiva, 1994. COSTA, Milton Lopes da. *Manual da polícia judiciária*. Rio de Janeiro: Saraiva, 1996.

violência. Nesses termos, o artigo 144 da CF/1988 assim prescreve que "a segurança pública, dever do Estado, direito e responsabilidade de todos, é exercida para a preservação da ordem pública e da incolumidade das pessoas e do patrimônio (...)".

O mesmo texto constitucional apresenta os órgãos responsáveis por tal escopo do Estado e dos indivíduos, a estipular que a segurança pública será exercida pelos seguintes órgãos, *in verbis*:

I – polícia federal;

II – polícia rodoviária federal;

III – polícia ferroviária federal;

IV – polícias civis;

V – polícias militares e corpos de bombeiros militares.

VI – polícias penais federal, estaduais e distrital

(...)

§8º Os Municípios poderão constituir guardas municipais destinadas à proteção de seus bens, serviços e instalações, conforme dispuser a lei.

(...)

§5º-A. Às polícias penais, vinculadas ao órgão administrador do sistema penal da unidade federativa a que pertencem, cabe a segurança dos estabelecimentos penais

Para a Polícia Judiciária, a segurança pública conta com a atuação da polícia federal e polícias civis dos Estados e do Distrito Federal. Assim, quanto à polícia federal, compreende, *in verbis*:

§1º A polícia federal, instituída por lei como órgão permanente, organizado e mantido pela União e estruturado em carreira, destina-se a":

I – apurar infrações penais contra a ordem política e social ou em detrimento de bens, serviços e interesses da União ou de suas entidades autárquicas e empresas públicas, assim como outras infrações cuja prática tenha repercussão interestadual ou internacional e exija repressão uniforme, segundo se dispuser em lei;

II – prevenir e reprimir o tráfico ilícito de entorpecentes e drogas afins, o contrabando e o descaminho, sem prejuízo da ação fazendária e de outros órgãos públicos nas respectivas áreas de competência;

III – exercer as funções de polícia marítima, aeroportuária e de fronteiras;

IV – exercer, com exclusividade, as funções de polícia judiciária da União.

Para as polícias civis dos Estados e do Distrito Federal, a Constituição, por meio do §4º do artigo 144, assim se referiu, *in verbis*:

§4º Às polícias civis, dirigidas por delegados de polícia de carreira, incumbem, ressalvada a competência da União, as funções de polícia judiciária e a apuração de infrações penais, exceto as militares.

Anote-se ainda que o §7º do artigo 144 da CF/1988, ao dispor que "a lei disciplinará a organização e o funcionamento dos órgãos responsáveis pela segurança pública, de maneira a garantir a eficiência de suas atividades", deixa a cargo de lei em sentido estrito, como veículo introdutor primário de normas, a organização e o funcionamento dos órgãos responsáveis pela segurança pública, o que obsta de forma literal, quanto a esses aspectos de *organização* e de *funcionamento*, a regulação por meio, *e.g.*, de decreto, mesmo em caso de emprego de decreto autônomo.

Com efeito, em que pese a possibilidade de o Presidente da República (e, por simetria, os Governadores dos Estados e do Direito Federal, para os casos de Constituições Estaduais e do Distrito Federal, previrem essa espécie de ato normativo), por força do artigo 84, VI, "a" e "b", "dispor, mediante decreto, sobre: (...) organização e funcionamento da administração federal, quando não implicar aumento de despesa nem criação ou extinção de órgãos públicos (...) [e] extinção de funções ou cargos públicos, quando vagos",[101] nada pode fazer quanto à organização e ao funcionamento dos órgãos responsáveis pela segurança pública senão iniciar o processo legislativo nesse sentido,[102] uma vez que a matéria se encontra sob o manto de reserva legal estrita.[103]

---

[101] "Art. 84. Compete privativamente ao Presidente da República: (...) VI – dispor, mediante decreto, sobre: a) organização e funcionamento da administração federal, quando não implicar aumento de despesa nem criação ou extinção de órgãos públicos; b) extinção de funções ou cargos públicos, quando vagos" (Art. 84, VI, "a" e "b", da CF/1988).

[102] "Art. 61. A iniciativa das leis complementares e ordinárias cabe a qualquer membro ou Comissão da Câmara dos Deputados, do Senado Federal ou do Congresso Nacional, ao Presidente da República, ao Supremo Tribunal Federal, aos Tribunais Superiores, ao Procurador-Geral da República e aos cidadãos, na forma e nos casos previstos nesta Constituição. §1º São de iniciativa privativa do Presidente da República as leis que: I – fixem ou modifiquem os efetivos das Forças Armadas; II – disponham sobre: a) criação de cargos, funções ou empregos públicos na administração direta e autárquica ou aumento de sua remuneração; b) organização administrativa e judiciária, matéria tributária e orçamentária, serviços públicos e pessoal da administração dos Territórios; c) servidores públicos da União e Territórios, seu regime jurídico, provimento de cargos, estabilidade e aposentadoria; d) organização do Ministério Público e da Defensoria Pública da União,

Para os misteres de contribuição com a ordem pública e a realização em concreto de sua parcela constitucional aplicada à segurança pública, a Polícia Judiciária depende de realizar as suas funções com autonomia, que se perfaz na autonomia funcional de investigação criminal.

2.1 A autonomia da Polícia Judiciária (PEC nº 412/2009)

A Proposta de Emenda Constitucional nº 412/2009 busca alterar o §1º do artigo 144 da Constituição Federal, com o fim de dispor sobre a organização da Polícia Federal e estabelecer que "Lei Complementar organizará a polícia federal e prescreverá normas para a sua autonomia funcional e administrativa e a iniciativa de elaborar sua proposta orçamentária dentro dos limites estabelecidos na lei de diretrizes orçamentárias, com as seguintes funções institucionais".

Desta feita, compreende medida normativa para dar autonomia funcional e administrativa à Polícia Federal, igualando a instituição às demais congêneres do sistema de justiça criminal: o Ministério Público e o Poder Judiciário. Busca-se, assim, dotar de maior imparcialidade e, destarte, efetividade, no desempenho das funções institucionais, em especial, à função de Polícia Judiciária da União.

A Polícia Judiciária compreende função orgânica dedicada à investigação criminal que, para a União Federal, fica a cargo da Polícia Federal.[104]

A autonomia funcional e administrativa possui conotação com o eficiente exercício da presidência do inquérito policial, pelo delegado de polícia, beneficiando diretamente os resultados das investigações, na medida em que afasta eventuais ingerências das mais diversas ordens nos rumos das investigações. Hoje, por exemplo, bem sabido que há, por vezes, direcionamentos decorrentes de pressões políticas,

---

bem como normas gerais para a organização do Ministério Público e da Defensoria Pública dos Estados, do Distrito Federal e dos Territórios; e) criação e extinção de Ministérios e órgãos da administração pública, observado o disposto no art. 84, VI; f) militares das Forças Armadas, seu regime jurídico, provimento de cargos, promoções, estabilidade, remuneração, reforma e transferência para a reserva". (Art. 61, §1º, incisos e alíneas, da CF/1988).

[103] "Art. 144, §7º A lei disciplinará a organização e o funcionamento dos órgãos responsáveis pela segurança pública, de maneira a garantir a eficiência de suas atividades" (Art. 144, §7º, da CF/1988).

[104] Cf. DEZAN, Sandro Lúcio; PEREIRA, Eliomar da Silva (org.). *Investigação criminal conduzida por delegado de polícia*: comentários à Lei 12.830/2013. Curitiba: Juruá, 2013.

sem embargo de outros desvios do curso legal da investigação, para atender, *e.g.*, interesses do Ministério Público (o que se figuraria em um interesse público secundário), na qualidade de futura parte autora do processo penal em sentido estrito.

Citem-se os exemplos da condução, como presidente do processo (em sentido lato), de investigação criminal, pelo delegado de polícia e a sua atuação independente e autônoma, com fundamento em seu livre (no sentido de autônomo e imparcial) convencimento motivado.

2.1.1 A autonomia funcional e administrativa da Polícia Judiciária e o delegado de polícia como autoridade presidente da investigação criminal

A Lei nº 12.830/2013 assinala em seu artigo 2º, §1º, *in verbis*:

> Ao delegado de polícia, na qualidade de autoridade policial, cabe a condução da investigação criminal por meio de inquérito policial ou outro procedimento previsto em lei, que tem como objetivo a apuração das circunstâncias, da materialidade e da autoria das infrações penais.

Sob esses vértices, o sistema constitucional plasmado na Constituição Federal brasileira de 1988, partindo-se da necessidade de elucidação de crimes pelas polícias judiciárias, já permite – e, por outra óptica, impõe – à Polícia Judiciária a atuação com autonomia funcional e administrativa. Todavia, essa normatividade sistemática na Constituição Federal não obsta uma reforma constitucional para a disposição literal desses caros *valores* à ordem republicana.

A Lei nº 12.830, de 20 de junho de 2013, dispondo sobre a investigação criminal conduzida por delegado de polícia, apresenta ao ordenamento jurídico relevante contribuição para a consolidação das prerrogativas funcionais desse cargo, na qualidade de responsável pela inicial resposta do Estado ao ilícito penal no âmbito da Polícia Judiciária.

Todavia, em que pese se falar em *relevante contribuição*, não há de se reconhecer verdadeiras inovações, mas, tão somente, a *substancial característica* de funcionar como norma destinada a veicular os necessários esclarecimentos sobre a aplicação jurídica de tópicos categóricos atinentes às atividades da autoridade policial, que, malgrado dotados de eficácia e efetividade (eficácias jurídica e social), permaneceram, até então, implícitos ou latentes em nosso ordenamento jurídico e, em especial, nas normas regulatórias da investigação criminal e da sua coexistência com as demais funções da República.[105] [106]

Reflete, porém, harmonia com a tendência de valorização funcional das carreiras jurídicas típicas de Estado e acompanha, sob o abrigo da Constituição Federal de 1988, as recorrentes modernizações normativas incorporadas ao Código Penal, ao Código de Processo Penal e às legislações penais e processuais penais extravagantes.

O art. 2º, §1º, é exemplo disso, encerrando elucidações postas no interesse da funcionalidade do sistema de persecução criminal, ao asseverar que "ao delegado de polícia, na qualidade de *autoridade policial*, cabe a *condução* da *investigação criminal* por meio de *inquérito policial* ou *outro procedimento* previsto em lei, que tem como *objetivo* a apuração das circunstâncias, da materialidade e da autoria das infrações penais" (sem grifos no original).

Da leitura do texto normativo aferem-se importantes institutos que – em consonância com os demais preceitos do sistema jurídico atinentes à persecução criminal e às funções das autoridades estatais encarregadas de sua realização – merecem detida abordagem, como forma de exercício de uma plena compreensão do papel investigativo atribuído à Polícia Judiciária, quais sejam, *(i)* a qualidade de autoridade policial atribuída ao delegado de polícia, *(ii)* a sua responsabilidade pela condução do procedimento investigativo, *(iii)* a enumeração dos procedimentos investigativos a cargo do delegado de polícia e *(iv)* a definição do objetivo da investigação criminal.

Vejamos esses pontos e os temas a eles correlatos.

---

[105] Para as bases dessa afirmação, como fundamento teórico aplicado à interpretação do texto jurídico, cf. CASTANHEIRA NEVES, António. Os "Elementos do Direito Natural" de Vicente Ferrer Neto Paiva. *Boletim da Faculdade de Direito da Universidade de Coimbra*. 52, 1976, p. 309-315. CASTANHEIRA NEVES, António. A unidade do sistema jurídico: o seu problema e o seu sentido (diálogo com Kelsen). *Boletim da Faculdade de Direito da Universidade de Coimbra*. 2, 1979, p. 73-184; e CASTANHEIRA NEVES, António. CASTANHEIRA NEVES, António. Entre o "legislador", a "sociedade" e o "juiz", ou entre "sistema", "função" e "problema": os modelos actualmente alternativos da realização jurisdicional do Direito. *Boletim da Faculdade de Direito da Universidade de Coimbra*. 74, 1998, p. 1-44.

[106] Cf. também: DWORKIN, Ronald. *Levando os direitos a sério*. 3. ed. São Paulo: Martins Fontes, 2010; conferir também: DWORKIN, Ronald. *Uma questão de princípios*. 2. ed. São Paulo: Martins Fontes, 2005; DWORKIN, Ronald. *O império do direito*. São Paulo: Martins Fontes, 2007; e DWORKIN, Ronald. *Justiça para ouriços*. Lisboa: Almedina, 2012. VILANOVA, Lourival. *As estruturas lógicas e o sistema do direito positivo*. 2. ed. São Paulo: Max Limonad, 1997; VILANOVA, Lourival. *Causalidade e relação no direito*. 4. ed. São Paulo: Revista dos Tribunais, 2000.

2.1.1.1 A autoridade policial de Polícia Judiciária e a autonomia funcional

Norberto Bobbio esclarece que o conceito do vocábulo "autoridade", de origem romana, deriva do latim *autoritas* e, no exórdio de sua utilização, apresentou estreita conexão com o vocábulo "poder", pervagando pela compreensão de tratar-se de conceitos sinônimos e, contemporaneamente, pelo reconhecimento da existência de uma relação de espécie e gênero, em que "autoridade" infere espécie (ou, para alguns, fonte) de "poder" de cunho institucional, a permear a ciência da administração e o próprio Estado, enquanto instituição política. Baseia-se na emissão e na recepção de ordens, determinações veiculadas pelo detentor do poder, com o fim de serem cumpridas pelos destinatários dos enunciados.[107]

Há, com efeito, autoridades de diversas categorias no âmbito das instituições regidas pelo direito público, e, no plexo cognoscível de alcance dos direitos penal e processual penal,[108] o conceito reflete, à luz da teoria da Administração Pública aplicada à persecução pré-processual criminal, prerrogativas dedicadas ao *direcionamento* e ao *comando finalístico* procedimental e institucional, que se encontram intrinsecamente relacionadas à macrogestão das investigações, sob a responsabilidade, no caso brasileiro, da Polícia Judiciária.

Ensina Hélio Bastos Tornaghi que

> nem todo funcionário de polícia é autoridade, mas somente aquele que está [legalmente] investido do poder de mando, que exerce coerção sobre pessoas e coisas, que dispõe do poder de polícia, isto é, que pode discricionariamente restringir certos bens jurídicos alheios (...). Há funcionários que são sempre autoridade, isto é, cuja função precípua é a de exercer o poder de polícia (ex.: os delegados). Pouco importa que exercitem também funções burocráticas, pois estas não lhes são essenciais, não são conaturais a sua destinação.[109]

Sob os vértices dos conceitos externados por Tornaghi e pelo texto normativo estampado no §1º do art. 2º da Lei nº 12.830/2013, o delegado de polícia representa o cargo de função instrumental ao

---

[107]   BOBBIO, Norberto, MATTEUCCI, Nicola e PASQUINO, Gianfranco. *Dicionário de política*. 12. ed. Brasília: Editora Universidade de Brasília, 2004, p. 88.

[108]   ARANHA, Adalberto José Queiroz Telles de Camargo. *Da prova no processo penal*. São Paulo: Saraiva, 1994. COSTA, Milton Lopes da. *Manual da polícia judiciária*. Rio de Janeiro: Saraiva, 1996.

[109]   TORNAGHI, *Instituições de processo penal*. v. 1, p. 406.

Estado na busca da elucidação da infração penal. É ele o agente público legalmente legitimado ao comando e ao direcionamento da investigação criminal, como presidente do procedimento e, assim, reveste-se das prerrogativas inerentes a esse papel, consubstanciando o conceito de autoridade policial.

Desse modo, a autoridade policial é o delegado de polícia,[110] responsável pelos fins teleológico-jurídicos da apuração, qualquer que seja a forma de sua materialização no âmbito da Polícia Judiciária, quer seja ela levada a efeito por meio de inquérito policial, quer por outro instrumento legalmente previsto.

Responsabilizar-se pela *condução da apuração*, como prescreve o preceito da lei em comento, confere ao delegado de polícia a qualidade de detentor de atribuição, ou de competência, para o comando, ou, como queiram, a presidência, do feito em apuração.

O vocábulo "presidente", proveniente do latim *praesiderent* e *praesideo*, indica a ação de "presidir", denotativa das ações sinônimas de "comandar", "governar", "estar em primeiro lugar", "ter a guarda de" ou "proteger",[111] e, para as atividades investigativas de Polícia Judiciária, denota, ainda, prerrogativas inerentes ao delegado de polícia, em razão de sua condição de autoridade policial.

Essas prerrogativas pervagam pelos deveres-poderes, entre outros:

(i) de confecção de ato ordinatório de instauração da investigação (por exemplo, a portaria de instauração de inquérito policial);

(ii) de requisição de documentos aos seus detentores, pessoas físicas particulares ou jurídicas, de direito público ou privado;

(iii) de representação à autoridade judicial para a execução de medidas cautelares (a exemplo das prisões temporárias e preventivas e do sequestro de bens dos investigados);

(iv) de definição da linha investigativa, com a estipulação da ordem cronológica e lógico-estratégica dos atos de investigação;

(v) da definição dos recursos, materiais, técnicos, financeiros e de pessoal, para as ações policiais e tarefas gerais;

---

[110] ARANHA, Adalberto José Queiroz Telles de Camargo. *Da prova no processo penal*. São Paulo: Saraiva, 1994. COSTA, Milton Lopes da. *Manual da polícia judiciária*. Rio de Janeiro: Saraiva, 1996.

[111] TORRINHA, Francisco. *Dicionário latino português*. Porto: Práticas Reunidas Lda, 1942, p. 679.

(vi) da definição das necessárias técnicas investigativas, para a elucidação dos fatos;

(vii) da indicação inicial do investigado;

(viii) da capitulação inicial da infração;

(ix) da conclusão acerca do indiciamento do investigado, com a fundamentação fática e jurídica sobre os móveis que levaram ao ato; e

(x) da conclusão acerca do encerramento da apuração, com a emissão de relatório final.

Como depositário de poder de mando, de comando e de direcionamento teleológico-finalístico da apuração, é de se aferir que os demais agentes públicos dos quadros da Polícia Judiciária que participam diretamente das fases da investigação encontram-se hierárquica e tecnicamente a ele subordinados,[112] não havendo necessidade de qualquer formalização mais detalhada nesse sentido que venha a definir o alcance e os efeitos dos seus atos ordinatórios. Basta, para a realização e o desenvolvimento das diligências ou das ações ou operações policiais, apenas a emissão de ordens verbais, nos casos permitidos ou exigidos pela urgência dos fatos, ou escritas, no âmbito da unidade de polícia.[113]

Isso decorre do *poder de polícia investigativo* ou *poder de Polícia Judiciária* atribuído ao delegado na qualidade de autoridade policial, representativo do exercício do poder hierárquico, consoante os fins apuratórios e que, todavia, apresenta-se não somente com alcance *interna corporis*, mas também externo, para abarcar os particulares em geral, para se fazer expedir *atos unilaterais investigativos*, dotados dos atributos *(i)* presunção de veracidade e de legitimidade, *(ii)* imperatividade e *(iii)* coercibilidade. Todos no interesse da elucidação dos fatos.

Eis aqui o conceito de *poder de polícia investigativo* ou *poder de Polícia Judiciária*, sensivelmente especial ao *poder de polícia geral*, este último gênero do primeiro e tocante aos entes e órgãos administrativos que exercem atividades fiscalizatórias.[114]

---

[112] ARANHA, Adalberto José Queiroz Telles de Camargo. *Da prova no processo penal*. São Paulo: Saraiva, 1994. COSTA, Milton Lopes da. *Manual da polícia judiciária*. Rio de Janeiro: Saraiva, 1996.

[113] ARANHA, Adalberto José Queiroz Telles de Camargo. *Da prova no processo penal*. São Paulo: Saraiva, 1994. COSTA, Milton Lopes da. *Manual da polícia judiciária*. Rio de Janeiro: Saraiva, 1996.

[114] Quanto ao poder de polícia geral, cujos contornos normativos encontram-se positivados no direito brasileiro, nos preceitos do art. 77 da Lei nº 5.172/66, Código Tributário

Interna corporis, ou seja, nas atividades internas da Polícia Judiciária, afere-se a presença do poder hierárquico exercido pela autoridade policial e direcionado aos demais agentes de autoridade a ela vinculados pelas relações diretas, formadas a partir da instituição ou instauração da investigação criminal. Há, *in casu*, extensão do poder de mando do Estado ao delegado de polícia, decorrente da relação especial de sujeição inicialmente formada entre o agente de autoridade e o Estado, com a investidura e o exercício do cargo público.[115]

A expressão "hierarquia", derivada do grego *ierarkhia*, de *ieros* (sagrado) e *arkhia* (governo) e inicialmente representativa da autoridade dos sacerdotes ou do chefe supremo dos sacerdotes gregos, passou modernamente a denotar, para o direito público e especialmente para os direitos administrativo e administrativo-processual investigativo, o sistema de subordinação entre poderes (nessa acepção, compreendido como cargos e funções) ascendentes e descendentes, fundamentado na existência de uma organização de distribuição das atribuições e tarefas no serviço público.[116]

A Administração Pública aplicada à investigação criminal é organizada em cargos, funções e classes, que formam as carreiras dos quadros da Polícia Judiciária. Essa organização apresenta como objetivo primordial a eficiência da prestação do serviço público, vertida nos objetivos da elucidação de crimes e contravenções penais. É assim posta para propiciar uma melhor comunicação entre as diversas estruturas e os agentes públicos, com o fim de se obstar perdas de tempo e de resultados. É definida, primeiramente, pelo organograma, com as

---

Nacional, entende-se como a "(...) atividade da administração pública que, limitando ou disciplinando direito, interesse ou liberdade, regula a prática de ato ou abstenção de fato, em razão de interesse público concernente à segurança, à higiene, à ordem, aos costumes, à disciplina da produção e do mercado, ao exercício de atividades econômicas dependentes de concessão ou autorização do Poder Público, à tranquilidade pública ou ao respeito à propriedade e aos direitos individuais ou coletivos". CRETELLA JÚNIOR. *Tratado de Direito Administrativo*, p. 30-31, cujo volume é destinado integralmente à "Polícia Administrativa", ensina que "conjugando-se os elementos que, obrigatoriamente, devem estar presentes na estruturação conceitual – o Estado, único detentor do poder de polícia, a *tranquilidade pública*, condição indispensável para que os agrupamentos humanos progridam, as *restrições à liberdade*, necessárias para que a ação abusiva de um não cause embaraços à ação de outro –, é possível atingir-se a seguinte definição jurídica de polícia: *conjunto de poderes coercitivos pelo Estado sobre as atividades dos administrados, através de medidas impostas a essas atividades, a fim de assegurar a ordem pública*".

[115] Sobre o instituto da "relação especial de sujeição", desenvolvemos estudo mais aprofundado em nossa obra: DEZAN, Sandro Lúcio. *Ilícito Administrativo Disciplinar*: da atipicidade ao devido processo legal substantivo. Curitiba: Juruá, 2009.

[116] DE PLÁCIDO E SILVA. *Vocabulário jurídico*. 27. ed. Rio de Janeiro: Forense, 2008, p. 382.

vinculações e as subordinações estruturantes dos diversos setores e, em seguida, pelos agentes públicos responsáveis por manifestar a vontade dessas mesmas unidades, que, no caso da Polícia Judiciária, encontra no delegado de polícia a sua autoridade maior.[117]

Logo, a vontade legal do órgão investigativo e os fins da investigação são expressos também pela manifestação legal de vontade do agente público encarregado, qual seja, o delegado de polícia, na qualidade de autoridade policial. Daí se aferir a noção de hierarquia não somente entre órgãos, mas também entre os agentes responsáveis por esses órgãos, tendo em mira os objetivos institucionais alinhavados ao interesse público.[118]

Desta feita, o delegado de polícia exerce autoridade, na concepção de detentor do *controle* e do *comando* hierárquico do órgão investigador e do procedimento hábil à apuração, ostentando o poder de Polícia Judiciária, como responsável pela investigação criminal – autoridade policial –, todavia sob a vigília do controle externo efetivado pelo Ministério Público, que resta incumbido não do direcionamento investigativo ou procedimental, mas sim da tutela da lei, para a coerção e o impedimento de excessos por parte dos órgãos policiais.

À vista de todo exposto, não se concebe, por exemplo, juntadas de documentos nos autos da investigação sem a determinação da autoridade policial (a exemplo da inclusão de documentos por ato próprio do Ministério Público), assim como não há de se admitir duplicidades de investigações em andamento, no mesmo órgão de Polícia Judiciária ou em entes e órgãos externos, ou a tentativa de direcionamento e condução da investigação por autoridades outras, distintas do delegado de polícia responsável formal pela apuração criminal.

Não há que se falar, à luz do preceito legal em comento e da própria Constituição Federal de 1988, em determinações ministeriais ou judiciais ao delegado de polícia para o indiciamento ou para a conclusão da apuração num ou noutro sentido, pois possui a autoridade policial o pleno domínio do *iter* apuratório, ou seja, do *caminho* metodológico e técnico-jurídico a ser percorrido para a elucidação dos fatos investigados.

---

[117] ARANHA, Adalberto José Queiroz Telles de Camargo. *Da prova no processo penal*. São Paulo: Saraiva, 1994. COSTA, Milton Lopes da. *Manual da polícia judiciária*. Rio de Janeiro: Saraiva, 1996.

[118] Para estudos detalhados sobre a Administração Pública e o poder hierárquico, conferir nosso *Fundamentos de Direito Administrativo Disciplinar* (DEZAN, Sandro Lúcio. *Fundamentos de direito administrativo disciplinar*. 4. ed. Curitiba: Juruá, 2019.

Diligências somente podem ser realizadas por determinação da autoridade policial. As intimações e oitivas de testemunhas e investigados devem ser decididas pelo Delgado de Polícia, indicando dia e hora, importando serem as audiências realizadas por meio do sistema presidencialista, em que a autoridade policial organiza e figura, na qualidade de autoridade máxima do feito, como gestora das inquirições, tomando diretamente as declarações e os depoimentos dos investigados e das testemunhas, ditando-as ao agente de autoridade, comumente o escrivão de polícia, para a redução a termo.

Do teor do todo acima alinhavado, afere-se o conceito de autoridade policial, expressando-se, assim, na figura do delegado de polícia, como cargo dotado da função de *comando* e de *direcionamento* das atividades da Polícia Judiciária e dos *fins teleológicos* da investigação criminal.[119]

2.1.1.2 A autonomia funcional da Polícia Judiciária e os conceitos de investigação criminal, inquérito policial e outros procedimentos investigatórios a cargo do delegado de polícia

Investigar compreende a busca de alguém por alguma coisa. Representa, na essência singela do termo e em inicial aproximação do conceito, a ação dedicada à satisfação da curiosidade humana. Com isso, o ser humano, desde o nascimento até o fim de sua vida, procede a buscas incessantes e consequentes descobertas, para o "apreender" e o "satisfazer-se" intelectualmente.

No Direito não se fala em "curiosidade" ou em "satisfação intelectual pessoal", mas sim em necessidades deontológicas ditadas por lei, com o escopo de satisfação do interesse público-social vertido em norma jurídica. Depreende-se a noção de necessidade de conhecimento para a satisfação do interesse público, coletivo ou social.

Com efeito, nessa ciência há a investigação, como categoria jurídica, em seus mais diversos ramos, tais quais as que ocorrem no direito civil e no direito processual civil (a exemplo, respectivamente, da determinação da morte presumida sem declaração de ausência, art. 7º, I e II, e parágrafo único do Código Civil brasileiro, e da

---

[119] Cf. ARANHA, Adalberto José Queiroz Telles de Camargo. *Da prova no processo penal*. São Paulo: Saraiva, 1994. COSTA, Milton Lopes da. *Manual da polícia judiciária*. Rio de Janeiro: Saraiva, 1996.

investigação de paternidade, Lei nº 8.560/92), no direito administrativo (a exemplo da sindicância prevista no art. 143 da Lei nº 8.112/90, para a aferição da autoria e da materialidade dos ilícitos disciplinares), no direito previdenciário (concernente à justificação administrativa do artigo 55, §3º, da Lei nº 8.213/91, para a aferição do tempo de serviço prestado sob o regime geral da previdência social), entre tantos outros, destacando-se ainda o direito processual penal, em que a investigação possui caráter criminal, com o fim de esquadrinhar os contornos fáticos do ilícito penal.[120]

A investigação criminal pode ser definida como a busca da elucidação dos fatos criminais, comportando o exame da verdade jurídica e razoável, aceitável como verdade real, sobre as circunstâncias fáticas e jurídicas, envolventes da autoria e da materialidade da infração penal. Reflete a "necessidade de pesquisa da verdade real e dos meios de poder prová-la em juízo",[121] materializando, assim, o instrumento estatal aplicado à perquirição ativa da verdade criminal, com características *preservadora* (obstativas de acusações infundadas) e *preparatória dos meios de prova* (com resposta cautelar imediata do Estado), como reflexo complementar da concepção de *realização da justiça penal.*[122]

O conceito de inquérito policial, principal instrumento investigativo a cargo da Polícia Judiciária, é obtido dos preceitos do Código de Processo Penal, Decreto-Lei nº 3.689, em vigor desde 03 de outubro de 1942, que define, em interpretação sistemática, inquérito policial como o processado investigativo presidido pelo delegado de polícia, que faz uso de suas atribuições de autoridade policial com o fim de *(i)* elucidar a autoria e a materialidade de crimes e contravenções, assim como aferir os contextos fáticos e jurídicos que deram azo ao ilícito – sem embargo das regras processuais acerca das infrações de menor potencial ofensivo, *ex vi* dos artigos 4º e seguintes do *Codex* –, e *(ii) de propiciar a necessária justa causa para a ação penal ou para a sua não inauguração.* Oportuniza, com a delimitação da justa causa para a ação ou a inação estatal, a definição dos contornos fático-jurídicos do conflito de interesses entre o Estado e o indivíduo – *jus puniendi et status*

---

[120] ARANHA, Adalberto José Queiroz Telles de Camargo. *Da prova no processo penal.* São Paulo: Saraiva, 1994. COSTA, Milton Lopes da. *Manual da polícia judiciária.* Rio de Janeiro: Saraiva, 1996.

[121] ALMEIDA, *Os princípios fundamentais do processo penal,* p. 60.

[122] *Idem,* p. 35 e 60.

libertatis –, em torno do fato penalmente relevante para o direito penal, pressuposto da persecução criminal em juízo.[123]

A elucidação das prováveis autoria e materialidade e a aferição dos contextos fáticos e jurídicos que deram azo ao ilícito perpassam pelo conhecimento e pelo conceito teórico de ilícito penal. Bem anota Adilson Mehmeri, como providências a serem tomadas pela autoridade policial no âmbito do inquérito policial, que "coligidos os primeiros elementos, procede a uma espécie de instrução preliminar, em que ouve as partes [*rectius* prováveis sujeitos ativo e passivo, quando possível], as testemunhas, e ainda determina, quando possível, vistorias, exames periciais, etc.",[124] com o fim de proceder, ao final, a uma liminar subsunção do conceito do fato ao conceito da norma, ou seja, a uma capitulação inicial, subsidiária, conquanto precária, das análises posteriores, quais sejam, a denúncia ou a queixa crime e a sentença judicial.[125]

Assim, a finalidade do inquérito policial, convertida em seu objetivo fundamental de descobrimento de fatos e sujeitos, abarca, para a elucidação da autoria e da materialidade, o enfrentamento, também, dos elementos do tipo penal, com a análise das elementares e das circunstâncias fáticas concernentes à caracterização do ilícito.[126]

Eis, de forma singela, os contornos da investigação criminal classificada como inquérito policial sob o comando do delegado de polícia.

Quanto aos *outros procedimentos investigativos previstos em lei*, pode-se destacar o Termo Circunstanciado de Ocorrência – TCO, previsto inicialmente na Lei nº 9.099/95, Lei dos Juizados Especiais Cíveis e Criminais, e, posteriormente, na Lei nº 10.259/2001, que instituiu os Juizados Especiais Cíveis e Criminais no âmbito da Justiça Federal. Referidos diplomas normativos apresentam o Termo Circunstanciado de Ocorrência como instrumento investigativo a cargo da Polícia Judiciária, para a apuração das *infrações penais de menor potencial ofensivo,*

---

[123] Nesse sentido, cf. TUCCI, Rogério Lauria. *Teoria do Direito Processual Penal*: jurisdição, ação e processo penal. Estudo sistemático. São Paulo: Revista dos Tribunais, 2003, p. 172.

[124] MEHMERI, Adilson. *Inquérito policial. Dinâmica.* São Paulo; Saraiva, 1992, p. 12.

[125] ARANHA, Adalberto José Queiroz Telles de Camargo. *Da prova no processo penal.* São Paulo: Saraiva, 1994. COSTA, Milton Lopes da. *Manual da polícia judiciária.* Rio de Janeiro: Saraiva, 1996.

[126] Nesse sentido, conferir Eduardo Espínola Filho, *Código de Processo Penal Brasileiro Anotado,* em que faz extensa e completa abordagem das características e dos fins do inquérito policial, como instrumento de investigação criminal a cargo da polícia judiciária.

CAPÍTULO 2
A SEGURANÇA PÚBLICA E O REGIME JURÍDICO-CONSTITUCIONAL DA POLÍCIA JUDICIÁRIA | 83

quais sejam aquelas cuja pena máxima em abstrato não supere a dois anos, cumulada ou não com a pena de multa.[127]

Ao comparar com o inquérito policial, o Termo Circunstanciado de Ocorrência é notadamente uma investigação procedimental simplificada, todavia – conquanto célere – formal e reduzida a escrito, em que se identificam o autor do fato e a vítima, providenciam-se as requisições dos exames periciais necessários, encaminhando o resultado, de forma preliminarmente conclusiva, ao Juizado.[128]

Em que pese ausência de previsão nas Leis nº 9.099/95 e nº 10.259/2001, o TCO deve ser encerrado por meio de Relatório da autoridade policial, no caso o delegado de polícia, que providenciará, em complemento à *(i)* qualificação dos sujeitos ativo e passivo, *(ii)* indicar a qualificação das testemunhas identificadas e *(iii)* formular a inicial capitulação da conduta ilícita, à vista de um breve relato dos fatos.[129]

Há também outro procedimento investigativo sob a responsabilidade e comando do delegado de polícia, realizado de forma célere e precedente ao inquérito policial, denominado de "diligências preliminares" ou de "investigação preliminar". Esta, em que pese ao fato de, geralmente, prevista por ato normativo infralegal, é comumente empregada para a verificação da procedência e da higidez, ou da veracidade sumariíssima, de notícias de crime anônimas (apócrifas ou inqualificadas). Subsidia de razoabilidade a instauração do inquérito policial.[130]

---

[127] O conceito de infração de menor potencial ofensivo é dado pelo art. 61 da Lei nº 9.099/95, ao assinalar que "Consideram-se infrações penais de menor potencial ofensivo, para os efeitos desta Lei, as contravenções penais e os crimes a que a lei comine pena máxima não superior a 2 (dois) anos, cumulada ou não com multa". Esse conceito é também utilizado pela Lei nº 10.259/2001, para a incidência de suas normas.

[128] Anote-se que por força do parágrafo único do art. 69 da Lei nº 9.099/95, "Ao autor do fato que, após a lavratura do termo, for imediatamente encaminhado ao juizado ou assumir o compromisso de a ele comparecer, não se imporá prisão em flagrante, nem se exigirá fiança. Em caso de violência doméstica, o juiz poderá determinar, como medida de cautela, seu afastamento do lar, domicílio ou local de convivência com a vítima".

[129] Entendemos que para os fatos não flagranciais, ou seja, para os supostos ilícitos penais de menor potencial ofensivo que não se enquadrem em um dos casos do art. 302, I a IV, do Código de Processo Penal, que trata das situações de flagrante delito, o delegado de polícia não deve instaurar Termo Circunstanciado de Ocorrência, mas sim inquérito policial, para a necessária apuração. Dessa forma, somente haverá o Termo Circunstanciado de Ocorrência – TCO flagrancial. Quanto às situações de flagrante delito, o art. 302 e incisos do CPP assenta que: "Art. 302. Considera-se em flagrante delito quem: I – está cometendo a infração penal; II – acaba de cometê-la; III – é perseguido, logo após, pela autoridade, pelo ofendido ou por qualquer pessoa, em situação que faça presumir ser autor da infração; IV – é encontrado, logo depois, com instrumentos, armas, objetos ou papéis que façam presumir ser ele autor da infração".

[130] Nesse sentido, conferir HC nº 188756/RN HABEAS CORPUS 2010/0198319-8, decidido pela Quinta Turma do Superior Tribunal de Justiça, Relatora Ministra Laurita Vaz: "HABEAS CORPUS SUBSTITUTIVO DE RECURSO ORDINÁRIO. DESCABIMENTO.

Nesse sentido, à luz da jurisprudência dos tribunais pátrios, que aceitam procedimentos investigativos instituídos por normas de caráter executivo, imperioso inferir que quando o §1º do art. 2, da Lei nº 12.830/2013, refere-se a "outro procedimento previsto em *lei*", reporta-se não somente à lei em sentido estrito, votada e aprovada pelo Congresso Nacional e sancionada pelo Presidente da República, mas também aos atos normativos infralegais, a exemplo dos decretos presidenciais e das instruções normativas internas de cada órgão policial. Menciona, assim, a lei em sentido *lato*.

Sob essa óptica, a investigação criminal compreende o gênero de cujas espécies o inquérito policial, o termo circunstanciado de ocorrência e a investigação preliminar fazem parte, para a aferição dos fatos e dos sujeitos envolvidos, ora de forma mais completa, ora mais incipiente e precária.

Dentro desse espectro de precariedade investigativa, afere-se uma linha crescente que caminha da investigação preliminar, passando pelo termo circunstanciado de ocorrência e culminando com o procedimento mais completo, qual seja o inquérito policial,

---

COMPETÊNCIA DAS CORTES SUPERIORES. MATÉRIA DE DIREITO ESTRITO. MODIFICAÇÃO DE ENTENDIMENTO DESTE TRIBUNAL, EM CONSONÂNCIA COM A SUPREMA CORTE. POSSE IRREGULAR DE ARMA DE FOGO DE USO PERMITIDO. COMÉRCIO ILEGAL DE ARMA DE FOGO. INTERCEPTAÇÃO TELEFÔNICA. INVESTIGAÇÃO INICIADA A PARTIR DE DENÚNCIA ANÔNIMA. POSSIBILIDADE, DESDE QUE ULTERIOR DILIGÊNCIA PELAS AUTORIDADES PARA VERIFICAÇÃO CONCRETA DOS FATOS TENHA OCORRIDO. FUNDAMENTAÇÃO IDÔNEA NAS DECISÕES QUE DEFERIRAM AS INTERCEPTAÇÕES TELEFÔNICAS. HABEAS CORPUS NÃO CONHECIDO. 1. O Excelso Supremo Tribunal Federal, em recentes pronunciamentos, aponta para uma retomada do curso regular do processo penal, ao inadmitir o habeas corpus substitutivo do recurso ordinário. Precedentes: HC 109.956/PR, 1.ª Turma, Rel. Min. Marco Aurélio, DJe de 11/09/2012; HC 104.045/RJ, 1.ª Turma, Rel. Min. Rosa Weber, DJe de 06/09/2012; HC 108.181/RS, 1.ª Turma, Rel. Min. Luiz Fux, DJe de 06/09/2012. Decisões monocráticas dos ministros Luiz Fux e Dias Tóffoli, respectivamente, nos autos do HC 114.550/AC (DJe de 27/08/2012) e HC 114.924/RJ (DJe de 27/08/2012). 2. Sem embargo, mostra-se precisa a ponderação lançada pelo Ministro Marco Aurélio, no sentido de que, "no tocante a habeas já formalizado sob a óptica da substituição do recurso constitucional, não ocorrerá prejuízo para o paciente, ante a possibilidade de vir-se a conceder, se for o caso, a ordem de ofício". 3. Não se ignora que a investigação não pode ser baseada, exclusivamente, em denúncia anônima. Todavia, no caso dos autos, da leitura do pedido de quebra de sigilo telefônico formulado pela Autoridade Policial extrai-se com facilidade que foram realizadas diligências preliminares objetivando averiguar a verossimilhança das denúncias anônimas recebidas. Precedentes desta Corte e do Supremo Tribunal Federal. 4. Ademais, as decisões que deferiram as interceptações telefônicas foram fundamentadas dentro do contexto probatório contido nos autos, mediante prévia oitiva do Ministério Público, tendo o Juízo singular entendido que as diligências da Autoridade Policial apontavam para indícios razoáveis de participação no tráfico de armas. 5. Ausência de ilegalidade flagrante que, eventualmente, ensejasse a concessão da ordem de ofício. 6. Habeas corpus não conhecido".

este, procedimento investigativo por excelência, porém todos a cargo exclusivo de condução e comando do delegado de polícia. Não se concebe condução por agentes de autoridade ou por órgãos ou entes externos à Polícia Judiciária, a exemplo de membros ou agentes públicos do Poder Judiciário, do Ministério Público ou do Poder Legislativo.

2.2 A autonomia funcional da Polícia Judiciária e a presidência da investigação criminal

Como visto ao comentarmos "o delegado de polícia como autoridade policial", a condução da investigação criminal confunde-se com a presidência do procedimento investigativo. Presidir compreende comandar, administrar, controlar, governar, na acepção de total gerência sobre o caderno investigativo desenvolvido para a elucidação da infração penal.[131]

Dessa forma, a atividade de condução ou de presidência da investigação criminal, independentemente de se tratar de inquérito policial ou de outro procedimento investigativo, defere ao delegado de polícia o dever-poder de comando e direcionamento de todos os fatores circunstanciais e jurídicos atinentes ao procedimento.[132] [133]

Figura, assim, como único e autônomo responsável pela definição da linha e lógica e técnica investigativa, que pervagam pela indicação inicial do investigado, descrição inicial dos fatos em apuração e suas capitulações penais, com a descrição das circunstâncias fáticas e jurídicas e, ao final, conclusão acerca das circunstâncias, autoria e materialidade.[134]

Se atos de investigação, mesmo que em parte, forem avocados ou direcionados a outros entes públicos ou órgãos, não haverá que se falar em condução ou em presidência da investigação, mas sim em ofensa frontal ao Estatuto da Investigação Criminal Conduzida por delegado

---

[131] Cf. SANTOS, Célio Jacinto. *Investigação criminal especial*: seu regime no marco do Estado Democrático de Direito. Porto Alegre: Núria Fabris, 2013.

[132] TOURINHO FILHO, Fernando da Costa. *Manual de processo penal*. 16. ed. São Paulo: Saraiva, 2013.

[133] PEREIRA, Eliomar da Silva. *Introdução ao direito de polícia judiciária*. Belo Horizonte: Fórum, 2019.

[134] DEZAN, Sandro Lúcio. Prólogo sobre a investigação criminal e sua teoria comum: o inquérito policial como fase do processo criminal. *In:* ZANOTTI, Bruno Taufner; SANTOS, Cleopas Isaías (org.). *Temas avançados de polícia judiciária*. Salvador: Juspodivm, 2015, p. 21-34.

de polícia, Lei nº 12.830/2013, e à própria Constituição Federal de 1988. Disso, abstrai-se que a função de condução da investigação criminal é privativa do delegado de polícia e circunscrita à autoridade policial a quem fora distribuída a notícia de crime. Com isso, não se admite coparticipação de presidência investigativa, distribuída entre dois ou mais Delegados de Polícia, ou entre este e os agentes de autoridade, ou entre agentes públicos de entes ou órgãos externos à Polícia Judiciária.[135]

Assim, sob essa óptica, afere-se que o ordenamento jurídico dá ao delegado de polícia a exclusividade da presidência da investigação criminal[136] e, *exempli gratia*, obsta membros do Ministério Público de permanecerem na posse de autos de apuratórios criminais por tempo superior ao razoável, sob a alegação de necessidade de análise, sem uma das seguintes providências: *(i)* devolução à autoridade policial com a concessão de novo prazo para a continuidade da investigação, *(ii)* oferecimento da denúncia, ou *(iii)* pedido judicial de arquivamento.

2.2.1 A correlação entre a autonomia funcional da Polícia Judiciária, a presidência da condução da investigação criminal e a atuação de controle externo do Ministério Público

Diante dessa característica da função de condutor ou presidente da investigação criminal, como visto acima, que dá ao delegado de polícia a *autonomia* e a *independência* investigativas, há de se definir os contornos do controle externo da atividade policial, exercido pelo Ministério Público, o qual não se concebe como um cheque em branco entregue pela lei ao órgão de controle para o preenchimento com os termos e teor que lhe convierem.

Apesar de compreender inicialmente um termo jurídico vago, perfazendo caráter de conceito jurídico indeterminado, a expressão "controle externo da atividade policial" encontra definição e, com efeito, os necessários limites nos vieses da legislação sistemática vigente.

A Constituição Federal assenta que

---

[135] *Idem*, p. 21-34.
[136] ARANHA, Adalberto José Queiroz Telles de Camargo. *Da prova no processo penal*. São Paulo: Saraiva, 1994. COSTA, Milton Lopes da. *Manual da polícia judiciária*. Rio de Janeiro: Saraiva, 1996.

Art. 129. São *funções* institucionais do Ministério Público:

(...)

VII – exercer o controle externo da atividade policial, na forma da lei complementar mencionada no artigo anterior; (sem grifos no original)

Mister reparar que a Constituição Federal fez menção ao termo "função" e, assim, não se referiu a "prerrogativa" ou a "poder", denotando uma natureza acessória, adjetiva, secundária, e exercida sob o estrito crivo da legalidade, da razoabilidade e da proporcionalidade, e, disso, sem a inviabilização da atividade controlada. Exercer função pública é submeter-se inteiramente à lei e ao interesse público.[137] Há de se entender que o controle existe em razão da atividade controlada; e não este último instituto, a atividade controlada, em função daquele. Logo, o controle externo é de cunho acessório e limitado pelo interesse social atinente à atividade de investigação.

O exercício do controle externo da atividade policial não compreende *(i)* ferir a hierarquia da Polícia Judiciária, com ingerências ou pseudodeterminações abusivamente direcionadas a setores subordinados à autoridade policial (a exemplo de demandarem laudos de setores técnico-policiais, ou núcleos de operações, diretamente), *(ii)* banalizar e menosprezar o procedimento investigativo, dedicado ao interesse sociocoletivo, com ausência de concessão de prazo, sem justificativa ou comunicação, ou proceder de forma morosa para a expedição de manifestações, ou, ainda, não formalizar a necessária comunicação à autoridade policial acerca do destino dado à investigação (se houve denúncia, ou pedido de arquivamento, etc.), ou *(iii)* agir com desrespeito para com a autoridade policial, ou para com os deveres-poderes desta na presidência da investigação criminal.[138]

Por outro lado, o controle externo não adentra ao mérito da investigação enquanto ela encontrar-se em andamento, pendente de conclusão. Apenas opera-se para a fiscalização da lei, sob a óptica de garantia contra abusos no direito de investigar e tutela de direitos fundamentais dos investigados.

Disso se conclui que o controle externo também não abarca determinações à autoridade policial para proceder na investigação de

---

[137] DEZAN, Sandro Lúcio. Prólogo sobre a investigação criminal e sua teoria comum: o inquérito policial como fase do processo criminal..., 2015, p. 21-34.

[138] SANTOS, Célio Jacinto. *Investigação criminal especial*: seu regime no marco do Estado Democrático de Direito..., 2013.

forma a atender aos interesses da futura acusação ministerial. Não há hierarquia ministerial em face do delegado de polícia ou de qualquer agente público dos quadros da Polícia Judiciária, decorrente do exercício do controle externo da atividade policial. Com isso, não se confunde com o controle interno, baseado na tutela das atividades disciplinares, fundadas na hierarquia e na disciplina.[139]

Nesse contexto de normatividade constitucional sistemática e independentemente de reforma do texto, há de se considerar que a investigação criminal não é unidirecional.

Busca-se com a investigação criminal a elucidação do fato caracterizado como ilícito penal. Compromissa-se o Estado com o bem comum da coletividade administrada e, na seara criminal, com o interesse público-social relacionado à elucidação do crime ou da contravenção.

Passando ao largo dessa digressão, parte da doutrina tem se posicionado de forma a elidir a realidade teleológica dessa busca da verdade pelo órgão de apuração, a ponto de pretender obstar o inquérito policial (e as demais modalidades de investigação criminal) do cumprimento de seu papel constitucional, mormente nos casos em que

---

[139] Cf. ALVES, Léo da Silva. *Questões relevantes do processo administrativo disciplinar*. Apostila, Parte I. Brasília: CEBRAD, 1998; ALVES, Léo da Silva. *Interrogatório e confissão no processo administrativo disciplinar*. Brasília: Brasília Jurídica, 2000, p. 55; ALVES, Léo da Silva. *Ajustamento de conduta e poder disciplinar*: controle da disciplina sem sindicância e sem processo, v. 2. Brasília: CEBRAD, 2008, p. 41-51; ALVES, Léo da Silva. *Curso de processo disciplinar*, v. 3. Brasília: CEBRAD, 2008, p. 141-149 e 181-225; ALVES, Léo da Silva; CARVALHO, Antonio Carlos Alencar. *Manual de processo administrativo disciplinar à luz da jurisprudência e da casuística da administração pública*. 2. ed. Belo Horizonte: Fórum, 2011, p. 1157-1167; CAVALCANTE, Themistocles Brandão. *Curso de direito administrativo*. Rio de Janeiro: Livraria Freitas Bastos, 1961; CAVALCANTE, Themistocles Brandão. *Tratado de direito administrativo*. Suplemento. Rio de Janeiro: Revista dos Tribunais, 1964, p. 91-117; CAVALCANTE, Themistocles Brandão. *Tratado de direito administrativo*. 5. ed. Rio de Janeiro: Revista dos Tribunais, 1964, v. IV; CAVALCANTE, Themistocles Brandão. *Tratado de direito administrativo*. Suplemento. Rio de Janeiro: Revista dos Tribunais, 1964, v. V; COSTA, José Armando da. *Teoria e prática do processo administrativo disciplinar*. 3. ed. Brasília: Brasília Jurídica, 1999, p. 331-348; COSTA, José Armando da. *Incidência aparente de infrações disciplinares*. Belo Horizonte: Fórum, 2004, p. 129-139; COSTA, José Armando da. *Direito disciplinar*: temas substantivos e processuais. Belo Horizonte: Fórum, 2008, p, p. 45-88 e 545-568; COSTA, José Armando da. *Direito administrativo disciplinar*. 2. ed. São Paulo: Método, 2009, p. 153-168; COSTA, José Armando da. *Processo administrativo disciplinar*: teoria e prática. 6. ed. Rio de Janeiro: Forense, 2010, p. 391-404; CRETELLA JUNIOR, José. *Direito administrativo do Brasil*: processo administrativo. São Paulo: Revista dos Tribunais, 1962, p. 117-202; CRETELLA JUNIOR, José. *Tratado de direito administrativo*: teoria do direito administrativo. v. I, Rio de Janeiro: Forense, 1966, p. 185-226; MATTOS, Mauro Roberto Gomes de. *Tratado de direito administrativo disciplinar*. Rio de Janeiro: América Jurídica, 2008, p. 1033-1062.

suas conclusões possam vir a beneficiar o suposto sujeito ativo do fato, como se constata do escólio do Professor Paulo Rangel, ao asseverar que

o inquérito policial tem um único escopo: a apuração dos fatos objeto de investigação (cf. art. 4º, *in fine*, do CPP). Não cabe à autoridade policial emitir nenhum juízo de valor na apuração dos fatos, como, por exemplo, que o indiciado agiu em legítima defesa ou movido por violenta emoção ao cometer o homicídio. A autoridade policial não pode (e não deve) se imiscuir nas funções do Ministério Público, muito menos do juiz, pois sua função, no exercício de suas atribuições, é meramente investigativa. (...) Assim, a direção do inquérito policial é única e exclusivamente a apuração das infrações penais. Não deve a autoridade policial emitir qualquer juízo de valor quando da elaboração de seu relatório conclusivo. Há relatórios em inquéritos policiais que são verdadeiras denúncias e sentenças. É o ranço do inquisitorialismo no seio policial.[140]

Afere-se da leitura acima, na visão do autor, que o inquérito policial presta-se única e exclusivamente à apuração de elementos da autoria e da materialidade ilícitas que supram os interesses de uma futura acusação processual, devendo o delegado de polícia apenas apontar fatos e provável autor, sem qualquer juízo de valor acerca das circunstâncias e elementares que ligaram o suposto agente, com sua conduta, ao resultado danoso, consubstanciando, destarte, o caráter unidirecional do apuratório.

Todavia, essa óptica de abordagem do instrumento apuratório firma dissonância com o ordenamento jurídico (*ex vi* dos preceitos claros da Constituição Federal de 1988) e, em especial, com o §1º do art. 2º da Lei nº 12.830/2013, na medida em que este diploma positiva norma em sentido contrário à noção de unidirecionalidade da investigação criminal. Assenta o dispositivo ter a investigação criminal o objetivo de apuração das circunstâncias, da materialidade e da autoria do ilícito. Patenteia, assim, ser inerente à própria função investigativa a análise de todos os detalhes que envolvem os acontecimentos fáticos ainda desconhecidos quando da *notitia criminis*, sem os direcionar finalisticamente a este ou àquele polo materializador de partes processuais.

A lei deixa claro que não se apura o crime ou a contravenção penal para se atender aos interesses de qualquer das futuras partes

---

[140] RANGEL, Paulo. *Direito Processual Penal*. Rio de Janeiro: Lumen Juris, 2001.

processuais – Ministério Público e réu. Presta-se, portanto, deferência à verdade fática e não à satisfação de interesses acusatórios ou defensivos das partes a serem eventualmente formadas na *persecutio criminis in juditio*.

Com isso, a manifestação jurídica é inerente à atividade investigativa.[141] Não há como se elucidar qualquer acontecimento levado a efeito pelo sujeito ativo do ilícito sem se adentrar a detalhes, a par dos exames periciais, que extrapolam a simples qualificação e oitiva de testemunhas e do suposto autor e o relato dos fatos, e, para tal, faz-se indispensável à realização de juízo de valor, malgrado que de forma preliminar e precária, mormente no ato de fundamentação da indiciação ou da sua não realização e no ato de relatório final do apurado. Quanto mais completo e jurídico-científico forem os trabalhos realizados no inquérito policial, mais célere e justo será o exercício da jurisdição, com maior eficiência dos escopos político, jurídico e social do processo.

Não se pode pretender obstar a autoridade policial de tecer, dentro da razoabilidade e da proporcionalidade, juízo de valor acerca do produto de sua investigação, uma vez que a elucidação dos fatos enlaça compromisso com a verdade real e esta, corolário da *dignidade da pessoa humana*, um dos fundamentos da República.

Com dito alhures, o Ministério Público exerce o controle externo da atividade policial e não o controle de mérito dos atos da Polícia Judiciária. A censura por esse órgão, sob o argumento de que a autoridade policial afastou-se do caráter unidirecional do apuratório, é, sem sombra de dúvidas, inconstitucional, posto exceder o mister insculpido no art. 129, VII, da CF/88, adentrando ao exercício de jurisdição pelo órgão controlador, ofendendo assim, *exempli gratia*, a independência e harmonia dos poderes, princípio fundamental do Estado Democrático constituído, bem como os direitos e garantias fundamentais de o indivíduo ser tratado com dignidade pelos órgãos da República e submetido ao devido processo legal. Não obstante, como visto, materializa, ainda, ofensa direta ao preceito do §1º do art. 2º da Lei nº 12.830/2013.

Quanto ao princípio da dignidade da pessoa humana, registra-se sua ofensa sempre que o investigado seja submetido ao processo, malgrado elementos de prova veementemente apurados em inquérito

---

[141] ARANHA, Adalberto José Queiroz Telles de Camargo. *Da prova no processo penal*. São Paulo: Saraiva, 1994. COSTA, Milton Lopes da. *Manual da polícia judiciária*. Rio de Janeiro: Saraiva, 1996.

policial de ausência de crime em decorrência de causas excludentes de tipicidade ou de ilicitude, e, em alguns casos, de culpabilidade.[142] Desse modo, para a observância do *due process of law*, a autoridade policial tem o dever de apontar essas constatações em seu relatório final e até mesmo não proceder à instauração de apuratório se, com a notícia exordial, vier a notícia inquestionável de uma dessas excludentes.

A atribuição de caráter unidirecional ao inquérito policial, por parte da doutrina, visa a destiná-lo, com exclusividade, ao Ministério Público, como instrumento de uma acusação. No entanto, resta claro que, com fundamento no postulado da dignidade humana, o caderno apuratório há de servir às partes como um todo, não só à parte acusadora, mas também às pessoas que possam ser atingidas pelos efeitos jurídicos produzidos pela investigação, quebrando esse ranço de sanção como vingança estatal que tende a imperar ao se entender o aparato investigativo à disposição ou a serviço da instituição acusadora, como parte processual. Como bem assevera G. Bettiol, "o processo penal [e aqui incluímos a investigação criminal como parte desse processo em sentido lato] não pode, portanto, ser meio de realização da *vindicta*, mesmo *pública*, mas deve ser um caminho de concretização das exigências da justiça".[143]

Nesse sentido, declinando a utilidade do material coligido também ao investigado[144] [145] e não só ao *dominus lite*, o Supremo Tribunal Federal reconheceu o direito de investigado ter acesso aos autos de inquérito policial, mesmo em segredo de justiça, ao publicar, em 09 de fevereiro de 2009, a Súmula Vinculante nº 14 que prescreve que "é direito do defensor, no interesse do representado, ter acesso amplo aos elementos de prova que, já documentados em procedimento investigatório realizado por órgão com competência de Polícia Judiciária, digam respeito ao exercício do direito de defesa".

---

[142] SILVA, Roberto Ferreira da. *O indiciado como sujeito de direitos no inquérito policial brasileiro.* 364 f. Dissertação (Mestrado em Direito) – Pontifícia Universidade Católica de São Paulo, São Paulo, 2006.

[143] BETTIOL, Giuseppe. *Instituições de direito e de processo penal.* Tradução Manuel da Costa Andrade. Coimbra: Coimbra, 1974, p. 204.

[144] SILVA, Roberto Ferreira da. *O indiciado como sujeito de direitos no inquérito policial brasileiro.* 364 f. Dissertação (Mestrado em Direito) – Pontifícia Universidade Católica de São Paulo, São Paulo, 2006.

[145] GAVIORNO, Gracimeri Vieira Soeiro de Castro. *Garantias constitucionais do indiciado no inquérito policial:* controvérsias históricas e contemporâneas. 165 f. Dissertação (Mestrado em Direitos e Garantias Constitucionais Fundamentais). Faculdade de Direito de Vitória – FDV, Vitória, 2006.

Conclui-se, por fim, que a apuração das circunstâncias, da autoria e da materialidade opera-se em prol do interesse público, representado pela busca da verdade real, possível e jurídica, destinada a dar justa causa à acusação processual ou à defesa *in juditio*, sem embargo de propiciar, *in limine* e sumariamente, o arquivamento do feito apuratório e impedimento de instauração da persecução judicial.

2.2.2 Os objetivos da investigação criminal

O preceito trazido pelo §1º do art. 2º da Lei nº 12.830/2013 é claro quanto aos objetivos da investigação criminal, quais sejam, as apurações das circunstâncias, da autoria e da materialidade do ilícito penal.

Disso, deve a autoridade policial desencadear diligências que visem à elucidação de como se deram os fatos, quem foi o seu provável autor e quais são os documentos ou detalhes fáticos que atestam a sua ocorrência, como fato social relevante para o Direito Penal.

Os objetivos investigativos norteiam-se pela descrição típica, prescrita na norma incriminadora penal – tipo penal[146] (disso se demonstra a relevância da descrição fática, provável autoria e correspondente tipificação na peça exordial de instauração da investigação), de onde se inferem os *elementos* – compostos pelas *elementares* e pelas *circunstâncias* –, assim como a *autoria* e a provável *materialidade*.

Com efeito, podem-se entender como objetivos da investigação criminal as questões que envolvem *(i)* a conduta dolosa ou culposa do agente, o resultado advindo dessa conduta e, assim, o nexo de causalidade e a subsunção típica, adequação típica ou tipicidade, e *(ii)* as questões afetas às justificantes ou excludentes de ilicitude, a exemplo da legítima defesa, do estado de necessidade, do estrito cumprimento do dever legal e do exercício regular do direito, bem como, em alguns casos, *(iii)* às dirimentes, a exemplo da inimputabilidade por menoridade penal.

Os tipos penais, como normas incriminadoras, devem ser formados por prescrição e sanção e, dentro da prescrição, do preceito

---

[146] Eugênio Raúl Zaffaroni E José Henrique Pierangeli (*Manual de Direito Penal brasileiro:* Parte Geral, p. 421) conceituam tipo penal como "um instrumento legal, logicamente necessário e de natureza predominantemente descritiva, que tem por função a individualização de condutas humanas penalmente relevantes (por estarem penalmente proibidas)". Cf. ZAFFARONI, Eugenio Raúl; PIERANGELI, José Henrique. *Manual de direito penal brasileiro:* Parte Geral. 5. ed. São Paulo: Revista dos Tribunais, 2004.

primário, consoante a necessidade de cada positivação, fazer-se compor com *elementos do tipo*, quais sejam as *elementares* e as *circunstâncias*.[147] Os *elementos* do tipo são todas as figuras descritivas que formam os contornos da moldura penal legalmente prevista, podendo ser qualificados como elementares ou como circunstâncias.

As *elementares* são as descrições sígnicas essenciais ao tipo, em que, na sua ausência, a prescrição deixa de existir ou se transforma em outra tipificação penal. São elementares do tipo os dados descritivos contidos no *caput* da figura ilícita, ao passo que são consideradas circunstâncias os dados descritivos derivados do *caput*, conquanto qualifiquem ou atenuem, privilegiem, o delito ou a contravenção penal.

Os elementos (elementares e circunstâncias), sem embargo do exposto acima, também podem ser *objetivos, subjetivos* e *normativos*. Como assenta Cezar Roberto Bitencourt "o tipo penal (...) não se compõe somente de elementos puramente objetivos, mas é integrado, por vezes, também de elementos *normativos* e *subjetivos*".[148]

Dessa forma, a par das descrições tipológicas constatáveis por meio sensorial, apresentam-se ao delegado de polícia na qualidade de intérprete e aplicador do direito penal a necessidade de formulação de juízo de valor e de aferição de aspectos relacionados ao campo da representação intencional-volitiva do sujeito ativo do ilícito, ambas como ações valorativas em sentido lato, para o juízo de tipicidade, malgrado precário, em sede de investigação criminal.[149]

Por *elemento objetivo* consideram-se os dados contidos na descrição típica que possuam concreção, perceptível direta e sensorialmente pelo analista, por intermédio dos sentidos, como, por exemplo, "matar alguém", descrito no art. 121, *caput*, do Código Penal brasileiro, conquanto baste ver o fato, ou ouvir as testemunhas, ou analisar o laudo de exame pericial, para se chegar à conclusão de que houve ou não a morte de alguém. Esses dados contidos no tipo penal, que demandam somente análise sensorial, são considerados elementos objetivos da

---

[147] ARANHA, Adalberto José Queiroz Telles de Camargo. *Da prova no processo penal*. São Paulo: Saraiva, 1994. COSTA, Milton Lopes da. *Manual da polícia judiciária*. Rio de Janeiro: Saraiva, 1996.

[148] BITENCOURT, Cezar Roberto. *Tratado de direito penal. Parte geral*. v. 1. São Paulo: Saraiva, 2007, p. 262.

[149] SIQUEIRA, Galdino. Tratado de direito penal: parte geral. Rio de Janeiro: José Confino Editor, 1947. DELMANTO, Celso. *Código penal comentado*. 3. ed. São Paulo: Renovar, 1991. HUNGRIA, Nelson; FRAGOSO, Heleno Claudio. *Comentários ao código penal*. 6. ed. Rio de Janeiro: Forense, 1981. v. V. NORONHA, Edgard Magalhães. *Direito penal*. 24. ed. São Paulo: Saraiva, 1990. v. 2.

prescrição normativa. Apresentam relação com as descrições típicas que se referem ao verbo do tipo, ao momento do ilícito ou ao seu modo de execução.[150]

Os *elementos subjetivos* do tipo são assim considerados os dados contidos na descrição de ilícito, voltados ao ânimo e à psique do autor do crime na realização do ilícito. Portanto, possuem relação com a consciência, com a vontade, com a previsibilidade e com a voluntariedade para a prática ilícita. São exemplos de elementos subjetivos as descrições "para si ou para outrem" (art. 155, *caput*, do CPB) ou "para assegurar a execução, a ocultação, a impunidade ou vantagem de outro crime" (art. 121, §2º, V, do CPB), em que se declinam, por meio da própria redação legal, a intenção de agir ou de se omitir afeta ao sujeito ativo.[151]

Por *elemento normativo* consideram-se as descrições contidas no tipo penal que não são perceptíveis sensorialmente ou com a análise da intenção do agente, carecendo de um juízo de valor, pelo intérprete e aplicador do Direito, para a constatação de ocorrência do crime ou da contravenção penal.[152]

Classificam-se em *elementos normativos jurídicos* e *elementos normativos extrajurídicos*. Exemplo do primeiro caso encontra-se na expressão "documentos públicos", contida no tipo previsto no art. 297, *caput*, do CPB, onde tal vocábulo é obtido da *análise jurídica* do que venha ser documento de caráter público. Como exemplo do segundo caso, elemento normativo extrajurídico, citem-se as expressões referentes às adequações típicas indiretas nos crimes culposos, previstas no art. 18, II, do CPB, ao referir-se a "imprudência, negligência ou imperícia", ou às expressões "dignidade ou o decoro", previstas no *caput* do art. 140 do CPB, requerentes de juízo de valor, de toda sorte extrajurídico, para se sopesar a subsunção típica.[153]

Sobre os elementos descritivos e os elementos normativos do tipo penal, ministra Juarez Tavarez que não existe, de fato, distinção clara entre eles, mas que

---

[150] *Idem, ibidem.*

[151] *Idem, ibidem.*

[152] *Idem, ibidem.*

[153] SIQUEIRA, Galdino. *Tratado de direito penal*: parte geral. Rio de Janeiro: José Confino Editor, 1947. DELMANTO, Celso. *Código penal comentado*. 3. ed. São Paulo: Renovar, 1991. HUNGRIA, Nelson; FRAGOSO, Heleno Claudio. *Comentários ao código penal*. 6. ed. Rio de Janeiro: Forense, 1981. v. V. NORONHA, Edgard Magalhães. *Direito penal*. 24. ed. São Paulo: Saraiva, 1990. v. 2.

Pode-se, no entanto, denominar-se de *elementos descritivos* aqueles conceitos que, para sua configuração, independem da atuação ou da influência da vontade do agente ou de juízo de valor. São elementos descritivos, por exemplo, os conceitos de 'matar' (art. 121), 'subtrair' (art. 155), 'ofender' (art. 129), 'destruir' (art. 163), 'alguém' (art. 121), 'coisa' (art. 155), 'mulher' (art. 213), cuja apreensão de significado é acessível a todos. Por sua vez *elementos normativos* exigem, para sua compreensão, um juízo de valor, com base em circunstâncias ou indicações situadas geralmente fora da norma penal. Os elementos normativos se apresentam no tipo por duas formas: ou de modo expresso ou de modo tácito, conforme seu significado remeta necessariamente a ouros conceitos ou implique uma própria elucidação de seu conteúdo. Assim, são exemplos de elementos normativos expressos os conceitos de 'alheia' (art. 155), 'garantia pignoratícia' (art. 171, §2º, III), 'fatura' e 'duplicata' (art. 172), 'warrant' (art. 178), 'honesta' (art. 215 e art. 216), 'documento' (art. 297). São elementos normativos tácitos os representados pelas ações de 'fraudar' (art. 179), 'falsificar' (art. 297), 'usurpar' (art. Art. 328), 'fazer justiça' (art. 345), ou pelos objetos 'aborto' (arts. 124, 125, 126), 'recém-nascido' (art. 134), 'virgem' (art. 217).[154]

Ciente, como visto, de que as elementares são descrições típicas essenciais à existência da proibição penal, sem a qual o tipo desaparece ou se transforma em outro, importante pontuar que, distintamente, as *circunstâncias* são descrições típicas assessórias que, acaso não ocorridas, o ilícito penal ainda subsiste, porém com uma incidência sensivelmente distinta, como, por exemplo, transformando-se em qualificado ou atenuado.

Por *autoria*, entende-se tratar-se de atributo do sujeito ativo da infração penal, ou seja, no âmbito da investigação criminal, a imputação inicial de ser ele a pessoa que agiu ou se omitiu, dando, por nexo de causalidade, causa ao resultado jurídico ou material, conforme descrito na norma penal.

A *materialidade* são os traços dos acontecimentos deixados no mundo físico que demonstram o resultado do ilícito penal. Delimita o contorno do ilícito penal, atestando a sua ocorrência e, não obstante, legitima a tarefa de subsunção do conceito do fato ao conceito da norma incriminadora.

A busca da verdade real em torno de todas essas questões compreende os objetivos da investigação criminal sob a presidência do

---

[154] TAVARES, Juarez. *Teoria do injusto penal*. Belo Horizonte: Del Rey, 2003, p. 230 e 231.

delegado de polícia,[155] em que a autoridade policial apura e, diante dos resultados, valora a ocorrência ou não desses aspectos e pondera sobre as suas consequências para a ocorrência e capitulação do ilícito penal. Desta feita, com fundamento nessas finalidades positivadas, ressalte-se mais uma vez e, por fim, a relevância do inquérito policial como meio de materialização e documentação das apurações criminais. Por esta via, afere-se tratar de instrumento orgânico estatal, oficial, aplicado à persecução pré-processual, destinado à apuração de infrações penais, tendo como premissa a notícia de ocorrência de ilícito e como fim, após declinadas as circunstâncias, a indiciação da autoria e a prova da materialidade, o subsídio às partes acusatória e ré, na fase processual, *persecutio criminis in juditio*.

Constata-se, de plano, o fim maior desse instrumento, qual seja, sob a condução do delegado de Polícia Judiciária, na qualidade de autoridade policial, a delineação de circunstâncias e elementares que envolveram o fato típico, ilícito e culpável, compromissado, assim, com a verdade jurídica criminal, a fornecer subsídios às futuras *partes processuais*: o Ministério público ou querelante e o suposto sujeito ativo da infração penal.

Independentemente de reforma do texto constitucional – o que, acaso ocorra, será de todo salutar em razão de seu aspecto direito a propiciar uma tendência de unidade de interpretação do texto constitucional – o texto do §1º do art. 2º da Lei nº 12.830/2013, concentra exclusivamente no delegado de polícia o exercício das prerrogativas de autoridade policial, figurando os vocábulos "delegado" e "autoridade" como expressões sinônimas. Delimita os procedimentos apuratórios hábeis e atribui ao delegado de polícia as funções de presidência e de comando da investigação criminal. Dentro desse contexto, deixa claro quais são os objetivos a serem mirados pela linha teleológica investigativa, sob a condução, também exclusiva, da autoridade policial presidente da investigação.

Conclui-se que:

(i)   o delegado de polícia é a autoridade policial encarregada da condução do procedimento investigativo;

(ii)   nessa qualidade, exerce o poder hierárquico sobre os agentes de autoridade policial, materializado, inclusive, no

---

[155] ARANHA, Adalberto José Queiroz Telles de Camargo. *Da prova no processo penal*. São Paulo: Saraiva, 1994. COSTA, Milton Lopes da. *Manual da polícia judiciária*. Rio de Janeiro: Saraiva, 1996.

dever-poder de requisição a órgãos e agentes internos, tais quais a requisição de exames periciais e a determinação de diligências;

(iii) a hierarquia *interna corporis* acima referida, por força do interesse público concernente à elucidação da infração penal, reflete também o dever-poder de requisição a agentes e entes ou órgãos externos, bem como a indivíduos particulares e pessoas jurídicas. Sob o amparo do ordenamento jurídico pátrio, os destinatários têm o dever de atender às requisições exaradas no interesse da investigação criminal;

(iv) a responsabilidade e o comando da investigação criminal refletem mais uma vez a qualidade de autoridade policial do delegado de polícia, o seu dever-poder hierárquico e a sua autonomia e independência funcional, extensíveis, em consonância com a ordem normativa, às demais autoridades internas ou externas ao órgão de Polícia Judiciária. Com isso, há de se reconhecerem os limites do controle externo, adstritos objetivamente à tutela da lei e à garantia de sua não violação pelo órgão investigativo, não devendo adentrar nas questões de mérito, gerenciadas pela autoridade policial; e

(v) os objetivos da investigação criminal a cargo do delegado de polícia, que se referem "a apuração das circunstâncias, da materialidade e da autoria das infrações penais", impõem necessária e acentuada atividade jurídica, como primeiro aplicador do direito penal e processual penal ao caso concreto, em que pesem suas conclusões, *e.g.*, nas decisões de prisões em flagrante, de indiciamento e de relatório, caracterizarem como apenas preliminares e passíveis de reformulação pelas peças exordial e conclusiva do processo penal.

Ressalte-se, por fim, que essas prerrogativas expostas no bojo do texto normativo comentado somam-se de forma objetiva às garantias gerais dos direitos humanos e à necessidade de uma investigação criminal imparcial e comprometida tão somente com o Estado de Direito Democrático, uma vez que, com o novel diploma, fortalece-se não a pessoa do agente público encarregado da realização do *munus* público, mas sim a função estatal investigativa – o Estado-investigação – e, com efeito, todo o sistema de persecução penal idealizado pelo Poder Constituinte Originário.

2.3 A autonomia funcional da Polícia Judiciária e a atuação com juridicidade do delegado de polícia como autoridade presidente da investigação criminal

A Proposta de Emenda Constitucional nº 412/2009, ainda por deliberações e votações no processo legislativo constitucional, e mesmo o veto ao §3º do art. 2º da Lei nº 12.830/2013 não rompem com a normatividade sistêmica que denota o dever de atuação com independência funcional e administrativa – e, destarte, com juridicidade – do delegado de polícia na condução ou presidência da investigação criminal.

A PEC nº 412/2009, quando vier (e se um dia realmente vier) a vigorar na ordem normativa brasileira, não a inovará, ou seja, de fato, não inovará a ordem normativa vigente. Isso porque, ao menos quanto à autonomia funcional, o presidente da investigação criminal, o delegado de polícia, na função de Polícia Judiciária, pela simples e racional lógica de sua atividade de elucidação da autoria e da materialidade de fatos tidos como criminosos, somente assim pode proceder se atuar com independência funcional. Não há de se falar em formal elucidação investigativa de crimes sem independência funcional, para a valoração das circunstâncias fáticas e jurídicas que envolvem o fenômeno crime.

O vetado §3º do art. 2º da Lei nº 12.830/2013 assinalava que "o delegado de polícia conduzirá a investigação criminal de acordo com seu livre convencimento técnico-jurídico, com isenção e imparcialidade".

Sem embargo, no contexto sistêmico-normativo da investigação criminal afeta à Polícia Judiciária, paira a legalidade e a juridicidade, o que denota a irrelevância jurídico-sistêmica do referido veto e mesmo a dispensabilidade do texto vetado do §3º do art. 2º da Lei nº 12.830/2013.

O veto ao §3º do art. 2º da Lei nº 12.830/2013 apresenta caráter irrelevante no contexto da autonomia investigativa do delegado de polícia, diante da normatividade jurídico-sistêmica vertida em dever de atuação da Administração Pública não somente com base na *lei*, mas também com fundamento no *Direito*, este como expressão da ciência dogmática social aplicada, extraído do princípio da juridicidade, que se encontra estampado no art. 2º, parágrafo único, I, da Lei nº 9.784/99.

Essa lei dispõe sobre as normas que regem os processos administrativos, em sentido amplo (abarcando – para as tênues linhas hermenêuticas mais específicas – também os procedimentos, desprovidos de relação contraditorial),[156] da Administração Pública Federal e é extensível, por analogia, à Administração Estadual, como essência de uma verdadeira lei geral nacional de princípios normativos para a gestão da coisa pública, nos três níveis de descentralização política – União, Estados e Distrito Federal e Municípios.

Diante dos vetores desse Estatuto Geral Procedimental, considera-se a investigação criminal, submetida aos prismas dos *princípios da legalidade* e da *juridicidade* da atuação da Administração Pública, fonte em que se obtêm os efeitos jurídicos alçados ao sistema da autonomia técnico-jurídica do delegado de polícia na condução de apurações de ilícitos a partir da adoção da atuação instrutória não somente em conformidade com o estrito teor imediatamente normativo das prescrições legais, mas, em caráter de unicidade, sob a óptica da submissão à ciência do Direito, identificando o vínculo e plexo de complementaridade formados entre ambos os institutos inferentes dos valores *lei* e *Direito*, como categorias distintas.

Sob esse enfoque do sistema normativo plasmado em texto legal e em princípios valorativos decorrentes, propiciam-se os contornos jurídicos dos atos da investigação pela Polícia Judiciária e de sua autonomia na busca da elucidação dos fatos fenomênicos relevantes para o direito processual penal.

Concluir-se-á, pelo método indutivo em uma primeira aproximação, quando do trato da interpretação sistemática imediata e, em seguida, no decorrer do discurso que ora nos propomos, pelo método dedutivo, quando do trato da interpretação sistemática mediata, ser a função de investigação criminal realizada pelas polícias judiciárias federal e civis atividade eminentemente jurídica e não somente essencial ao Estado (como se afere das linhas do art. 2º, *caput*, da Lei nº 12.830/2013), mas sim à Justiça – uma vez que se compreende como cânone necessário à tutela e à realização de garantias fundamentais

---

[156] Apresentando normas logicamente aplicáveis aos procedimentos administrativos naquilo que couberem, partindo-se da premissa de que nas investigações criminais a relação jurídica formada opera-se entre a Administração e o objeto de investigação (pessoa jurídica *e uma coisa*, nos moldes similares a algumas relações de Direito Civil), na busca de indícios de autoria e prova da materialidade, delimitados pela *notitia criminis*, razão pela qual não se deve sustentar a instituição de uma relação processual bilateral entre a polícia judiciária e o investigado e, com efeito, não se concebe pleitear exercícios de direitos decorrentes de uma relação em contraditório. Com isso, os princípios previstos na Lei nº 9.784/99 são aplicáveis aos procedimentos de investigação pela polícia judiciária, sob a luz das características investigativas do procedimento (Assim, não se legitima, *exempli gratia*, os direitos de exercício do contraditório ou da ampla defesa).

de uma persecução criminal pré-processual imparcial –, detentora de autonomia e independência funcional, para a tomada de decisões isentas no seu âmbito de atuação.

Isso se dá em decorrência da consonância das disposições legais amparadas nas regras comuns de hermenêutica, que visam – não como outrora se acreditava ser a investigação direcionada somente à parte acusadora, o Ministério Público, para subsidiá-la na formação da *opinio delicti* (falácia do caráter unidirecional do inquérito policial) – *(i) buscar* a elucidação da verdade real firmada em uma razão jurídica e axiológica, mover de todo o agir sancionador a cargo do Estado e, mormente, em sede de direito penal, *(ii)* verter os meios de investigação criminal em legítimos instrumentalizadores da justa atuação do Estado, como expressão do *due process of law*.

Como já defendia Carlos Roberto Siqueira Castro, desde os debates da Assembleia Constituinte de 1988, a amplitude temática do devido processo legal faz-se necessária como "garantia do indivíduo e da sociedade contra o Estado, como é o caso do Direito Processual Penal (...) e do Direito Administrativo".[157]

Com efeito, o inquérito policial e toda e qualquer investigação criminal somente têm razão de ser se interpretados não só como dedicados à apuração dos fatos criminalmente censuráveis, mas sim aplicados como instrumentos limitadores dos afãs punitivos estatais desprovidos de justificações fáticas e jurídicas.

Operam-se, destarte, como meios de legitimação social da defesa da dignidade da pessoa humana, para se obstar o *strepitus processus,* o escândalo do processo, que possa envolver pessoas claramente inocentes na qualidade de réus, sem mínimos e aceitáveis elementos de corroboração, declinados em indícios de autoria e de materialidade delitivas.

Não há que se falar em concretização do devido processo legal, nos limites teleológicos buscados pelo Poder Constituinte Originário e plasmados em nossa Constituição Federal de 1988, em seu art. 5º, LIV, se também não se reivindicar a *justa causa* para a sua realização, ampliando-se o seu conceito para os aspectos da investigação como processo criminal em sentido *lato*.[158]

---

[157] CASTRO, Carlos Roberto de Siqueira. *O devido processo legal e a razoabilidade das leis na nova Constituição do Brasil*. Rio de Janeiro: Forense, 1989, p. 2.

[158] Sobre a classificação do inquérito policial como expressão do processo penal em sentido *lato*, conferir a abordagem de Helio Tornaghi, em sua obra *Compêndio de Processo Penal*.

Aqui damos a tônica do enfrentamento do tema não à simples legalização do processo, com a mera e despropositada confecção de leis pelo Parlamento, *aspecto formal*, mas à necessidade de verter em normas sensíveis e verdadeiramente substanciais os atos de interferência do Estado na esfera de direitos dos administrados, com o fim de se garantir apurações criminais menos invasivas e ofensivas à intimidade das pessoas.[159] Declina-se o seu *aspecto material*, de garantia concreta de realização dos valores atribuíveis à pessoa humana, conquanto detentora de dignidade, nos moldes do estatuído no art. 1º, III, da CF/88. Essa é a principal linha dos contornos jurídicos de uma investigação criminal constitucionalizada, qual seja, a operacionalização da apuração por autoridade imparcial e com liberdade de atribuições de interpretar e aplicar o Direito sob o amparo de normas concretamente garantidoras das liberdades individuais.

Como bem acentua J. J. Gomes Canotilho "os objetivos das exigências do processo devido não poderiam ser conseguidos se o legislador pudesse livre e voluntariamente converter qualquer processo em processo equitativo",[160] primando pela mera legalização formal dos pressupostos e contornos legais processuais sem substanciar os móveis de sua justa e delimitada atuação.

Eis a importância do inquérito policial e de sua realização pela Polícia Judiciária – equidistante dos futuros atores da lide criminal –, que, independentemente de explicitações na ordem normativa, deve ser movida pela autonomia, isenção e imparcialidade, sem pendências auspiciosas às partes processuais acusatórias ou defensivas. Comporta em sede processual penal somente a tutela dos direitos e garantias constitucionais fundamentais, como filtro e barreira a acusações estatais infundadas, todavia, sem se despojar dos eficazes instrumentos legais destinados a promover a responsabilização do autor do ilícito penal.

---

[159] ARANHA, Adalberto José Queiroz Telles de Camargo. *Da prova no processo penal*. São Paulo: Saraiva, 1994. COSTA, Milton Lopes da. *Manual da polícia judiciária*. Rio de Janeiro: Saraiva, 1996.

[160] CANOTILHO, José Joaquim Gomes. *Direito constitucional e teoria da constituição*. 7. ed. Portugal: Almedina, 2007, p. 494.

2.4 Análise do texto vetado, suas razões e o conceito da expressão "livre convencimento" na atuação funcional do delegado de polícia

O texto do §3º do art. 2º da Lei nº 12.830/2013, integrante do Projeto de Lei do Senado Federal nº 132/2012, aprovado pelo Congresso Nacional e encaminhado, nos termos do *caput* do artigo 66 da Constituição Federal, para sanção do Presidente da República, apresentava originalmente a seguinte redação, *in verbis*: "§3º O delegado de polícia conduzirá a investigação criminal de acordo com seu livre convencimento técnico-jurídico, com isenção e imparcialidade".

Todavia, o Presidente da República procedeu ao veto do referido dispositivo, fazendo uso do §1º do art. 66 da CF/88, externando as seguintes razões, *in verbis*:

> Da forma como o dispositivo foi redigido, a referência ao convencimento técnico-jurídico poderia sugerir um conflito com as atribuições investigativas de outras instituições, previstas na Constituição Federal e no Código de Processo Penal. Desta forma, é preciso buscar uma solução redacional que assegure as prerrogativas funcionais dos delegados de polícias e a convivência harmoniosa entre as instituições responsáveis pela persecução penal.

Há de se denotar, pelo teor das razões presidenciais, que se tratou de *veto político* e não *jurídico-material* e, assim, não se procedeu nesse ato a uma abordagem meritória de suas disposições.

Constituiu-se em veto de coalizão, na medida em que se baseou na contrariedade ao interesse público [2], e esse tipo de argumento possui natureza eminentemente não jurídica, desprovida de abordagens de fundo substantivo acerca do teor da matéria tratada no texto de lei. Compreenderia caráter jurídico se os seus fundamentos firmassem a inconstitucionalidade [1] do texto apreciado, nos moldes do art. 66, §1º, *in verbis*:

> Art. 66. A Casa na qual tenha sido concluída a votação enviará o projeto de lei ao Presidente da República, que, aquiescendo, o sancionará.
>
> §1º – Se o Presidente da República considerar o projeto, no todo ou em parte, [1] inconstitucional ou [2] contrário ao interesse público, veta-lo-á total ou parcialmente, no prazo de quinze dias úteis, contados da data do recebimento, e comunicará, dentro de quarenta e oito horas, ao Presidente do Senado Federal os motivos do veto. (Sem grifos no original)

À vista dessas constatações, as razões do veto presidencial, a *contrario sensu*, deixaram assentes que o delegado de polícia possui sim autonomia, isenção e imparcialidade e estas figuram em suas atividades investigativas não como prerrogativas, mas como deveres, todavia em conformidade com as normas atinentes às atribuições apuratórias de outras instituições, previstas na Constituição Federal e no Código de Processo Penal, quais sejam, a par das investigações parajudiciais das Comissões Parlamentares de Inquéritos (art. 58, §3º, da CF/88), as decisões de requisições de diligências complementares da investigação policial concluída e as de instauração de inquérito, ambas pelos membros do Ministério Público, conforme art. 129, VIII, da CF/88, que prescreve, *in verbis*:

> Art. 129. São funções institucionais do Ministério Público:
>
> (...)
>
> VIII – requisitar *diligências investigatórias* e a *instauração de inquérito policial*, indicados os fundamentos jurídicos de suas manifestações processuais; (sem grifos no original).

Na medida em que a atividade de Polícia Judiciária não se confronte com a *tempestiva* e *pertinente* requisição exarada de forma constitucional e legal pelo membro do Ministério Público, que, inclusive e imprescindivelmente contenha a indicação dos fundamentos não somente formais, mas também materiais de suas razões (art. 129, VIII, *in fine*), estará o delegado de polícia, como autoridade policial conducente do feito investigativo pré-processual, impelido, por razões de segurança jurídica e com escopo nos preceitos maiores da justiça e da certeza do Direito, a obrar em seu mister público essencial ao Estado com isenção e imparcialidade, refletivas de uma atuação plasmada no livre convencimento *juridicizado*.

Eis aqui a definição do conceito de *livre convencimento* à luz de nosso ordenamento e afeto aos encarregados de proferirem atos de efeitos jurídicos, sempre vinculado à isenção e à imparcialidade, *in casu*, na busca da verdade real criminal, firmada na análise técnico-jurídica do operador do Direito, sobre os textos normativos e os valores hauridos do sistema jurídico.

O veto presidencial não teve a intenção de tolher essas prerrogativas inerentes à própria essência da função investigativa, mas tão somente, por razões políticas, evitar embates decorrentes de exercício equivocado das prerrogativas funcionais de ambos os lados – Polícia Judiciária e Ministério Público.

Não obstante, em que pese o veto obstativo da eficácia do dispositivo, há de se constatar a sua *ineficiência teleológico-sistemática*, uma vez que, à vista do conjunto de normas componentes do regime jurídico administrativo-criminal que rege a atuação da autoridade policial, há de se considerar que o ordenamento jurídico já atribui esse múnus ao delegado de polícia e a toda autoridade administrativa, na condução de procedimentos destinados a satisfazer o interesse público, como se influi dos termos art. 2º, parágrafo único, inciso I, da Lei nº 9.784/99. Assim o é para todos os procedimentos administrativos de efeitos *interna corporis* ou de efeitos *externa corporis*, a exemplo, neste último caso, dos administrativo-criminais, representados em maior grau pelo inquérito policial.

Veremos adiante que não há que se falar em dever de buscar o interesse público em sede de investigação criminal por meio de instrumentos administrativos sem a aceitação haurida do sistema normativo de garantias de imparcialidade e de isenção das autoridades públicas encarregadas de seus misteres, com privacidade para livremente, dentro da lei e do Direito, agirem em prol da sociedade, verdadeira destinatária das conclusões da investigação criminal.

A persecução penal, quer seja pré-processual, quer seja ela processual, não prescinde desses vieses para o abrigo da lisura do procedimento, contornos esses garantidores da busca e da obtenção de um resultado justo, alinhavado à segurança jurídica, à justiça e à certeza, miradas pela aplicação do Direito ao caso concreto.

Pensar de forma distinta é não mais que cultivar a subversão disfuncional do sistema lógico-jurídico posto pela Constituição Federal de 1988. Autoridade policial sem autonomia para a investigação reflete, inevitavelmente, a insuficiência do sistema de direito positivo para a tutela de direitos constitucionais fundamentais, mormente a dignidade da pessoa humana e a "paridade de armas",[161] que deve, desde a fase investigativa criminal, ser deferida às futuras partes processuais encarregadas da acusação em juízo e da defesa.

O veto ao §3º do art. 2º da Lei nº 12.830/2013 externou conteúdo político e simbólico, refletindo – para ficarmos com a lição de José Eduardo Faria – o decantar da crise do direito contemporâneo,

---

[161] A expressão "paridade de armar" representa a necessidade estatal de se deferir às partes litigantes instrumentos processuais adequados, igualitários e equilibrados, para o exercício de seus deveres, ônus e faculdades, desencadeados a partir da formação da relação jurídica em contraditório.

caracterizado pela "crescente dificuldade de se definir, em contextos sociais estratificados e estruturalmente diferenciados, combinatórias exequíveis entre legitimidade política e eficácia normativa",[162] em que se mantém a eficácia do Direito por vias transversas, valendo-se do exercício de competência política que falseadamente deslegitima o *normado*, constituindo-se, assim, em típico óbice de eficácia por simbólicas razões de contrariedade ao interesse público, sob o receio do risco. Risco esse de uma norma que expressasse, com todos os termos, que a atuação do delegado de polícia deveria ser pautada na condução da investigação criminal de acordo com o *livre convencimento técnico-jurídico* da autoridade policial, ensejasse conflito de autonomias com outros órgãos também detentores de atribuições constitucionais ou legais de investigação criminal.

De toda sorte, como visto, não se adentrou ao mérito da questão, cingida ao fato de a autoridade policial possuir ou não o poder de conduzir a investigação de acordo com seu livre convencimento técnico-jurídico. Não se negou, com isso, o dever-poder de juridicidade, mas tão somente se declinou que o dispositivo poderia ter sido redigido de outra forma que explicitasse ou induzisse de modo mais claro a sua harmonia sistêmica com o ordenamento, frente às possíveis investigações realizadas por outros órgãos.

Quanto a essas possíveis ou supostas "investigações criminais realizadas por outros órgãos" e eventuais conflitos, a exemplo da contenda que envolve a Polícia Judiciária e o Ministério Público, acredito que o ordenamento jurídico, especialmente a partir de seu ápice normativo que é a Constituição Federal de 1988, não prescreveu essa atribuição de investigação ao órgão ministerial, principalmente à vista da literal redação do artigo 129 e seus incisos, ou à vista de qualquer forma de interpretação constitucional sistemática, em que, em momento algum se referem ao *parquet* como detentor do *dever, poder, atribuição*, ou *múnus público*, ou mesmo da *faculdade* – como bem vem ocorrendo – de realizar investigações criminais. Pode, sim, instaurar e realizar o inquérito civil público, para fins cíveis, consoante teor do art. 129, incisos III e IV, da CF/88, *in verbis*:

---

[162] FARIA, José Eduardo. *Eficácia jurídica e violência simbólica*: o direito como instrumento de transformação social. São Paulo: Editora da Universidade de São Paulo, 1988, p. 18.

Art. 129. São funções institucionais do Ministério Público:

(...)

III – promover o inquérito civil e a ação civil pública, para a proteção do patrimônio público e social, do meio ambiente e de outros interesses difusos e coletivos;

VI – expedir notificações nos procedimentos administrativos de sua competência, requisitando informações e documentos para instruí-los, na forma da lei complementar respectiva.

Na seara criminal, a par de sua importantíssima função de *dominus litis* para as ações penais públicas, art. 129, I, da CF/88 ("promover, privativamente, a ação penal pública, na forma da lei"), o texto constitucional nesse mesmo art. 129, VIII, da CF/88, obrou esclarecer que "são funções institucionais do Ministério Público: (...) requisitar diligências investigatórias e a instauração de inquérito policial, indicados os fundamentos jurídicos de suas manifestações processuais". Não se falou em "promover", "realizar", "conduzir", "orientar", "coordenar", ou em qualquer outro vocábulo sinônimo que reflita, nem ao menos indiretamente, uma plena e completa atuação, ou gerência, ou mesmo uma participação ativa mesmo que acessória, na investigação criminal e isso é fato normativo que caracteriza o nosso sistema de persecução criminal do qual não se deve desprezar. Do contrário, não se referendam *(i)* a própria Constituição Federal, *(ii)* a garantia do exercício eficaz do Poder Constituinte, *(iii)* a paridade de armas entre a acusação e a defesa e, sobretudo, *(iii)* a garantia da ordem jurídica nacional.

Requisitar diligências investigatórias não compreende o conceito de realizar investigações criminais; tampouco a requisição de instauração de inquérito policial assim o compreenderia. O conceito de "requisição" apresenta um conteúdo referente à atividade daquele que é externo ao ato que se pretende ver realizado e a requisição de diligências, enquanto ainda estiver em andamento a apuração policial, transforma, inadvertidamente, o requisitante em agente interno do procedimento, haurindo-o a ilegítimo presidente do feito policial, uma vez que, a par de ofensa ao ordenamento jurídico, desprovido de qualquer *controle externo* desses seus atos.

Argumentos dos tipos "quem pode o mais pode o menos" ou da "teoria dos poderes implícitos, que pretende conferir legitimidade a tais ações", não se coadunam ou se alinham às regras e aos princípios da Constituição Federal de 1988, posto que, ampliativas de atribuições

CAPÍTULO 2
A SEGURANÇA PÚBLICA E O REGIME JURÍDICO-CONSTITUCIONAL DA POLÍCIA JUDICIÁRIA | 107

já componentes do plexo de atuações de outros entes ou órgãos, desorganizam os sistemas *criminal de persecução* e de *distribuição da justiça*, razão por que devem ser literalmente expressas, para, inclusive, delimitarem-se os contornos de controle e os seus alcances instrutórios, em harmonia com o Estado Democrático de Direito.

Também não se constata no ordenamento jurídico, quer seja na Constituição Federal quer seja em leis infraconstitucionais, qualquer outra investigação criminal passível de realização direta por outros órgãos administrativos federais, estaduais ou municipais. A par das CPIs – Comissões Parlamentares de Inquéritos, que por sinal são órgãos políticos e fazem uma abordagem político-investigativa parajudicial do fato criminoso (e possui previsão constitucional, consoante o art. 58, §3º, da CF/88),[163] e ressalvadas as investigações criminais militares (arts. 7º e 8º do Código de Processo Penal Militar),[164] os servidores da

---

[163] "Art. 58. O Congresso Nacional e suas Casas terão comissões permanentes e temporárias, constituídas na forma e com as atribuições previstas no respectivo regimento ou no ato de que resultar sua criação. (...) §3º – As comissões parlamentares de inquérito, que terão poderes de investigação próprios das autoridades judiciais, além de outros previstos nos regimentos das respectivas Casas, serão criadas pela Câmara dos Deputados e pelo Senado Federal, em conjunto ou separadamente, mediante requerimento de um terço de seus membros, para a apuração de fato determinado e por prazo certo, sendo suas conclusões, se for o caso, encaminhadas ao Ministério Público, para que promova a responsabilidade civil ou criminal dos infratores". (CF/88).

[164] *Exercício da polícia judiciária militar.* "Art. 7º A polícia judiciária militar é exercida nos termos do art. 8º, pelas seguintes autoridades, conforme as respectivas jurisdições: a) pelos ministros da Marinha, do Exército e da Aeronáutica, em todo o território nacional e fora dele, em relação às forças e órgãos que constituem seus Ministérios, bem como a militares que, neste caráter, desempenhem missão oficial, permanente ou transitória, em país estrangeiro; b) pelo chefe do Estado-Maior das Forças Armadas, em relação a entidades que, por disposição legal, estejam sob sua jurisdição; c) pelos chefes de Estado-Maior e pelo secretário-geral da Marinha, nos órgãos, forças e unidades que lhes são subordinados; d) pelos comandantes de Exército e pelo comandante-chefe da Esquadra, nos órgãos, forças e unidades compreendidos no âmbito da respectiva ação de comando; e) pelos comandantes de Região Militar, Distrito Naval ou Zona Aérea, nos órgãos e unidades dos respectivos territórios; f) pelo secretário do Ministério do Exército e pelo chefe de Gabinete do Ministério da Aeronáutica, nos órgãos e serviços que lhes são subordinados; g) pelos diretores e chefes de órgãos, repartições, estabelecimentos ou serviços previstos nas leis de organização básica da Marinha, do Exército e da Aeronáutica; h) pelos comandantes de forças, unidades ou navios; *Delegação do exercício.* 1º Obedecidas as normas regulamentares de jurisdição, hierarquia e comando, as atribuições enumeradas neste artigo poderão ser delegadas a oficiais da ativa, para fins especificados e por tempo limitado. 2º Em se tratando de delegação para instauração de inquérito policial militar, deverá aquela recair em oficial de posto superior ao do indiciado, seja este oficial da ativa, da reserva, remunerada ou não, ou reformado. 3º Não sendo possível a designação de oficial de posto superior ao do indiciado, poderá ser feita a de oficial do mesmo posto, desde que mais antigo. 4º Se o indiciado é oficial da reserva ou reformado, não prevalece, para a delegação, a antiguidade de posto. Designação de delegado e avocamento de inquérito pelo ministro 5º Se o posto e a antiguidade de

CGU – Controladoria Geral da União, da SRFB – Secretaria da Receita Federal do Brasil, os Fiscais do IBAMA – Instituto Brasileiro do Meio Ambiente e dos Recursos Naturais Renováveis, os Fiscais do INCRA – Instituto Nacional de Colonização e Reforma Agrária, os servidores do CADE – Conselho Administrativo de Defesa Econômica, do DPDC – Departamento de Proteção e Defesa do Consumidor, da ABIN – Agência Brasileira de Inteligência, do COAF – Conselho de Controle de Atividades Financeiras, os AFTs – Auditores Fiscais do Trabalho e, entre outros tantos, os servidores da PRF – Polícia Rodoviária Federal, só possuem atribuição de exercício do *poder de polícia administrativa, fiscalizatória,* sem qualquer função de investigação criminal.

Fiscalizam em razão de suas ações administrativas e, deparando-se com condutas criminosas, comunicam às autoridades competentes, quais sejam, em nosso claro e límpido ordenamento jurídico, a Polícia Judiciária, Civil ou Federal, e o Ministério Público, as primeiras, para a investigação e a segunda, para a requisição de instaurações de investigações ou para o oferecimento da denúncia de início do processo criminal em juízo – sem embargo de arquivamento da notícia de crime, por não constituir o fato narrado crime ou contravenção penal.

Em que pese posicionamento distinto dos Tribunais Superiores,[165] os entes e órgãos detentores de poder de polícia administrativa,

---

oficial da ativa excluírem, de modo absoluto, a existência de outro oficial da ativa nas condições do §3º, caberá ao ministro competente a designação de oficial da reserva de posto mais elevado para a instauração do inquérito policial militar; e, se este estiver iniciado, avocá-lo, para tomar essa providência. *Competência da polícia judiciária militar.* Art. 8º Compete à Polícia judiciária militar: a) apurar os crimes militares, bem como os que, por lei especial, estão sujeitos a jurisdição militar, e sua autoria; b) prestar aos órgãos e juízes da Justiça Militar e aos membros do Ministério Público as informações necessárias à instrução e julgamento dos processos, bem como realizar as diligências que por eles lhe forem requisitadas; c) cumprir os mandados de prisão expedidos pela Justiça Militar; d) representar a autoridades judiciárias militares acerca da prisão preventiva e da insanidade mental do indiciado; e) cumprir as determinações da Justiça Militar relativas aos presos sob sua guarda e responsabilidade, bem como as demais prescrições deste Código, nesse sentido; f) solicitar das autoridades civis as informações e medidas que julgar úteis à elucidação das infrações penais, que esteja a seu cargo; g) requisitar da polícia civil e das repartições técnicas civis as pesquisas e exames necessários ao complemento e subsídio de inquérito policial militar; h) atender, com observância dos regulamentos militares, a pedido de apresentação de militar ou funcionário de repartição militar à autoridade civil competente, desde que legal e fundamentado o pedido" Código de Processo Penal Militar, Decreto-Lei nº 1.002, de 21 de outubro de 1969.

[165] Cf.: "ARE 1130112 ED-AgR/SP – SÃO PAULO, STF, AG.REG. NOS EMB.DECL. NO RECURSO EXTRAORDINÁRIO COM AGRAVO, Relator Min. CELSO DE MELLO. E M E N T A: RECURSO EXTRAORDINÁRIO COM AGRAVO – MATÉRIA PENAL – ALEGADA VIOLAÇÃO A PRECEITOS CONSTITUCIONAIS – AUSÊNCIA DE OFENSA DIRETA À CONSTITUIÇÃO – CONTROVÉRSIAS SUSCITADAS NO AI 742.460- –RG/RJ

fiscalizatória, não possuem procedimentos destinados, como exercício-fim, à investigação criminal, em que pese, rotineiramente, depararem-se com prováveis condutas criminosas no desenvolver de suas fiscalizações, uma vez que essas constatações não compreendem ou constituem o fim primeiro de tais procedimentos. Daí a impropriedade de se falar, por exemplo, que a Secretaria da Receita Federal do Brasil investiga crime. Esse órgão apenas fiscaliza administrativamente no interesse da administração tributária e, não obstante, por vezes, depara-se com a notícia de cometimento de crime, ocasião em que a ele se apresenta por lei o dever de proceder a comunicação à Polícia Judiciária ou ao Ministério Público: à Polícia Judiciária, para o desencadeamento da investigação criminal; ao Ministério público, para o oferecimento direto da denúncia, quando possível, à vista dos elementos informados, ou para a formulação de requisição à Polícia Judiciária, com vista à instauração de inquérito policial, diante da

---

E NO ARE 639.228-RG/RJ – MATÉRIAS A CUJO RESPEITO NÃO FOI RECONHECIDA A EXISTÊNCIA DE REPERCUSSÃO GERAL – INVESTIGAÇÃO CRIMINAL – ATIVIDADE NÃO EXCLUSIVA DA POLÍCIA – COMPETÊNCIA DO MINISTÉRIO PÚBLICA PARA INVESTIGAR A PRÁTICA DE ILÍCITOS PENAIS, DESDE QUE OBSERVADAS AS GARANTIAS CONSTITUCIONAIS ASSEGURADAS AOS INVESTIGADOS E AS PRERROGATIVAS PROFISSIONAIS DOS ADVOGADOS – VIOLAÇÃO À SEPARAÇÃO DOS PODERES – INEXISTÊNCIA – REPERCUSSÃO GERAL DA MATÉRIA QUE O PLENÁRIO DO SUPREMO TRIBUNAL FEDERAL RECONHECEU NO JULGAMENTO DO ARE 593.727/MG – REAFIRMAÇÃO DA JURISPRUDÊNCIA NO EXAME DESSA CONTROVÉRSIA – REEXAME DE FATOS E PROVAS – IMPOSSIBILIDADE – SÚMULA 279/STF – OFENSA AO ART. 93, IX, DA CONSTITUIÇÃO DA REPÚBLICA – INOCORRÊNCIA – AGRAVO INTERNO IMPROVIDO". Conferir também: RE 1055941/SP – STF e, ainda: "MS 31772 AgR/PR – PARANÁ – AG.REG. EM MANDADO DE SEGURANÇA, STF, Relator: Min. DIAS TOFFOLI. EMENTA Agravo regimental em mandado de segurança. Conselho Nacional de Justiça. Processo administrativo disciplinar. Oitiva de testemunha negada. Decadência. Carência de ação. Poderes investigativos do Ministério Público. Elementos de investigação levados aos autos do PAD. Ampla defesa e contraditório assegurados. Provas emprestadas de autos judiciais. Legalidade. Agravo regimental não provido. O ato de indeferimento do pedido de oitiva das testemunhas é ato comissivo praticado pela autoridade coatora, tendo como termo a quo a ciência, pelo requerido, daquela negativa. Tendo transcorrido mais de 2 (dois) anos desde a data de ciência do ato impugnado, não há dúvida quanto à decadência do direito de se impetrar mandado de segurança com esse objeto. Já existe amplo posicionamento do Supremo Tribunal Federal acerca da possibilidade de o Ministério Público exercer poderes investigativos, desde que eventual condenação relacionada aos fatos sob apuração esteja pautada em elementos que tenham sido submetidos ao crivo do contraditório e da ampla defesa. O mesmo raciocínio se aplica, por analogia, aos processos administrativos disciplinares. É legal a utilização de prova emprestada (dados relativos ao sigilo fiscal e bancário do impetrante, apurados durante o curso de inquérito perante o Superior Tribunal de Justiça, e por esse tribunal compartilhados com a autoridade administrativa), máxime quando o próprio impetrante, no exercício de sua defesa, apresenta voluntariamente esses dados no bojo do processo administrativo em que era acusado. Agravo regimental não provido".

insuficiência de elementos para o oferecimento direto da denúncia, sem embargo de possível promoção do arquivamento da informação, no caso de notícia infundada.

Essa mesma regra se aplica ao particular, que, deparando-se com a ocorrência de crime, deve comunicar à Polícia Judiciária ou ao Ministério Público, para as referidas providências. Mesmo que o indivíduo particular, em procedimento de rotina, *exempli gratia*, em sua função de Contador ou de Engenheiro, venha a desenvolver procedimento de sua área de conhecimento e, disso, deparar-se com prováveis fatos tidos como criminosos, não se permitirá interpretar e asseverar que esses profissionais realizam ou realizaram qualquer investigação criminal, posto que, como deixamos claro, não possuem essa atribuição *direta* e os procedimentos por eles levados a efeito não possuem essa finalidade.

Diante da *notitia criminis* provida de lastro fático-circunstancial, *(i)* as autoridades policiais instauram a investigação criminal e *(ii)* os membros do Ministério Público, *(ii.a)* acaso a notícia seja suficiente, oferecem denúncia, ou, *(ii.b)* havendo necessidade de elucidação dos indícios de autoria ou a produção de elementos de prova que indiquem os contornos precisos da materialidade, requisitam à Polícia Judiciária a instauração da investigação criminal. O nosso ordenamento jurídico trata da matéria de forma simples, como visto e está claramente disposto, com esse lógico-funcional sistema, para a eficaz apuração de delitos. Importar teorias outras, oriundas de outros países – a exemplo de esporádicas tentativas de aplicação transversa de institutos concebidos no seio do sistema da *common law* do direito norte-americano – e à revelia da legislação pátria, a par de atender a interesses corporativos, quiçá escusos, corresponde a um desserviço ao processo democrático.

Diante dessas ponderações, há de se concluir que o veto foi coerente, com base em exercício de um presidencialismo de coalizão, com o fim de não tolher a atuação do delegado de polícia baseado no seu livre convencimento técnico-jurídico, imparcial e isento, aferíveis em razões jurídicas outras constantes de outras normas do sistema, com a utilização do princípio da juridicidade, mas, todavia, mirar-se em contornar eventuais litigâncias intergovernamentais entre o Ministério Público e a Polícia Judiciária, na busca de delimitações de atribuições concorrentes e da autonomia do delegado de polícia.

2.4.1 O conceito jurídico do termo "técnico-jurídico"

O termo "técnico-jurídico" expresso no dispositivo vetado do §3º compreende, sob uma concepção morfológica da língua portuguesa, adjetivo composto, que indica a qualidade do que é balizado nos rigores das expertises. Ser técnico é ser *expert*, perito, hábil, capacitado. Ser jurídico é ser permeado pelas normas jurídicas e pela Ciência do Direito.

Dessa forma, o termo "técnico-jurídico" indica a qualidade de quem é dotado de expertise da Ciência do Direito aplicada ao objeto normativo, entendendo as normas jurídicas e suas regras de hermenêutica e interpretação.

A autoridade presidente do inquérito policial deve ser, necessariamente, bacharel em Direito, conforme se afere do próprio art. 3º da Lei nº 12.830/2013, *in verbis*: "O cargo de delegado de polícia é privativo de bacharel em Direito, devendo-lhe ser dispensado o mesmo tratamento protocolar que recebem os magistrados, os membros da Defensoria Pública e do Ministério Público e os advogados".

A par do teor do *caput* do art. 2º da Lei nº 12.830/2013, nesse mesmo sentido,[166] constata-se da disposição do art. 3º que o cargo de delegado de polícia é de natureza técnico-jurídica, e a sua imparcialidade e isenção, tal qual o seu dever de condução da investigação de forma submetida à lei e ao Direito, expressam essa noção de "livre convencimento", posto que assente a autonomia de execução dentro desse espectro normativo, submetida à observância da lei e da ciência dogmática jurídica, sem as quais se veria obstado da eficácia dos instrumentos dedicados à elucidação dos fatos e circunstâncias criminosas.

Se a autoridade policial atende a requisições infundadas ou ilegais, não age conforme a lei e o Direito, na mesma medida em que as recusa quando fundadas e legais. Esse juízo de valor sobre as requisições ministeriais é de imposição obrigatória, para a garantia de uma investigação sustentada pela justa causa, em prol da *verdade real criminal* e da dignidade da pessoa humana.

---

[166] "As funções de polícia judiciária e a apuração de infrações penais exercidas pelo delegado de polícia são de natureza jurídica, essenciais e exclusivas de Estado" (art. 2º, *caput*, Lei nº 12.830/2013).

2.4.2 O conceito jurídico do termo "isenção" e "imparcialidade"

O termo "isenção", de fácil cognição em sede jurídico-investigativa, infere o não envolvimento do investigante com o objeto da investigação. Significa dizer que se deve investigar o crime como um observador *extrínseco* ao fenômeno social, sem se deixar levar pelas suas circunstâncias e contornos fáticos, evitando-se a submissão dos sentimentos pessoais e subjetivos do investigante às nuances que possam distorcer sua percepção sobre a realidade dos fatos. Apresenta-se como um viés objetivo e externo ao objeto apuratório.

O termo "imparcialidade" corresponde ao aspecto subjetivo e interno dos meandros da apuração, *intrínseco* à investigação, portanto, que infere o dever de o investigante não se comprometer com o fim de tendenciar uma ou outra conclusão como resultado de suas apurações, ou uma ou outra provável parte processual.

Em sua tese de doutoramento pela Universidade Católica de Lisboa (concluída em 2012 e publicada em 2013), Manuel Monteiro Guedes Valente aborda o contexto ora em debate e afirma que "o valor imparcialidade é, por imperiosa razão teleológica, uma necessária consequência do princípio da igualdade (universalidade) e convoca para o discurso a isenção e a objetividade de acção preventiva e da acção penal",[167] demonstrando que ser imparcial é primar pelo princípio da paridade de armas e da igualdade das futuras partes processuais.

Com efeito, se o delegado de polícia se compromete, afastando-se da verdade fático-jurídica por razões pessoais, ideológicas e crenças íntimas, não age com "isenção", ao passo que se se compromete, afastando-se da verdade fático-jurídica com o fim de chegar a um resultado preconcebido, *contaminado* por outros fatores alheios à busca da verdade processual, não age com "imparcialidade".

Esta, a imparcialidade, é, *exempli gratia*, a principal oposição de os membros do Ministério Público realizarem diretamente a investigação criminal, uma vez que, de forma pré-concebida, encontrar-se-ão tendenciosos a chegarem a resultados apuratórios que sustentem uma acusação e uma condenação em juízo, na medida em que darão início a uma relação processual criminal em que figurarão como parte autora,

---

[167] VALENTE, Manuel Monteiro Guedes. *Do ministério público e da polícia judiciária prevenção criminal e acção penal como execução de uma política criminal do ser humano.* Lisboa: Universidade Católica, 2013, p. 417.

fato esse não verificado em sede de Polícia Judiciária, por não compor a autoridade policial o polo da lide processual.

No mesmo sentido, há de se questionar o argumento de que "o Ministério Público é imparcial e não está vinculado somente à acusação, pois pode até mesmo pleitear a absolvição do acusado". Essa assertiva não sustenta tal necessária imparcialidade que deve ocorrer de forma objetiva, uma vez que, pelo contrário, presta-se ainda a entender que diante dessa possibilidade de pedido de absolvição ao final do processo, o membro da acusação que desenvolvesse a investigação seria compelido a investigar e levar adiante a fase contraditorial, e esta, o processo judicial ao máximo de suas etapas, para só então primar pela absolvição, no intuito de se buscar extrair ao extremo uma possível condenação. Com efeito, o investigado pelo órgão ministerial estaria fadado a ver-se processar até as últimas consequências de uma absolvição tardia.[168] [169]

2.5 Categorias lógico-decorrentes da atuação com "isenção" e "imparcialidade": *a investigação não é para as partes processuais*

Como visto acima, o Ministério Público não se encontra legitimado a proceder diretamente à investigação criminal, mormente lhe sendo permitida a requisição de diligências complementares e a requisição de instauração de inquérito policial, na medida em que figurará como parte processual criminal autora do processo, comprometendo-se em sua parcialidade com a viabilidade de uma acusação. Como visto ainda, o argumento de que ao Ministério Público cabe não somente o pedido de condenação em sede judicial, mas também, diante das provas colhidas, o pleito de absolvição do réu não deve prosperar em sede de investigação criminal, uma vez que não se pode olvidar da função garantia da investigação, como legitimadora da acusação, diante da sua responsabilidade por colher elementos de justa causa para a ação penal. Com efeito, não se deve fazer da investigação um processo em

---

[168] Cf. SILVA, Roberto Ferreira da. *O indiciado como sujeito de direitos no inquérito policial brasileiro*. 364 f. Dissertação (Mestrado em Direito) – Pontifícia Universidade Católica de São Paulo, São Paulo, 2006.

[169] Cf. GAVIORNO, Gracimeri Vieira Soeiro de Castro. *Garantias constitucionais do indiciado no inquérito policial*: controvérsias históricas e contemporâneas. 165 f. Dissertação (Mestrado em Direitos e Garantias Constitucionais Fundamentais). Faculdade de Direito de Vitória – FDV, Vitória, 2006.

contraditório, invasivo dos direitos e liberdades individuais, mas tão somente instrumento limitador *a priori* do *jus persequendi in juditio*.

A investigação ocupa-se, assim, imparcialmente, desde o seu início, da busca da verdade relativa, *juris tantum*, apta à realização de um juízo justificadamente causal para o início da ação penal. Certo seria, como deixamos claro linhas atrás, que se o Ministério Público pudesse investigar diretamente e diante de sua possibilidade de pleitear a absolvição do acusado diante do conjunto probatório, todas as investigações criminais por ele realizadas estariam fadadas a sustentarem acusações em juízo, na medida em que a não condenação ainda estaria garantida por um pedido de absolvição. Em outras palavras, estaria o membro do Ministério Público inclinado a levar a efeito todas as etapas da persecução penal, pré-processual e processual, na busca, ao máximo, da tentativa de extração de elementos de prova que pudessem sustentar uma condenação, o que, deveras, atenta ao *status dignitatis* do investigado e do acusado.

Do mesmo modo, a parte ré não está legitimada a proceder investigação oficializada na busca de coleção de elementos de prova que garantam a absolvição de eventual ação penal. Ao réu cabe, ressalvadas as atuações legais em procedimentos investigativos oficiais, a reação à acusação, compreendida nos contornos jurídicos do exercício do contraditório e da ampla defesa, mormente em fase judicial. Deferir esse poder ao acusado traria desnecessários gastos ao Estado, na medida em que a *investigação defensiva* deveria ser feita por órgãos estatais, para garantir a paridade de armas de uma investigação realizada pela eventual parte autora da ação penal.

Há de se concluir que isenção e imparcialidade objetivas não são atributos dos interessados jurídicos do processo, quais sejam a parte autora, na figura do Ministério Público, e a parte ré, na figura do acusado e de seu defensor constituído ou nomeado, posto que se encontrarão *intrínseca* e *extrinsecamente* comprometidos com os resultados das apurações pré-processuais.

Por essas características das futuras partes processuais, como interessadas juridicamente subjetivas, e pela natureza de observador *extrínseco* ao fenômeno social atribuível ao delegado de polícia, há de se concluir ser esta autoridade o *dominus iter* da apuração pré-processual, responsável por primar inteiramente por seu direcionamento lógico, dedicado a uma conclusão que satisfaça o interesse jurídico-social.

2.5.1 O dever de observância dos termos do art. 14 do Código de Processo Penal

Todavia, em que pese defender-se a impossibilidade das investigações acusatória e defensiva, pelos argumentos de a atividade investigativa dever ser realizada com isenção e imparcialidade, nada obsta – outrossim a busca da verdade real e a segurança jurídica assim determinam – que se permita a intervenção pontual do ofendido e de seu representante legal, bem como do indiciado e até mesmo do investigado ainda não indiciado, conforme se depreende da leitura do art. 14 do Código de Processo Penal, que assenta que "o ofendido, ou seu representante legal, e o indiciado poderão requerer qualquer diligência, que será realizada, ou não, a juízo da autoridade".

Nessa acepção, a investigação criminal, embora conduzida pela autoridade policial, delegado de polícia, não está infensa a intervenções de natureza acusatória ou defensiva, com o objetivo maior de buscar a verdade real e jurídica possível para os fatos em apuração. Anote-se que no decorrer da investigação criminal, ainda em andamento, tanto ao investigado, quanto ao membro do Ministério Público somente cabem *solicitações* de diligências e não requisições, pois estas, conforme texto Constitucional e legislações complementar e ordinária, prestam-se somente à instauração de inquérito policial e à realização de diligências complementares da apuração policial finda.

Não há que se tolher esse direito aos atores referidos, uma vez que o que se busca com a instauração da investigação criminal é a elucidação das circunstâncias e elementares que envolvem a conduta criminosa, e a colaboração de terceiros será sempre bem recebida, desde que pertinente à natureza investigativa do feito, sob o crivo – quanto ao tempo e ao alcance das diligências – discricionário da autoridade policial.

Solicitações impertinentes, intempestivas, inexecutáveis, ou logicamente preclusas não deverão ser acolhidas pelo delegado de polícia, na medida em que, a par do compromisso com os direitos petitórios dos interessados jurídicos, apresenta também o compromisso com a celeridade da apuração e o seu desenvolvimento lógico-jurídico, para a procedimentalmente econômica elucidação dos fatos.

Nesse sentido, verte-se o princípio da celeridade processual e da razoável duração do processo – que, todavia, como deixamos claro, abarca também os demais procedimentos judiciais e administrativos –, previstos no art. 5º, LXXVIII, da Constituição Federal de 1988, que prescreve que "a todos, no âmbito judicial e administrativo, são assegurados a razoável duração do processo e os meios que garantam a celeridade de sua tramitação".

2.6 O suprimento do texto vetado do §3º do artigo 2º da Lei nº 12.830/2013 pela interpretação sistemática *imediata* (direta) da própria Lei nº 12.830/2013

Consideramos *interpretação sistemática imediata* aquela obtida pelo próprio texto da norma interpretada. Com efeito, buscar-se-á demonstrar que o delegado de polícia possui a atribuição de condução da investigação criminal de acordo com seu livre convencimento técnico-jurídico, malgrado o veto presidencial político ao §3º do art. 2º da Lei nº 12.830/2013, diante das demais normas constantes no próprio texto do referido diploma legal regulatório da investigação criminal conduzida pela autoridade policial.

O art. 1º da Lei nº 12.830/2013 prescreve que "esta lei dispõe sobre a investigação criminal *conduzida* pelo delegado de polícia" (sem grifos no original).

Diante desse preceito, afere-se que a condução da investigação criminal é de atribuição do delegado de polícia. Pelo termo "condução", há de se aferir significar substantivo que, derivado do verbo "conduzir", exprime a ação de ser responsável por alguém ou alguma coisa desde um ponto de partida a um ponto de chegada, e, quanto à investigação criminal, ser, assim, responsável por ela desde o início até a sua conclusão. As funções de investigação criminal da Polícia Judiciária "são de natureza jurídica, essenciais e exclusivas de Estado" (art. 2º, *caput*, Lei nº 12.830/2013), em que, por meio da combinação com o preceito do art. 1º da mesma lei, afere-se *a natureza jurídica da condução da investigação criminal.*

Todavia, imperioso constatar se essa condução jurídica da investigação criminal é pautada pelo livre convencimento técnico-jurídico do delegado de polícia.

O §1º do art. 2º da Lei da Investigação Criminal Judiciária estipula, em sua última parte, que o objetivo da investigação é "a apuração das circunstâncias, da materialidade e da autoria das infrações penais" e que essas conclusões serão aperfeiçoadas, a par do relatório final da investigação, por meio do *ato privativo* de indiciamento, que deverá ser fundamentado mediante o exercício de uma análise técnico-jurídica dos fatos (§6º do art. 2º).

Ora, se há o dever de efetivar *privativamente* a análise técnico-jurídica dos fatos no ato de indiciar (e isto vale também para o ato de relatar a investigação, concluindo a apuração), e se há o dever de conduzir de forma técnico-jurídica essa mesma investigação, iniciando, instruindo-a em todas as etapas, declinando a autoria, a materialidade e todas as suas circunstâncias, pelo ato privativo de indiciamento, há também de se entender que, como responsável pela sua condução – melhor diga-se *presidência* – exerce livremente análises técnico-jurídicas em todas essas etapas. Em outras palavras, conduzir a investigação é o mesmo que presidir os atos formadores de todas as suas etapas, e se essa atividade do delegado de polícia é privativa de Bacharel em Direito (art. 3º) e permeada pela análise técnico-jurídica de seus atos, não há que se falar em interferências por qualquer autoridade que seja, enquanto o inquérito policial esteja em andamento. Nesse caso, a hierarquia administrativa, conquanto também vinculada à lei, cede à autonomia e à independência funcional de quem preside a investigação criminal. O interesse público assim o requer.

Ressalvas se façam ao juízo de convencimento do Ministério Público sobre a investigação já se encontrar madura para o oferecimento da denúncia, ocasião em que poderá formular a peça de início da ação penal no estado em que se encontrar a investigação, sem que isso se configure ofensa ao livre convencimento técnico-jurídico da autoridade policial.

Do mesmo modo, as requisições para a instauração de inquérito policial (sem determinação de diligências nesse momento) ou qualquer outra peça investigativa ou para a realização de diligências (quando o inquérito já estiver encerrado pelo delegado de polícia) também não configuram ofensa ao livre convencimento técnico-jurídico da conducente da investigação.

2.7 O suprimento do texto vetado do §3º do art. 2º da Lei nº 12.830/2013 pela interpretação sistemática *mediata* (indireta) por norma da Lei nº 9.784/99

A autonomia funcional da Polícia Judiciária em seu espectro funcional de levar a efeito a investigação criminal é uma faceta da eficiência e, mesmo, da efetividade que deve permear os sistemas criminais contemporâneos. Não se há de falar em crítica ao modelo de política criminal e de persecução penal adotado pelo Brasil. Se existem problemas, estes dizem mais ou somente ao material humano tecnicamente habilitado e dedicado à realização da persecução criminal do que ao modelo persecutório de investigação e de processo penal estrito. Nesse contexto, o veto do §3º do art. 2º da Lei nº 12.830/2013 é, de fato, irrelevante, precedentemente suprido pelo *sistema* hermenêutico racionalmente aplicado pelos intérpretes e aplicadores autênticos[170] do direito processual penal.

Com efeito, há de se identificar, para a inserção de um Estado de persecução penal garantista, a Polícia Judiciária com face da Administração Pública, mas não em um sentido ordinário de executora, *v. g.*, de políticas públicas e de, nesse sentido, obrar como aplicadora da lei de ofício, como expressão de fiel executora dela (da lei), como assinalava Seabra Fagundes,[171] mas, sem qualquer ofensa à ordem jurídica, como fiel executora da Constituição Federal, de modo a reconhecer a plena força normativa do Texto Maior de organização e estruturação do Estado e de suas competências, com o escopo de concreção (realização em concreto) de direitos fundamentais.

Com efeito, não mais se pode compreender a Administração Pública[172] e, em especial, os entes e órgãos a ela pertencentes, porém

---

[170] Sobre interpretação autêntica, no sentido a que nos referimos, cf. KELSEN, Hans. *Teoria pura do direito*. 7. ed. São Paulo: Martins Fontes, 2006. KELSEN, Hans. *O que é justiça?* 3. ed. São Paulo: Martins Fontes, 2001. VIDAL, Isabel Lifante. *La interpretación jurídica en la teoría del Derecho contemporánea*. Madrid: Centro de Estudios Políticos y Constitucionales, 1999.

[171] SEABRA FAGUNDES, Miguel. Voto relator na apelação cível nº 1.422. *Revista de Direito Administrativo*. v. 14. São Paulo: Fundação Carlos Chagas, 1948.

[172] Ruy Cirne Lima (LIMA, Ruy Cirne, *Princípios de direito administrativo*. São Paulo: Malheiros, 2007, p. 36-37) afirma que o vocábulo *administração*, no sistema jurídico de direito privado, reporta-se à atividade ou função de quem não é "senhor proprietário". Concepção esta de exercício funcional de quem não possui, a par de não possuir a propriedade, o "irrestrito domínio" sobre o bem, para o livre direcionamento, movido com ou sem interesse – senão os previstos em lei –, e a livre disposição da coisa. Assim, opõe-se ao conceito de propriedade. A atividade de gerir não se confunde com o fato de ser proprietário e, "nisto que, sob administração, o bem se não entende vinculado à vontade ou personalidade do administrador, porém à finalidade impessoal a que essa vontade deve servir". Por outro lado, apesar da distinção entre o exercício da propriedade e da administração a estabelecer o dever de impessoalidade para com a coisa administrada, nada obsta, em sede privatística, a concomitância do exercício de direitos atinentes à propriedade com a função administrativa incidente sobre os respectivos interesses e bens. Nesse caso, administra-se sobre interesses e bens próprios, de modo direto e pessoal. Se, em um sentido estrito, não se confunde com o exercício da propriedade, apesar de no direito privado permitir-se o exercício simultâneo do direito de propriedade e função de administração, essa ação, vista pela óptica da impessoalidade, leva a crer tratar-se de tarefa de gerir interesses e patrimônios alheios, de terceiros – proprietários, possuidores ou detentores –, e, no caso da Administração Pública, perfaz a gestão de bens e de interesses pertencentes à sociedade. Ao Estado no desempenho dessa função se lhe impõe, em razão da importância que apresenta ao patrimônio coletivo, ou mesmo individual, e ao próprio Estado, primar pela máxima eficiência, efetividade, responsabilidade e lisura ("transparência

CAPÍTULO 2
A SEGURANÇA PÚBLICA E O REGIME JURÍDICO-CONSTITUCIONAL DA POLÍCIA JUDICIÁRIA | 119

constitucionalmente dedicados à persecução penal, como realizadores de atribuições de execuções materiais vinculadas a produção normativa ou jurisdicional dos demais Poderes.[173] Com efeito, o inquérito policial não é mera peça administrativa, dispensável à persecução penal em juízo. É ele sim instrumento da Administração Pública para, no exercício da função de Polícia Judiciária, fazer-se (o Poder Executivo) representar nessa persecução, com um viés de realização ou de concreção de direitos constitucionais fundamentais, pois o contemporâneo significado de interesse público,[174] à vista de um Estado Constitucional de Direito, não compreende mais o bem comum da coletividade administrada,[175] [176] mas o dever de concretização de direitos constitucionais fundamentais.[177] [178]

---

de procedimentos") nessa atividade conferida. Abstraída das relações publicísticas, José Cretella Junior (CRETELLA JUNIOR, José. *Manual de direito administrativo*: curso moderno de graduação. 2. ed. Rio de Janeiro: Forense, 1979, p. 13) assenta que o vocábulo em questão, cujas raízes etimológicas expressam a ideia de "comando", baseia-se "no radical *'min'*, de raiz proveniente da palavra *'manus'* e *'mandare'*, ou, da mesma raiz, da palavra *'minus'*" (p. 13), a sugestionar, "no primeiro caso, *comando ativo*; no segundo, *comando passivo*" (p. 13). Da análise etimológica do termo "administração" afere-se a noção de "comando", designando não o fato de "ser proprietário", mas sim o de se encontrar no direcionamento, na tutela, na guarda, dos interesses e bens, valendo-se das atividades legalmente estipuladas e necessárias para esses fins. "De qualquer modo, a ideia de relação hierárquica entre *subordinado* e *subordinante* está sempre clara na palavra 'administração'" (p. 13). Ao se considerar a distinção entre o exercício dos direitos de propriedade e as tarefas tutela, guarda e direcionamento, a Administração Pública se encontrará vinculada à finalidade impessoal, representada pelo conceito de finalidade pública, ditada, no caso, pela lei e por toda a ordem jurídica, externada pela vontade do coletivo social, aos quais o Estado, no contexto de Estado Democrático de Direito, deve observância estrita, deles não se legitimando afastar, sem consequências de cometimento de desvio de poder (Cf QUEIRÓ, Afonso Rodrigues. *Reflexões sobre a teoria do desvio de poder em direito administrativo*. Coimbra: Coimbra Editora, 1940).

[173] FALLA, Fernando Garrido. La administración y la ley. *Revista de Administración Pública*, n. 6, septiembre/deciembre, 1951.

[174] HAEBERLIN, Mártin. *Uma teoria do interesse público*: fundamentos do estado meritocrático de direito. Porto Alegre: Livraria do Advogado, 2017.

[175] MEIRELLES, Hely Lopes. *Direito administrativo brasileiro*. 24. ed. São Paulo: Malheiros Editores, 1999.

[176] MELLO, Oswaldo Aranha Bandeira de. *Princípios gerais de direito administrativo*. Rio de Janeiro: Forense, 1979. v. 2; e MELLO, Oswaldo Aranha Bandeira de. *Princípios de direito administrativo*. 3. ed. São Paulo: Malheiros, 2007. v. I. Nesse mesmo sentido, Ruy Cirne Lima esclarece que "a palavra administração, nos quadros do direito privado, designa a atividade do que não é proprietário – do que não é senhor absoluto. (...) opõe-se a noção de administração à de propriedade nisto que, sob administração, o bem se não entende vinculado à vontade ou personalidade do administrador, porém à finalidade impessoal a que essa vontade deve servir". (LIMA, Ruy Cirne. *Princípios de direito administrativo*. São Paulo: Malheiros, 2007, p. 36-37).

[177] Cf. JUSTEN FILHO, Marçal. Conceito de interesse público e a "personalização" do Direito Administrativo. *Revista Trimestral de Direito Público*, São Paulo, n. 26, n. 26, p. 115-135, 1999. JUSTEN FILHO, Marçal. Direito administrativo do Espetáculo. *In*: ARAGÃO, Alexandre

2.8 A lei como instrumento da Administração Pública e da Polícia Judiciária

A lei representa o texto normativo que dispõe sobre os direitos, os deveres e as proibições atinentes aos indivíduos jungidos à proteção territorial do Estado, todavia, envolvendo sob sua imperatividade, inclusive, esse próprio Estado em sua estrutura jurídica e orgânica. Regula, sob uma concepção de Estado Democrático de Direito, as normas de conduta entre os representados e o Estado soberano.[179]

Inconcebível a classificação de qualquer Estado como Democrático de Direito sem a sua submissão à lei, esta vertida em texto normativo orientador dos limites da atuação estatal. Os poderes de governo não mais são absolutos, outrora plasmados na figura do rei, do imperador, do ditador, despótico e centralizador de funções e de assuntos das mais diversas ordens de interesses, hoje tendo na expressão do interesse público e da finalidade pública a representação dos verdadeiros deveres-poderes instrumentais de direcionamento dos rumos da nação.[180] Assim se constatou paulatinamente com as transformações ocorridas nas evoluções dos Estados absoluto, Liberal e Social.[181]

No Estado Democrático de Direito tem-se a lei como instrumento de persecução do interesse público e, não obstante, como veículo limitador dos deveres-poderes administrativos frente às liberdades individuais.[182]

Santos de; MARQUES NETO, Floriano de Azevedo (coord.). *Direito administrativo e seus novos paradigmas*. Belo Horizonte: Fórum, 2008. COSTALDELLO, Angela Cassia. A supremacia do interesse público e a cidade: a aproximação essencial para a efetividade dos direitos fundamentais. *In*: BACELLAR FILHO, Romeu Felipe; HACHEM, Daniel Wunder. *Direito Administrativo e Interesse Público*: estudos em homenagem ao professor Celso Antônio Bandeira de Mello. Belo Horizonte, Fórum, 2010. GABARDO, Emerson. *Interesse público e subsidiariedade*: o Estado e a Sociedade Civil para além do bem e do mal. Belo Horizonte: Fórum, 2009. GABARDO, Emerson; REZENDE, Maurício Corrêa de Moura. *Revista Brasileira de Estudos Políticos*. Belo Horizonte, n. 115, p. 267-318, jul./dez. 2017.

[178] SARLET, Ingo Wolfgang. *A eficácia dos direitos fundamentais*. 9. ed. Porto Alegre: Livraria do Advogado, 2007.

[179] FIORAVANTI, Maurizio. *Constituición*: de la antigüedad a nuestros días. Traducción de Manuel Martínez Neira. Madrid: editorial Trotta, 2001.

[180] *Idem, ibidem*.

[181] VASAK, Karel. *Las dimensiones internacionales de los derechos humanos*. v. I, II e III. Barcelona: Serbal/Unesco, 1984.

[182] ENTERRÍA, Eduardo García de. *Reflexiones sobre la ley y los principios generales del derecho*. Madrid: Editorial Civitas, 1996. ENTERRÍA, Eduardo García, FERNÁNDEZ, Tomás-Ramón. *Curso de derecho administrativo*. 16. ed. Madrid: Civitas, 2013. v. I,. Cf. ainda: VIEIRA DE ANDRADE, José Carlos. *A justiça administrativa*. 12. ed. Coimbra: Almedina,

CAPÍTULO 2
A SEGURANÇA PÚBLICA E O REGIME JURÍDICO-CONSTITUCIONAL DA POLÍCIA JUDICIÁRIA | 121

É primordialmente com fundamento nesse instituto que se constituem e se expressam os regimes jurídicos, entre os quais o jurídico-administrativo-processual penal da investigação criminal (em franca transformação, *ex vi exempli gratia*, das disposições da novel Lei nº 12.830/2013, que "dispõe sobre a investigação criminal conduzida pelo delegado de polícia"), definindo os contornos do permitido, do proibido e do obrigatório para a Administração Pública, no exercício de sua função constitucional de investigar delitos.

A investigação criminal, como atribuição da Polícia Judiciária, em que pese o fato de esta instituição do Poder Executivo encontrar-se inserida dentro de um contexto funcional de direito penal e processual penal (e, assim, criminal, portanto), vincula-se a um plano híbrido de Direito, sujeitando-se, a par das suas referências de direito criminal – penal e processual penal –, ao sistema de direito administrativo e a seu regime jurídico.[183]

A Polícia Judiciária, encarregada da investigação criminal, fase pré-processual ou processual apuratória (em um sentido de integrar o conceito de processo penal em sentido lato),[184] não compreende órgão do Poder Judiciário, mas sim do Poder Executivo, submetida, com isso, às regras e princípios básicos da Administração Pública como um todo e que, de forma pré-concebida e com conotação *a priori* dos preceitos de direito penal e processual penal, ditam os contornos normativos do agir administrativo nessa senda da atribuição estatal.[185]

2012. SILVA, Vasco Manuel Pascoal Dias Pereira da. *Em busca do acto administrativo perdido*. Coleção Teses. Coimbra: Almedina, 2003. SANDULLI, Aldo M. *Manuale di direitto amministrativo*.v. 1, XV Edizione. Napoli: Casa Editrice Dott. Eugenio Joveni, 1989; e SANDULLI, Aldo M. *Manuale di direitto amministrativo*. v. 2, XV Edizione. Napoli: Casa Editrice Dott. Eugenio Joveni, 1989.

[183] Sobre a tramitação da polícia judiciária em um meio jurídico epistemologicamente *híbrido*, a se valer de prerrogativas materiais e de hermenêutica próprias do direito administrativo, todavia para surtirem efeitos no âmbito da persecução penal, cf. DEZAN, Sandro Lúcio. *Direito administrativo de polícia judiciária*. Belo Horizonte: Fórum, 2019.

[184] Cf. PEREIRA, Eliomar da Silva. *Saber e poder*: o processo (de investigação) penal. Florianópolis, Tirant Brasil, 2019. PEREIRA, Eliomar da Silva. *Teoria da investigação criminal*: uma introdução jurídico-científica. Lisboa: Almedina, 2010. PEREIRA, Eliomar da Silva. *Investigação, verdade e justiça*: a investigação criminal como ciência na lógica do Estado de Direito. Porto Alegre: Núria Fabris, 2014. PEREIRA, Eliomar da Silva. *Introdução às ciências policiais*: a polícia entre ciência e política. Lisboa: Almedina, 2015. PEREIRA, Eliomar da Silva. *O processo (de investigação) penal*: o "nó górdio" do devido processo. 2018, 603 fl. Tese (Doutoramento em Direito) – Escola de Direito de Lisboa, Universidade Católica Portuguesa – UCP, Lisboa, 2018. PEREIRA, Eliomar da Silva. *Introdução ao direito de polícia judiciária*. Belo Horizonte: Fórum, 2019.

[185] DEZAN, Sandro Lúcio. *Direito administrativo de polícia judiciária...*, 2019.

Com efeito, as normas de direito administrativo aplicadas à persecução criminal são de imprescindível relevância para a delimitação dos vieses de uma investigação criminal abalizada com os direitos e garantias constitucionais fundamentais dos indivíduos e com a ordem constitucional vigente, primando pela segurança jurídica de uma investigação realizada sob o manto da legalidade, em todos os seus aspectos intrínsecos e extrínsecos, por meio de regras e princípios jurídicos.[186]

À vista desses argumentos, há de se considerar que a normatividade abstrata não flui somente da lei, mas também dos princípios jurídicos do Direito, complementando o plexo de valores maiores responsáveis pela condução do Estado. Submete-se a Polícia Judiciária, no exercício da investigação criminal, às leis e aos princípios componentes do ordenamento jurídico, entre os quais, os de direito processual penal e de direito administrativo.[187]

2.8.1 Os princípios de direito como instrumentos normativos da *Administração Pública da investigação criminal*

Abordaremos neste item algumas noções gerais sobre os princípios de Direito que declinam a sua fundamental importância para a composição do ordenamento jurídico, exarando normatividade para se abarcar, de forma coerente e lógica, as atividades da Polícia Judiciária na condução de investigações criminais. Com isso, a lei e os princípios de Direito se somam para harmonizar o estatuto da investigação criminal trazido pela Lei nº 12.830/2013, instrumentalizando de aportes jurídicos e de hermenêutica a Polícia Judiciária e a investigação criminal.[188]

Em que pese toda a importância deferida à lei positivada, mormente pelo fato de exarar de forma mais tangível os fins jurídicos pretendidos pelo ordenamento e pelo Estado, a normatividade reitora

---

[186] *Idem, ibidem.*

[187] Para estudos detalhados sobre a lei e o princípio da legalidade na Administração Pública, conferir nossos *Fundamentos de Direito Administrativo Disciplinar*, 2019, e *Direito Administrativo Disciplinar, Volumes I, II e III*, 2013 (DEZAN, Sandro Lúcio. *Fundamentos de direito administrativo disciplinar*. Curitiba: Juruá, 2019. DEZAN, Sandro Lúcio. *Direito administrativo disciplinar*: princípios fundamentais. Curitiba: Juruá, 2013. DEZAN, Sandro Lúcio. *Direito administrativo disciplinar*: direito material. Curitiba: Juruá, 2013. DEZAN, Sandro Lúcio. *Direito administrativo disciplinar*: direito processual. Curitiba: Juruá, 2013.

[188] DEZAN, Sandro Lúcio. *Direito administrativo de polícia judiciária...*, 2019.

do atuar estatal pode também ser aferida de preceitos mais abstratos inferidos – quando não diretamente por ele representado – do próprio texto legal, notadamente, do texto constitucional, a exarar, a Constituição Federal, força normativa direta.[189]

Desta feita, a norma, veiculada pelas regras e princípios constantes ou hauridos dos textos normativos são essenciais às balizas do Estado Democrático de Direito. Frise-se que a lei e o ordenamento são essenciais à identificação de princípios de Direito, ora identificados de forma expressa no próprio texto legal, ora de forma implícita no sistema normativo em seu conjunto lógico-harmonizado.

Do latim *principium*, o termo exprime a noção de início, começo, ou de primeiro enfrentamento sobre qualquer assunto, obstáculo, tarefa ou projeto. Os princípios jurídicos podem ser compreendidos como normas basilares, fundamentais, obtidas do direito posto, constitucional e infraconstitucional, ou mesmo de valores implícitos do ordenamento jurídico como um todo e representativos da sua essência normativa, deôntica, que dão suporte, no caso do direito administrativo alinhavado ao direito processual penal afeto à investigação criminal, sob o amparo da lei e de todo o ordenamento jurídico, às ações dos órgãos e entes estatais, mormente à autoridade policial representada pelo delegado de polícia, ditando, com efeito, os rumos hermenêuticos e exegéticos, interpretativos e de aplicação, para a produção da norma de máxima concretude (ato administrativo) pela Administração Pública no exercício da investigação criminal a seu mister.[190]

Com isso, há de se constatar que o profissional delegado de polícia há de se valer também da operacionalização das normas-princípios, para bem cumprir a sua importante tarefa de dirigir ou presidir as investigações criminais.

A importância do estudo dos princípios de Direito[191] funda-se na sua característica de servir como *fonte normativa*, na medida em que exaurem efeitos jurídicos nos mesmos moldes de lei geral e abstrata, regulando, ainda que implícitos no ordenamento jurídico, a aplicação do Direito ao caso concreto,[192] vertendo-se em normas aplicáveis à investigação criminal.

---

[189] HESSE, Konrad. *A força normativa da constituição*. Porto Alegre: Sérgio Antônio Fabris Editor, 1991.

[190] Cf. DEZAN, Sandro Lúcio. *Direito administrativo de polícia judiciária...*, 2019.

[191] VICO, Giambattista. *Ciência nova*. Tradução de José Vaz de Carvalho. Lisboa: Calouste Gulbenkian, 2005.

[192] ENTERRÍA, Eduardo García de. *Reflexiones sobre la ley y los principios generales del derecho*. Madrid: Editorial Civitas, 1996.

Também se presta como *fonte interpretativa*, amparando a interpretação da lei positivada pelo delegado de polícia, para que essa se dê dentro do seu âmbito de normatividade razoável, jurídica e socialmente aceitável, ou seja, dentro do plexo conceitual dos princípios informativos que regem os ramos do Direito afetos à sua atuação, a exemplo do direito penal, do direito processual penal, do direito tributário, do direito previdenciário, do direito administrativo, entre outros, cujas normas são operadas para a conclusão eficaz das apurações criminais.

Assim, havendo uma ou mais interpretações da lei igualmente válidas, a autoridade policial, no momento de decidir os rumos da investigação e as produções de atos administrativo-procedimentais (processuais) criminais, deve optar pela interpretação que reconheça maior sustentação ao princípio e à sua gama de valores, alinhavados à Constituição Federal e aos seus direitos constitucionais fundamentais.[193] [194]

Como *fonte integrativa*, os princípios do Direito se aplicam, conforme estatuído no art. 4º da Lei de Introdução às Normas do Direito Brasileiro (Antiga Lei de Introdução ao Código Civil), Decreto-Lei nº 4.657/42, nos casos de omissões legislativas não eloquentes, em que o Parlamento se omite de forma não intencional no seu dever de legislar, permitindo-se, com efeito, chegar-se à concretude normativa e aplicação jurídica de forma harmônica com o sistema normativo como um todo.

Cabe também ao delegado de polícia, no exercício da presidência das investigações criminais, operar o Direito de forma integrativa, com

---

[193] Cf. DEZAN, Sandro Lúcio. *Direito administrativo de polícia judiciária...*, 2019.

[194] Cf. ainda: ZAGREBELSKY, Gustavo. *La ley y su justicia*: tres capítulos de justicia constitucional. Madrid: Editorial Trotta, 2008. MÜLLER, Friedrich. Teoria moderna e interpretação dos direitos Fundamentais: especialmente com base na teoria estruturante do direito. *Anuario Iberoamericano de Justicia Constitucional*, Núm. 7, 2003, p. 315-327. BARROSO, Luís Roberto. Neoconstitucionalismo e constitucionalização do Direito (O triunfo tardio do direito constitucional no Brasil). *Revista de Direito Administrativo*, Rio de Janeiro, 240, p. 1-42, abr./jun. 2005. BARROSO, Luís Roberto. *Direito Constitucional Contemporâneo*. São Paulo: Saraiva, 2018. BINENBOJM, Gustavo. A constitucionalização do direito administrativo no Brasil: um inventário de avanços e retrocessos. *Revista Brasileira de direito Público (RBDP)*, Belo horizonte, Ano 4, n. 14, p. 9-53, jul./set. 2006; CADEMARTORI, Luiz Henrique Urquhart; OLIVEIRA, Vitória Cristina. Constitucionalização do direito administrativo e a sindicabilidade do ato discricionário. *Revista Estudos Institucionais*, v. 2, 1, 2016, p. 168-191; FERNANDES, André Dias. A constitucionalização do direito administrativo e o controle judicial do mérito do ato administrativo. *Revista de Informação Legislativa (RIL)*, Ano 51, n. 203, jul./set. 2014, p. 143-164; e BITENCOURT NETO, Eurico. Transformações do Estado e da Administração Pública no século XXI. *Revista de Investigações Constitucionais*, Curitiba, v. 4, n. 1, p. 207-225, jan./abr. 2017.

o fim maior de garantir o interesse público e a conclusão plasmada na certeza e justiça do Direito e, não obstante, na segurança jurídica de uma investigação[195] que propicie justa causa para a *accusatione in juditio*.

Os princípios do Direito estão plasmados na Constituição Federal de 1988, como fundamentais da pessoa humana e básicos ou informativos dos ramos do Direito, e, também, nos ordenamentos postos para regulações jurídicas específicas,[196] tais quais as regulações afetas às investigações criminais, orientando as confecções de inquéritos policiais, termos circunstanciados de ocorrências, investigações preliminares e quaisquer outras diligências destinadas a elucidações de crimes.

Como dito, seus conceitos e normatividade podem também ser obtidos *da noção de valores*, tais como o valor de justiça e certeza do Direito, consonante os propósitos do Estado Democrático de Direito, constituindo e informando os diversos ramos das ciências jurídicas, ou a determinados ramos, aplicando-se de forma específica e peculiar ao estatuto da investigação criminal, por força *exógena* ou *endógena*, ou seja, com base no todo juridicizado sistemático (ordenamento jurídico), ou dos próprios termos normativos obtidos do texto da lei. Como bem afirma Eros Roberto Grau, "*os princípios jurídicos, princípios de direito, não são resgatados fora do ordenamento jurídico, porém descobertos no seu interior*",[197] no exercício exegético de encontrá-los ou descobri-los de forma pressuposta ao texto normativo a que o intérprete se dedica à pesquisa.[198]

Essas espécies de norma capitaneadas pelos princípios de Direito são de extrema importância para a funcionalidade do Direito como ciência dogmática e, todavia, como texto normativo, importando deferir-lhes posição de destaque nos diversos ramos das disciplinas jurídicas, a exemplo, como já referido, do direito constitucional, do direito penal, do direito tributário, do direito do trabalho, do direito processual, entre outros, e também do *direito administrativo instrumental ao direito processual penal*, este último a cargo do delegado de polícia no exercício da presidência da investigação criminal.

Como visto, a autoridade policial investigante também se encarrega dessa tarefa de interpretar e aplicar o Direito ao caso concreto, nos

---

[195] ARANHA, Adalberto José Queiroz Telles de Camargo. *Da prova no processo penal*. São Paulo: Saraiva, 1994. COSTA, Milton Lopes da. *Manual da polícia judiciária*. Rio de Janeiro: Saraiva, 1996.

[196] SARLET, Ingo Wolfgang. *A eficácia dos direitos fundamentais...*, 2007.

[197] GRAU, Eros Roberto. *O direito posto e o direito pressuposto*. São Paulo: Malheiros, 2008, p. 70.

[198] *Idem, ibidem*, p. 71.

limites de suas atribuições e dentro dos procedimentos investigativos a seu cargo, explicitando ou delineando de modo a formar a justa causa para a acusação judicial, como afirma Niklas Luhmann, "conceitos jurídicos adequados a sociedade".[199] Socialmente adequados justamente porque garantidores de limites ou impedimentos de abusivas persecuções processuais desprovidas de mínimos lastros acusatórios, que os tornariam inválidos e, na acepção de Luhmann, corruptores do sistema jurídico.

Essa é a pedra de toque da legitimidade da investigação criminal realizada por uma Polícia Judiciária imparcial, isenta e comprometida com a verdade jurídica possível e real ao processo penal.

Como bem observa Eduardo García de Enterría, "han sido los principios descubiertos y funcionalizados por los juristas los que han cambiado, no solo la ciencia del Derecho administrativo, sino la vida misma de este como ordenamiento aplicable",[200] posto que, diante de seu papel *normativo, interpretativo* e *integrador*, compõem a identidade e a individualidade do sistema, do regime jurídico e de qualquer disciplina estudada e, assim, o é também para a disciplina da investigação criminal realizada pela Administração Pública na qualidade de Polícia Judiciária (com a interdisciplinaridade entre Direito Processual e o Direito Administrativo).

Isso se dá porque, primando-se por uma fase pré-judicial da persecução criminal que opere o Direito como normas ordenadas e logicamente postas à solução dos conflitos sociais e utilize-as à luz das três funções hermenêuticas das normas-princípios como liame de garantia da manutenção de uma futura acusação justa, verte-se o aparato administrativo investigativo em ator imprescindível e essencial ao Estado e à Justiça, e, com efeito, à garantia do próprio Estado Democrático de Direito.

Quanto à interdisciplinaridade acima referida entre o direito processual penal e o direito administrativo, constata-se íntima relação entre princípios, normas e regime jurídico e, *in casu,* modulador do regime jurídico da investigação criminal, pois este é composto por aqueles (normas e princípios interdisciplinares), ordenados de forma coerente e lógica, com vistas a dar normatividade aos postulados e unidade à disciplina da investigação, que, todavia, encontra-se a

---

[199] LUHMANN, Niklas. *Sistema jurídico y dogmatica jurídica*. Madrid: Centro de Estudios constitucionales, 1974, p. 95.

[200] ENTERRÍA, *Reflexiones sobre la ley y los principios generales del derecho*, p. 43.

cargo da Polícia Judiciária, em um ambiente híbrido pré-judicial: administrativo-penal, ou administrativo-criminal.

Quanto aos princípios constitucionais, os expressos e os implícitos, de direito administrativo investigativo, diante da Constituição Federal, com seus preceitos gerais e abertos, receptivos de uma evolução da noção de justiça pelo corpo social, têm a função de servir de ápice do estatuto investigativo criminal, sistematizando diretrizes do Estado nas suas diversas linhas de atuação e, com efeito, apresentando as suas normas informativas,[201] ou seja, delineando a aplicação do direito administrativo e a sua utilidade instrumental processual penal.

Sob esse ponto, há de se conceber exação de efeitos jurídicos não somente de cunho formal, mas, sobretudo, de contornos nitidamente materiais, aprimorando o conteúdo e significado dos textos legais de direito administrativo, podendo-se, inclusive, classificá-los, por força de transposição constitucional validativa da migração de normas axiológicas abertas e gerais, como verdadeiros *princípios de direito administrativo processual penal.*

Nas palavras de Patrícia Baptista, "efetivamente, a grande contribuição do constitucionalismo ao direito administrativo foi a agregação das preocupações materiais e não meramente organizatórias dos novos textos constitucionais",[202] a denominar-se, em doutrina, de *filtragem constitucional,* apresentando-se como fundamental os efeitos da nova principiologia constitucional, a realçar uma gama de importantes e basilares axiomas, verdadeiros valores fundamentais do Estado Democrático de Direito,[203] "como a democracia, a moralidade e a dignidade da pessoa humana, forçando o direito administrativo a se voltar para os problemas da existência, individual e coletiva, dos cidadãos. O constitucionalismo impôs a substantivação do direito administrativo, através dos princípios".[204]

Com fundamento nessa função sistêmica e da substantivação operada pela Constituição Federal,[205] por meio de prescrições de direitos

---

[201] CANOTILHO, José Joaquim Gomes. *Curso de direito constitucional.* Coimbra: Coimbra, 2002.

[202] BAPTISTA, Patrícia. Os limites constitucionais à autotutela administrativa: o dever de observância do contraditório e da ampla defesa antes da anulação de um ato administrativo ilegal e seus parâmetros. *Revista da Procuradoria-Geral do Município de Juiz de Fora – RPGMJF,* Belo Horizonte, ano 1, n. 1, p. 195-217, jan./dez. 2011, p. 199.

[203] *Idem, ibidem,* p. 199.

[204] *Idem, ibidem,* p. 199.

[205] MÜLLER, Friedrich. *Teoria moderna e interpretação dos direitos Fundamentais...,* 2003. LUHMANN, *Sistema jurídico y dogmática jurídica...* 1974, p. 95.

e garantias fundamentais, as quais preponderantemente apresentam o escopo de restrição do *jus persequendi* e do *jus puniendi* estatal e o reconhecimento de condição especial à pessoa humana, diante das não raras forças de ação desarrazoadas ou desabalizadas que tendam a infirmar o *status dignitatis*, são, deveras, aplicáveis à investigação criminal os princípios constitucionais e legais de direito administrativo que com ela tenham relação por vias comuns de um direito persecutório geral, sem a ressalva de pertencerem a este ou àquele ramo específico do Direito.

Quanto aos princípios legais (não estampados na Constituição Federal), expressos ou implícitos, de direito administrativo, ressalte-se que o ordenamento infraconstitucional deve refletir, como um todo, a noção de justiça posta pelo Estado e plasmada na ordem constitucional, orientando-se pelas normas e princípios postos pelo Poder constituinte.[206] Assim, os princípios legais e os princípios implicitamente decorrentes do texto normativo têm a função de concretizar, em última aproximação, os vértices inicialmente indicados pelos princípios constitucionais, em uma verdadeira espécie de regulamentação já iniciada por aqueles.

Declina-se, assim, que "mesmo os princípios desenvolvidos interna e autonomamente no sistema do direito administrativo, uma vez atraídos pelo constitucionalismo contemporâneo, ganharam um novo vigor",[207] para corroborarem um conteúdo atualizado com os novos conteúdos da teoria constitucional, em que passam "a gozar de maior estabilidade e de uma imperatividade reforçada".[208]

Destarte, sem embargo da normatividade dos princípios explícitos identificados na Constituição e nas leis, justifica-se o fundamento de validade dos princípios legais nos princípios constitucionais, a exemplo da irradiação de efeitos jurídicos produzida pelo princípio constitucional do devido processo legal, que em seu aspecto substantivo, firma baliza para, *e.g.*, a aplicação de normas gerais de direito sancionador ao estatuto da investigação criminal.

A par dos princípios constitucionais, dos princípios de direito processual penal e dos princípios de direito administrativo, ainda se deve dar deferência aos princípios gerais de Direito, que veiculam

---

[206] CANOTILHO, José Joaquim Gomes. *Curso de direito constitucional...*, 2002.

[207] BAPTISTA, Patrícia. *Os limites constitucionais à autotutela administrativa:* o dever de observância do contraditório e da ampla defesa antes da anulação de um ato administrativo ilegal e seus parâmetros...*, p. 199.

[208] *Idem, ibidem,* p. 200.

prescrições gerais e demasiadamente abertas, de natureza jurídica, social e ético-moral, oriundas da análise do sistema, com força normativa secundária, para o auxílio, assim como a analogia e os costumes, também, como dito alhures, na normatização indireta, na interpretação e na integração da norma legal posta como fonte imediata, servindo de vertente de aplicação hermenêutica ao sistema jurídico como um todo.

Com efeito, há de se considerar que os princípios gerais do Direito formam a primeira base de um ordenamento jurídico e do sistema logicamente posto, oferecendo, como amplamente visto acima, vértice normativo, integrativo e interpretativo, para suprir lacunas, ou mesmo para normatizar institutos. Apresentam-se como meios de *interpretação, integração* e *normatização*.

Consoante lição de Marcello Caetano, "é, em regra, produto de elaboração doutrinária: trata-se de uma ideia superiormente informadora de todo o sistema jurídico ou de certa parte dele, de que decorrem, portanto, as regras e soluções consagradas na legislação".[209]

No direito administrativo geral, é empregado para a orientação interpretativa, integrativa e normativa em espaços reservados por lei como discricionários, operando nesse sentido com importante funcionalidade, de modo a garantir a observância do princípio da juridicidade da Administração Pública – atuação conforme a lei e o Direito – e servindo, assim, como garantia ao administrado.

Não por outra razão, juristas estrangeiros, de longa data, já reconheciam a sua importância para as atividades da Administração Pública, conforme se afere mais uma vez da lição de Eduardo García de Enterría, ao afirmar que "em términos absolutos puede decirse que la única posibilidad de una garantia individual y social efectiva frente a los formidables poderes de esta natureza [discrecionalidad] de la Administración de hoy está en la técnica de los principios generales del Derecho".[210]

Como dito, não há como se desprezar a utilização dos princípios de Direito, gerais ou específicos e informativos, na atuação da Administração Pública e da Polícia Judiciária na busca da realização do interesse público.

Na investigação criminal, conquanto princípios gerais implícitos do sistema – como exemplo, os princípios da *certeza do Direito* e *justiça do Direito* –, estes exercem força normativa indireta, razão pela qual a

---

[209] CAETANO, *Manual de direito administrativo*, p. 83.
[210] ENTERRÍA, *op. cit.*, p. 41.

eles se atribui a classificação de *fontes mediatas do estatuto investigativo*, operando-se do mesmo modo e com as mesmas utilidades nos ramos do Direito como um todo, ou seja, para integrar, normatizar indiretamente e auxiliar a atividade interpretativa dos operadores do direito da persecução penal, mormente diante de lacunas ou discricionariedades das normas.[211]

Não se pode olvidar que os princípios gerais do Direito apresentam um vértice específico, qual seja, o aplicável de forma geral à disciplina da investigação criminal, que, após o emprego dos princípios constitucionais e processuais penais, "tratando-se de casos omissos numa lei administrativa [inclusive nas afetas às investigações criminais] há [o intérprete e aplicador da norma] que buscar, primeiro, os *princípios gerais do direito administrativo*, visto ser esta disciplina um complexo orgânico, dotado de relativa autonomia na ordem jurídica (...) e, enfim, recorrer aos *princípios gerais do direito*, comuns ao direito público e privado, embora geralmente formulados nas Constituições doutrinárias e nos Códigos civis, por serem estes Códigos os monumentos legislativos modernos que primeiro surgiram".[212]

Sob o amparo desse entendimento, imprescindível reconhecer a precedência normativa, interpretativa e integrativa na seguinte ordem: princípios constitucionais afetos à investigação criminal, princípios legais afetos à investigação criminal, princípios gerais de direito administrativo e, por fim, princípios gerais de Direito, sem óbices, porém, a aplicações simultâneas ou sucessivas de tais institutos quando o caso concreto permitir.

No âmbito da necessidade de isenção e imparcialidade na condução da investigação criminal, sob o manto do seu desenvolvimento como atividade jurídica, dois são os princípios de maior vulto a emprestarem normatividade à atuação do delegado de polícia, quais sejam, o *princípio da legalidade* e o *princípio da juridicidade*. Vejamo-los.

2.8.2 Contorno normativo do princípio da legalidade administrativa

O dever de observância da lei, expresso pela concepção dogmática de existência de uma ampla normatividade dos textos

---

[211] GÖSSEL, Karl Heinz. *El derecho procesal penal en el Estado de Derecho...*, 2007.

[212] CAETANO, *op. cit.*, p. 84.

CAPÍTULO 2
A SEGURANÇA PÚBLICA E O REGIME JURÍDICO-CONSTITUCIONAL DA POLÍCIA JUDICIÁRIA | 131

regulatórios produzidos pelo Estado – outrora outorgados pelo detentor absoluto do poder, hoje, nas formas federativas de Estado, votados e aprovados pelo Poder Legislativo, cidadãos representantes eleitos do povo e dos Estados Federados, e sancionado pelo representante maior do Poder Executivo –, concebe-se o denominado princípio da legalidade. Representa a essência do Estado Democrático de Direito e infere o governo do povo pelo povo e para o povo, por meio de normas gerais e abstratas, regentes de fatos futuros, com nítido caráter impessoal-prospectivo.

Assim, o princípio da legalidade materializa na ordem jurídica a obrigatoriedade de deferência ao sistema de normas, tendo sido paulatinamente concebido para fazer frente ao poder absoluto do monarca, limitando e tolhendo a essência do Estado absolutista, que deveria, assim, como todos os indivíduos e sob o invólucro de reconhecimento de liberdades públicas, submeter-se às leis por ele próprio criadas. Traçaram-se as linhas iniciais do Estado Liberal, externando marco da primeira geração ou dimensão de direitos fundamentais, representada pelos direitos civis e políticos.

A legalidade experimentou sensível aprimoramento a partir das revoluções americana, de 1779, e francesa, de 1789, com a teoria da separação dos poderes de Montesquieu, em que a função legislativa e, por conseguinte, as leis passaram a ser fruto, apesar de indireto, da soberania do povo, até então sem qualquer participação nas diretrizes do Estado. Impôs-se, pela vontade do povo, a submissão do Estado ao ordenamento jurídico, inaugurando o denominado Estado Democrático de Direito.

A legalidade com caráter de princípio assenta origem histórica na Inglaterra, na *Charta Magna Libertatum* do rei João Sem Terra, de 1215, reafirmada pela *Petition of Rigth* inglesa de 1628, e, com sua primeira positivação para o direito penal, no Código Penal francês de 1810, seguido pelo código bávaro de 1913, como fruto do movimento iluminista.[213]

O princípio, embora originariamente posto de forma estrita para regulação das normas de direito penal, nada obstou (partindo-se das premissas contidas na referencial obra *Direito Constitucional Alemão*, de Otto Mayer, ao esclarecer que "el derecho y sus normas siguen a la administración por todas partes donde Ella manifeste su actividad"[214])

---

[213] SIQUEIRA, *Tratado de direito penal*: Parte Geral. Tomo I, p. 99.
[214] MAYER, Otto. *Derecho administrativo alemán*. Tomo I. Parte Geral. Traducción Horacio H. Heredia y Ernesto Krotoschin. Buenos Aires: Editorial Depalma, 1949, p. 20.

a sua aplicação também em sede de direito administrativo, abarcando, com isso, todas as searas de atuação da Administração Pública e, também, das funções administrativas, afetas aos demais Poderes da República (envolve, assim, a sua aplicação na atuação de investigação criminal pela Administração Pública).

No Brasil, assim como na maioria dos países ocidentais, seguindo as vertentes do constitucionalismo moderno e a fixação de direitos fundamentais no ato inaugural do Estado, o princípio da legalidade possui assento constitucional positivado.[215] "Ninguém será obrigado a fazer ou deixar de fazer alguma coisa senão em virtude de lei", prescreve o inciso II do art. 5º da Constituição Federal de 1988, declinando que os indivíduos sujeitos à soberania e, por consequência, ao ordenamento jurídico nacional, somente serão compelidos a agir ou a se omitir se houver lei que assim disponha.

A essência ordinária principiológica posta *sub examine* gira em torno do conceito de "lei", que, em seu sentido estrito, consiste na prescrição normativa genérica e abstrata votada e aprovada pelo Congresso Nacional e sancionada pelo Presidente da República, com posterior publicação (conforme o estabelecido no processo legislativo – artigos 59 e seguintes da Constituição Federal), para, assim, ter eficácia jurídica e social. Em sentido *lato*, a lei pode ser entendida como qualquer ato da Administração Pública, editado pela autoridade competente e em harmonia com as teorias de existência, validade e eficácia (jurídica e social) dos atos administrativos, e com o fim de genérica e abstratamente regular condutas.

Com fundamento nesse princípio, fixa-se a máxima de que a Administração Pública tem o dever de atuar somente conforme a lei, nos seus limites, não lhe sendo permitido agir *extra, ultra, citra* ou *contra legem*, conquanto limitar-se à manifestação prévia da lei, determinando (para as condutas vinculadas) ou facultando (para as condutas discricionárias) o seu proceder.

Assim, distingue-se da faculdade de agir do particular, que não encontra limites no silêncio da norma, sendo-lhe possibilitada qualquer atuação se a lei ativamente não lhe proibir. A regulação jurídica difere para um e para outro caso – interesse particular e interesse público –, na medida em que, para o particular, considera-o livre para se conduzir no

---

[215] MAURER, Hartmut. *Direito do estado*: fundamentos, órgãos constitucionais e funções estatais..., 2018. MEDAUAR, Odete. *O direito administrativo em evolução*. 3. ed. Brasília: Gazeta Jurídica, 2017

silêncio legal e, para a Administração, fa-lo-á depender, para a gestão da coisa pública, de manifestação normativa, ao menos em forma de silêncio eloquente.[216] Para Hartmut Maurer, professor emérito da Universidade de Konstanz, Alemanha, o princípio da legalidade pode ser dividido em dois outros distintos, quais sejam, o da *primazia da lei*, que prescreve que à Administração Pública e a seus agentes é proibido agir ou se omitir em condutas ofensivas à lei (proibição de condutas *contra legem*), dando um *efeito ativo* à norma, que se impõe como marco normativo proibitivo do proceder estatal, e o princípio da *reserva da lei*, que prescreve que a Administração Pública somente pode manifestar a sua vontade se houver previsão ou imposição legal para isso e nos limites de sua normatividade, apresentando um *efeito negativo* ao diploma jurídico, que se firma como marco legitimador da gestão administrativa (proibição de condutas *ultra, citra* e *extra legem*). Nesse último caso, a omissão legislativa sinaliza, de fato, uma proibição de conduta para a Administração.

Assim, Maurer escreve que "segundo o princípio da reserva legal, a administração somente se pode tornar ativa se ela foi, para isso, autorizada em lei [e que] esse princípio, portanto, pede mais do que o princípio da primazia",[217] na medida em que "este [a primazia da lei] apenas (negativamente) proíbe a infração contra leis existentes, aquele carece de (positivamente) um fundamento legal para a atividade administrativa".[218]

Hely Lopes Meirelles, em passagem muito conhecida, aborda o aspecto "reserva da lei", tratado por Maurer e esclarece que "na Administração Pública não há liberdade nem vontade pessoal. Enquanto que na administração particular é lícito fazer tudo que a lei não proíbe, na Administração Pública só é permitido fazer o que a lei autoriza".[219] Assim também se posiciona Celso Antônio Bandeira de Mello, assentando que "o liame que vincula a Administração à lei é mais estrito que o travado entre a lei e o comportamento dos particulares".[220]

---

[216] MAURER, Hartmut. *Elementos de direito administrativo alemão*. São Paulo: Sergio Antonio Fabris Editor, 2000. MAURER, Hartmut. *Direito administrativo geral*. Tradução de Luiz Afonso Heck. 14. ed. São Paulo: Manole, 2006. MAURER, Hartmut. *Direito do estado*: fundamentos, órgãos constitucionais e funções estatais. 6. ed. Tradução Luís Afonso Heck. Porto Alegre: Sergio Antonio Fabris Editor, 2018.

[217] MAURER, *Direito Administrativo Geral*, p. 122.

[218] MAURER, *Direito Administrativo Geral*, p. 122.

[219] MEIRELLES, *Direito Administrativo brasileiro*, p. 82.

[220] MELLO, Celso Antônio Bandeira de. *Grandes temas de direito administrativo*. São Paulo: Malheiros, 2009, p. 36.

Afere-se daí uma *relação de subordinação* da Administração Pública à lei, distinta da *relação legal de coordenação* regente dos assuntos particulares. Essa é a concepção que se tem no Brasil acerca do princípio da legalidade, qual seja, a de *subordinador* e *limitador* do agir administrativo nas searas da aplicação do Direito ao caso concreto.

2.9 A legalidade e a juridicidade administrativa na investigação criminal e a sua aplicação pela Polícia Judiciária

À vista dessa acepção do princípio da legalidade, de *legitimador*, conquanto *subordinador* e *limitador* do mover-se da Administração Pública, há a necessidade de conciliá-lo com o recentemente incluído em nosso ordenamento jurídico, pelo art. 2º, parágrafo único, inciso I, da Lei nº 9.784/99, *princípio da juridicidade*, na medida em que ambos visam à delimitação dos contornos jurídicos das condutas administrativas, um, sob o aspecto substantivo, material, outro, sob o aspecto formal, processual ou procedimental.

Preceitua o referido dispositivo legal acima mencionado, *in verbis*:

> Art. 2º. A Administração Pública obedecerá, dentre outros, aos princípios da legalidade, finalidade, motivação, razoabilidade, proporcionalidade, moralidade, ampla defesa, contraditório, segurança jurídica, interesse público e eficiência.
>
> Parágrafo único. Nos processos administrativos serão observados, entre outros, os critérios de:
>
> I – *atuação conforme a lei e o Direito;* (sem grifos no original)

O inciso em destaque apresenta o princípio da juridicidade, regente das atuações da administração estatal, operando-se conjuntamente com o princípio da legalidade.

Impõe o dever de a Administração Pública orientar-se pela lei e pelo Direito em todo e qualquer mover-se procedimental, e aqui atentemos para o fato de a expressão "processo" prevista na norma possuir sentido *lato*, amplo, para abarcar o processo em sentido *estrito* e o procedimento, pois não se concebe um atuar processual administrativo conforme a lei e o Direito e, *a contrario sensu*, um atuar procedimental administrativo desarraigado desses vieses.

Vincula o Estado-administração não somente nas suas relações públicas em contraditório, mas também nas formalizações, desenvolvimentos e conclusões de procedimentos, quaisquer que sejam eles, propriamente administrativos de efeitos *interna corporis*, ou administrativo-processual penal, de efeitos *externa corporis*, a exemplo dos inquéritos policiais e das investigações preliminares pré-processuais diversas.

Obriga a Administração Pública e o delegado de polícia presidente da investigação criminal a observarem não só a lei, mas o *Direito* na condução de seus procedimentos, independentemente de serem eles, os procedimentos, voltados internamente para se experimentarem efeitos dentro dos próprios meandros da Administração ou externamente, *e.g.*, em sede judicial na seara do processo penal.

Está o Direito, como Ciência Dogmática, na ordem do dia, para a Administração Pública encarregada da investigação criminal. Discorrendo sobre o princípio da juridicidade, J. J. Gomes Canotilho acentua a importância para os sistemas normativos de se atuar sob o manto do Direito, em sua acepção não somente normativa, mas científica e valorativa, de normatividade indireta e reflexa, assinalando que

> O *direito* compreende-se como um *meio de ordenação* racional e vinculativa de uma comunidade organizada e, para cumprir essa função ordenadora, o direito estabelece *regras e medidas*, prescreve *forma* e *procedimentos*, o direito é, simultaneamente, *medida material* e *formal* da vida coletiva (K. Hesse). (...) o direito é indissociável da realização da *justiça*, da efetivação de *valores* políticos, económicos, sociais e culturais.[221] (grifos do original)

Eros Roberto Grau afirma haver ainda várias concepções para o termo Direito em sua vertente de ciência do Direito, quais sejam "a Filosofia do Direito, a Teoria Geral do Direito, a História do Direito, a Sociologia do Direito, a Dogmática Jurídica ou Jurisprudência teórica"[222] e estas – impreterivelmente e dentro de um critério de razoabilidade aplicado aos fins de qualquer apuração de fatos e pessoas – são objetos de trabalho da autoridade policial na condução da investigação criminal. O delegado de polícia é operador do Direito, quer seja ele representado sob a acepção de texto legal, quer sobre a

---

[221] CANOTILHO, José Joaquim Gomes. *Direito constitucional e teoria da constituição...* 2007, p. 243/244.

[222] GRAU, Eros Roberto. *O direito posto e o direito pressuposto...* 2008, p. 37.

acepção normativa de princípios de Direito, ou, ainda, sob as noções de Direito como ciências jurídicas.

À vista dessas inferências, para quaisquer cadernos procedimentais dedicados à satisfação do interesse público, partindo-se da premissa de que cabe à Administração Pública, a par da precípua função atinente ao Poder Judiciário, o dever de interpretar e aplicar o Direito ao caso concreto posto à sua decisão, o princípio da legalidade, em harmonia com o princípio da juridicidade, delimita o agir do *Estado concretizador* e *executor* de políticas públicas de segurança pública e combate à criminalidade, consoante os preceitos legais em sentido *lato* e, assim, em harmonia com o Direito, englobando seus princípios, regras e valores.

Amplia-se, destarte, o alcance do princípio da legalidade, para incluir em seu bojo o plexo de valores que caminha em consonância com o texto da lei interpretada, consubstanciando campo fértil de incidência e especial força normativa ao novel *princípio da juridicidade* ou da *atuação conforme a lei e o Direito*.

Esse importante instrumento de realização do interesse público, qual seja, o princípio da juridicidade, é afeto não ao *locus* das realizações materiais diretamente, mas sim ao da funcionalização procedimental-processual administrativa e impõe a atuação da Administração não somente em conformidade com os limites objetivos da *lei*, mas em conformidade com o alcance subjetivo do *Direito*, como um todo. Para o Estado, no ambiente jurídico-administrativo de perfil procedimental-processual, a *lei* é o seu ponto de partida, e o *Direito*, como ciência dogmática, a sua fronteira intransponível.

Em resumo, duas balizas se apresentam como impositivas de observância pela autoridade policial na investigação criminal, quais sejam, a *lei*, e o decorrente princípio da legalidade, e o *Direito*, compreendido como a juridicidade auferida da ciência do Direito, para a autorizar a conduzir-se na presidência da investigação policial com *autonomia, isenção* e *imparcialidade*. O dever de juridicidade lhe dá esse dever de atuação de acordo com seu livre convencimento técnico-jurídico.

2.9.1 A autonomia funcional da Polícia Judiciária e a irrelevância jurídico-sistêmica do veto do §3º da Lei nº 12.830/2013

Nesse sentido, por tudo que frisamos acima, consideramos irrelevante, *do ponto de vista jurídico-sistemático*, o veto do §3º da Lei n° 12.830/2013, que não permitiu diretamente o ingresso normativo, no regime jurídico das investigações criminais, de norma que determinasse a condução de investigação criminal por agente público (no caso, do delegado de polícia) de acordo com seu "livre convencimento técnico-jurídico, com isenção e imparcialidade".[223]

Como dissemos em passagem outra, apresentou, sim, uma carga metafórica de exercício do poder presidencial, estampado no art. 66, §1º, da CF/88, compreendendo óbice *político simbólico*, posto que, pelas razões do veto, primou-se por se evitarem eventuais litigâncias intergovernamentais.[224]

O preceito vetado apresentava a seguinte redação: "§3º O delegado de polícia conduzirá a investigação criminal de acordo com seu livre convencimento técnico-jurídico, com isenção e imparcialidade".

As razões do veto, fundamentadas na contrariedade do dispositivo ao interesse público, estão assim redigidas, *in verbis*:

> Da forma como o dispositivo foi redigido, a referência ao convencimento técnico-jurídico poderia sugerir um conflito com as atribuições investigativas de outras instituições, previstas na Constituição Federal e no Código de Processo Penal. Desta forma, é preciso buscar uma solução redacional que assegure as prerrogativas funcionais dos delegados de polícias e a convivência harmoniosa entre as instituições responsáveis pela persecução penal.

Dessa redação, acaso não tivesse sido vetado o §3º da Lei n° 12.830/2013, constatar-se-ia uma possibilidade de interpretação conforme à Constituição Federal, para se evitar os possíveis conflitos com as atribuições investigativas de outras instituições, posto que o "livre convencimento técnico-jurídico" somente pode ser entendido como aquele dentro da lei, em harmonia com o ordenamento jurídico e com as regras de Direito.

---

[223] Seguem as razões do veto: "Da forma como o dispositivo foi redigido, a referência ao convencimento técnico-jurídico poderia sugerir um conflito com as atribuições investigativas de outras instituições, previstas na Constituição Federal e no Código de Processo Penal. Desta forma, é preciso buscar uma solução redacional que assegure as prerrogativas funcionais dos delegados de polícias e a convivência harmoniosa entre as instituições responsáveis pela persecução pena".

[224] Para aprofundamento do tema "litigância intragovernamental" e "litigância intergovernamental", verificar a excelente tese de livre-docência do Professor Arnaldo Sampaio de Moraes Godoy, *Domesticando o Leviatã*: litigância intragovernamental e presidencialismo de articulação institucional, São Paulo: USP, 2012.

Todavia, a investigação criminal ainda continua a cargo da Administração Pública e deve ser realizada como forma de concretização do interesse público. Ora, ocorre que se a condução do procedimento investigativo não se der pelo livre convencimento técnico-jurídico, dar-se-á de qual forma? Por meio de quais instrumentos de operação do Direito? Pela íntima convicção? A resposta é uma só: pela atuação conforme à lei e ao Direito, que nada mais é que a "livre condução da apuração com base em fundamentos técnico-jurídicos, isentos e imparciais", porém preceitos esses ditos com outra redação e em outra norma, qual seja, a Lei nº 9.784/99. Eis o princípio da juridicidade aplicado também às investigações criminais.

A atuação do delegado de polícia na condução da investigação criminal deve ser pautada na atuação conforme a lei e o Direito e isso reflete diretamente o seu dever de conduzir o apuratório com isenção e imparcialidade, plasmado no seu livre convencimento técnico-jurídico.

Ressaltando essa necessidade de liberdade investigativa, precisas são as palavras de Joaquim Canuto Mendes de Almeida, ainda no início do século XX, ao apresentar dissertação para o concurso à livre docência de "Direito Judicial Penal" da Faculdade de Direito da Universidade de São Paulo, ministrando que "a investigação é uma necessidade de pesquisa da verdade real e dos meios de poder prová-la em juízo, não menos necessário parece a liberdade discricionária de investigação, sem a qual essa função de polícia seria mutilada, contrariaria sua própria natureza".[225]

Há de se concluir que não se concebe existência de qualquer investigação desprovida de *autonomia, isenção* e *imparcialidade*.

2.9.2 A autonomia funcional da Polícia Judiciária e o exemplo do §6º do art. 2º da Lei nº 12.830/2013

O preceito em comento trata do ato de indiciamento de atribuição privativa do delegado de polícia. Esse ato tem o condão de identificar o indivíduo investigado, declinando, à vista dos elementos de prova produzidos nos autos e de sua valoração sob a luz da lei e do Direito, ser ele o provável autor da latente materialidade constatada. Deve ser

---

[225] ALMEIDA, Joaquim Canuto Mendes de. *A contrariedade na instrução criminal*. São Paulo: Dissertação para concurso de livre docência de Direito Judiciário Penal, da Faculdade de Direito da Universidade de São Paulo, 1937, p. 80.

ato devidamente fundamentado, declinado os móveis fáticos e jurídicos que o levaram à edição. Para tanto, imprescindível a análise jurídica das elementares e das circunstâncias da conduta ilícita, assim como dos elementos subjetivos afetos ao investigado. O §6º do art. 2º da Lei nº 12.830/2013 está assim redigido, *in verbis*:

> Art. 2º As funções de polícia judiciária e a apuração de infrações penais exercidas pelo delegado de polícia são de natureza jurídica, essenciais e exclusivas de Estado.
>
> (...)
>
> §6º O indiciamento, privativo do delegado de polícia, dar-se-á por ato fundamentado, mediante análise técnico-jurídica do fato, que deverá indicar a autoria, materialidade e suas circunstâncias.

No dispositivo legal verifica-se a perfeita aplicação da essência normativa do princípio da juridicidade, na medida em que o referido §6º faz menção à necessidade de o ato administrativo de indiciamento ser produzido a partir de uma "análise técnico-jurídica", e esta exprime o dever já estampado no art. 2º, parágrafo único, I, da Lei nº 9.784/99, qual seja, o dever de exercício de suas funções sob as balizas da atuação conforme a lei e o Direito.

Dessa forma a autoridade policial deve assim proceder não somente no indiciamento, mas em todo e qualquer ato por ela confeccionado no bojo da investigação criminal, primando por sua atuação sob o prisma da juridicidade, *exempli gratia*, nas decisões de oitiva ou de dispensa de oitiva, nas requisições de perícias e de documentos ou nos seus indeferimentos, nas representações por medidas cautelares, tais quais as prisões temporárias e preventivas e as buscas e apreensões, e, assim, em todos os demais atos da instrução pré-processual. Isso vale também para os atos anteriores à instauração, que, assim, devem-se orientar, a exemplo das decisões de instauração ou de não instauração de apuratórios, ou de devolução à autoridade requisitante, sem instauração, indicando os motivos.

Com efeito, firma-se o princípio da juridicidade para todo e qualquer ato administrativo da investigação criminal.

Não devemos nos esquecer de que na função de interpretação e aplicação da lei ao caso concreto, há como balizas para o Estado o "direito" haurido da estrutura literal do texto legal e o "direito" proveniente dos valores oriundos das possibilidades *(i)* de interpretação dessa mesma lei, com fundamento em aberturas normativas plurissignificativas e *(ii)* de suas construção e mutação interpretativas; tese essa já esposada por Eduardo García de Enterría, na obra *Reflexiones sobre la Ley y los principios generales del Derecho*, ao comentar preceito da Constituição espanhola, assentando que "el artículo 103.1 precisa, en efecto, que la Administración 'atua(...) con sometimento pleno a la Ley y al Derecho(...)'.Examinado en sí mismo, este precepto es realmente notable, puesto que pressupone de manera inequívoca que existe un Derecho que tiene otro origen distinto del de la Ley".[226]

Assegura, portanto, que toda a atividade do Estado no exercício da função administrativa não se prescinde pautar em regras de comportamento, as quais devem previamente autorizar sua ação ou omissão (legalidade estrita), sem embargo de, imprimindo um viés ampliativo, utilizá-las, as leis, sistemas jurídicos e suas teorias, incluindo os princípios e valores implícitos, decorrentes das leis e do ordenamento jurídico como um todo, para fundamentar qualquer decisão, quer seja ela favorável ou desfavorável ao particular, administrado, ou ao próprio Estado.

A doutrina tem denominado essa ampliação que vai para além das fronteiras da legalidade estrita como *bloco de legalidade*, na medida em que estende as margens dos institutos jurídicos justificantes da atuação administrativa, legitimando-as desde que, partindo-se da legalidade estrita, mantenham-se dentro da Ciência do Direito. Daí a identificação do conceito de "atuação conforme o Direito", expresso na Lei Geral do Processo Administrativo. Com isso, permite-se, *exempli gratia*, a deferência à força normativa dos princípios explícitos e, não obstantes, dos princípios *implícitos* do ordenamento, para a fundamentação de decisões administrativas, inclusive para os casos que ora nos detemos ao estudo, quais sejam, as investigações criminais realizadas pela Polícia Judiciária.

2.9.3 A autonomia funcional da Polícia Judiciária e os contornos jurídicos das requisições ministeriais diante da juridicidade administrativa na investigação criminal

Diante de todo o exposto, as requisições dos órgãos ministeriais ficam mitigadas ao estrito contorno do preceito constitucional

---

[226] ENTERRÍA, *op. cit.*, p. 93.

do art. 129, VIII, que prescreve seu poder de "requisitar diligências investigatórias e a instauração de inquérito policial, indicados os fundamentos jurídicos de suas manifestações processuais".

O princípio da juridicidade expresso no art. 2º, II, da Lei nº 9.784/99 não restringe qualquer prerrogativa dos membros do Ministério Público, todavia harmoniza-se com a regra já existente no art. 129, VIII, da CF/88, reafirmando-a.

Assim, as requisições do Ministério Público se prestam para:

(i) diligências investigatórias, as quais não se confundem com determinações de caminhos lógico-formais de condução do inquérito policial. Ou seja, não cabe ao membro do Ministério Público buscar dizer o que é melhor para a sua acusação, enquanto o inquérito policial não estiver concluído. Tais requisições de diligências são destinadas a suprir eventuais carências de elementos probatórios verificados na investigação criminal realizada pela Polícia Judiciária, mas somente ao final da investigação e não de forma incidente, tumultuando o seu curso. Disso, não há que se falar em requisições de diligências no decorrer das investigações realizadas pela polícia, pois cabe somente ao delegado de polícia, na condição de presidente do inquérito policial, o direcionamento tático e lógico da ordem de realização das medidas apuratórias;

(ii) instauração de inquérito policial, os quais são instaurados pelo delegado de polícia, de acordo com o princípio da juridicidade, consoante a atuação conforme a lei e o Direito. Sob esse aspecto, não são legítimas as requisições ministeriais que determinem, junto com a instauração do apuratório policial, as diligências que deverão ser realizadas de imediato ou ao longo da apuração. Nesse momento, cabe somente a requisição de instauração e nada mais. A linha investigativa pertence à Polícia Judiciária. A capitulação do ilícito na portaria e a nomeação do investido, bem como a breve narrativa dos fatos e as diligências que deverão ser realizadas também são de exclusiva atribuição do delegado de polícia encarregado da condução do feito.

Não obstante, muito comum e lamentável para o Estado Democrático de Direito os Delegados de Polícia se depararem com abusos do Ministério Público no poder de requisição a se imiscuírem na tentativa de condução à distância, de dentro dos gabinetes, das investigações realizadas pela autoridade policial. Não há que se confundir o controle externo da atividade policial, expresso no art. 129, VII, da CF/88, com a tentativa de condução à distância da investigação criminal realizada pela Polícia Judiciária.

Como precisamente ensina Lourival Vilanova – e esse escólio vale para a tentativa de aproximação ou de confusão ilícita entre controle externo da atividade de Polícia Judiciária e as infundadas realizações de investigação criminal pelo Ministério Público –, "há duas possibilidades de desacertar na visão de uma pessoa ou de uma coisa: delas ficando muito perto, ou delas ficando muito longe".[227] De efeito, não há como se conceber o exercício de um controle externo coerente e eficaz porque também exerce a atividade do fiscalizado, não guardando a necessária equidistância apontada pelo Insigne Professor Vilanova.

A realização de investigações criminais por determinado órgão o incompatibiliza para a realização do controle externo de demais órgãos que também, concorrentemente ou de forma suplementar, se dedicam a investigações criminais. Logo, conclui-se que se o Ministério Público exerce o controle externo da atividade de Polícia Judiciária (art. 129, VII, da CF/88), encontra-se logicamente impedido de realizar investigações criminais.

Há de se conferir – e o ordenamento jurídico de forma sistemática se encarrega disso, como assente na juridicidade da atuação investigativa policial – *liberdade de presidência* da investigação criminal ao delegado de polícia, para que possa ofertar uma conclusão adequada e comprometida com a verdade juridicamente possível dos fatos. As requisições ministeriais de diligências devem ficar adstritas ao final da apuração, com o fim de complementaridade, e as requisições de instauração não devem ir além dos efeitos que lhe são peculiares, quais sejam, os de vincular, desde que fundamentadas e subsidiadas em móveis legais, a autoridade policial à instauração da apuração.

2.10 A autonomia funcional da Polícia Judiciária e a ilegitimidade de condução, pelo Ministério Público, dos fins materiais e formais da investigação criminal

Em razão de ser o delegado de polícia o presidente da investigação criminal, posto responsável por sua instauração, desenvolvimento e

---

[227] VILANOVA, *Escritos jurídicos e filosóficos*. v. 1, p. 353.

conclusão, de acordo com seu livre convencimento técnico-jurídico, imparcial e isento, conforme deixamos claro ao tratarmos, no item 6, do "suprimento do texto vetado pela interpretação sistemática imediata – da própria Lei nº 12.830/2013", não há que se sustentar concorrente ou paralela condução das investigações a cargo da Polícia Judiciária por membro ou órgão do Ministério Público.

A este, segundo o artigo 129 da Constituição Federal, cabe as não menos importantes tarefas de *(i)* exercer o controle externo da atividade policial (art. 129, VII, CF/88), que nada se confunde com atribuições concorrentes ou paralelas de investigação, assim como de *(ii)* requisitar diligências investigatórias e instauração de inquérito policial (art. 129, VIII, CF/88), em que, como já deixado claro, não são pertinentes ou inerentes às etapas compreendidas entre o início e o fim da apuração policial.[228] [229]

O controle externo da atividade policial diz respeito à fiscalização não dos resultados estatísticos dos procedimentos, mas sim a eventuais abusos cometidos na realização desses mesmos procedimentos ou nas atividades de cumprimento de medidas judiciais, ou nos desvios parciais e tendenciosos da autoridade policial.

À vista disso, conquanto disputarem divisas por linhas tênues, não se confunde com o controle interno exercido pelas Corregedorias de Polícia quanto às infrações disciplinares.

As prerrogativas de requisições, da mesma forma, são movidas para *(i)* motivar a instauração da investigação criminal, funcionando como essencialmente espécie de *delatio criminis, (ii)* ou para a complementação de diligências *imprescindíveis* ao oferecimento da denúncia.

---

[228] Cf. SILVA, Roberto Ferreira da. *O indiciado como sujeito de direitos no inquérito policial brasileiro*. 364 f. Dissertação (Mestrado em Direito) – Pontifícia Universidade Católica de São Paulo, São Paulo, 2006.

[229] Cf. GAVIORNO, Gracimeri Vieira Soeiro de Castro. *Garantias constitucionais do indiciado no inquérito policial*: controvérsias históricas e contemporâneas. 165 f. Dissertação (Mestrado em Direitos e Garantias Constitucionais Fundamentais). Faculdade de Direito de Vitória – FDV, Vitória, 2006.

2.11 A autonomia funcional da Polícia Judiciária e a conclusão sobre os efeitos dos princípios da legalidade e da juridicidade na atuação da Administração Pública na investigação criminal

A Lei nº 9.784/99, no parágrafo único, inciso I, de seu artigo 2º, prescreve que a Administração Pública deverá observar, na formalização e no desenvolvimento de processos administrativos,[230] a atuação conforme a lei e o Direito.

Do enunciado do estatuto geral regente do processo administrativo em sede de administração federal denotam-se dois mandamentos, quais sejam, o de *(i)* atuação conforme a lei e o de *(ii)* atuação conforme o Direito. Os vocábulos "lei" e "direito" não compreendem expressões sinônimas, mas sim complementares e referentes aos objetos da hermenêutica jurídica.

O primeiro decorre da necessidade de observância da estrita legalidade para fundamentar o agir processual administrativo, em que somente se tachará de legítima a conduta plenamente amparada na lei – princípio da legalidade estrita.

O segundo mandamento, atuação conforme o Direito, imprime a necessidade de a Administração somente se fundamentar na condução de seu agir e na produção de procedimentos e processos administrativos, por regras jurídicas de interpretação e aplicação da lei, valendo-se, *e.g.*, das regras de hermenêutica e da dogmática jurídica. Importa, com isso, em uma *Administração juridicizada*, permeada pelas noções de ordenamento jurídico, sistema jurídico, normas-princípios, normas-regras, assim como valores neles contidos, decorrentes desse ordenamento regente de seu agir ou de seu omitir.

Essas regras se aplicam diretamente ao Estatuto da Investigação Criminal instituído pela Lei nº 12.830/2013. Na investigação criminal, a juridicidade imprime a condução das atividades investigativas com imparcialidade e com isenção, de acordo com os móveis técnico-jurídicos representados pelo dever de atuação não somente em harmonia com a lei, mas também em consonância com o Direito, entendido como ciência jurídico-dogmática, compreendendo o conceito de liberdade de

---

[230] Como acima já afirmado, a expressão "processo administrativo" é aqui aplicada em sentido *lato*, amplo, com o alcance de todo e qualquer procedimento em sede de Administração Pública, quer seja ele em contraditório quer seja unilateral, a exemplo das sindicâncias investigativas *interna corporis* e dos inquéritos policiais, figuras jurídicas investigativas e, assim, desprovidas de relação jurídica em contraditório.

atuação do delegado de polícia dentro da lei e dos valores do Direito, como ciência jurídica. Há, com efeito, submissão à lei e, não obstante, utilização das teorias dogmáticas do Direito para a solução dos casos postos a seu cargo.

Assim, não se constituindo em valores imanentes do sistema, não se pode utilizar de fundamentos extrajurídicos, a exemplo da equidade ou da moral não expressa ou implicitamente positivadas – plasmadas em comandos normativos, para a motivação de seus atos, sob pena de ofensa ao princípio em comento. Evita-se, assim, a atuação investigativa criminal plasmada pela íntima convicção, em homenagem ao Estado de Direito democrático.[231]

Todavia, o *princípio da atuação conforme a lei e o Direito* ou princípio da juridicidade reflete faceta do próprio princípio da legalidade, e com este se harmoniza, para o complementar em ambiente processual e, não obstante, em sua acepção *lata*, dar legitimidade de atuação material ao delegado de polícia e interpretativa da lei à Administração, para a resolução do caso concreto.

À vista desses argumentos, a clássica assertiva de que "enquanto que na administração particular é lícito fazer tudo que a lei não proíbe, na Administração Pública só é permitido fazer o que a lei autoriza" há de ser considerada sob a ponderação do princípio da juridicidade, para se aceitar, no trato das questões procedimentais e processuais, o atuar administrativo não somente conforme o texto taxativo da lei, mas também sob o amparo dos valores contidos expressos ou até mesmo implícitos no texto normativo, dotado de cargas principiológicas harmonizadas com o sistema jurídico.

No entanto, esse atuar juridicizado não representa poder absoluto para o distanciamento do Estado-administração do *múnus* de gestor da coisa pública. Não lhe dá poderes, mas, antes de tudo, *a priori*, deveres, posto regido pelo interesse público. Há, sobretudo, de se submeter ao inafastável controle judicial.

Como bem observado, "do gênero à espécie, do poder público ao poder administrativo, sem necessidade de outras indagações, a Administração em nome do Estado assume poderes orgânicos, ou funções que são poderes funcionais tão amplos e determinados que, na dinâmica dos fatos de governo, subordinam à atividade legiferante e à ação judicante ou jurisdicional".[232]

---

[231] DEZAN, Sandro Lúcio. *Direito administrativo de polícia judiciária...*, 2019.

[232] FRANCO SOBRINHO, Manoel de Oliveira. *Comentários à reforma administrativa federal*. São Paulo: Saraiva, 1983, p. 14.

Conclui-se, enfim, que a legalidade estrita, no que tange à adstrição da Administração Pública aos contornos do permitido ou do determinado por lei refere-se somente às ações ou às omissões administrativas que imponham um ônus ou gravame à sociedade no plano da concretização de *direitos materiais*. Nesses casos, deve o Estado quedar-se vinculado aos expressos e literais termos da lei, evitando violar direitos fundamentais da coletividade administrada.

Por outro giro, nas questões procedimentais – e aqui se incluem os procedimentos de investigação criminal realizados pela Polícia Judiciária – há de se reconhecer a importância e a normatividade do princípio da juridicidade, para determinar à Administração Pública e ao delegado de polícia o dever de atuação imparcial e isenta, de acordo com o livre convencimento técnico-jurídico da autoridade policial – princípio da juridicidade de uma moderna Administração Pública comprometida com a plena realização *(i)* da essência do atual Estado Democrático de Direito e *(ii)* de coerentes e eficazes políticas públicas de segurança e justiça social.

2.12 A indevida ideia de um ciclo completo de polícia (PEC nº 431/2014): uma proposta de confusão da função investigativa, como ofensa ao Estado Democrático de Direito

Para não *flertar* perigosamente com o absolutismo ou mesmo com o totalitarismo,[233] não se fala em *Ciclo Completo de Justiça*. E o que seria isso? Trata-se da acepção de as instituições e/ou órgãos do Estado, inicialmente idealizados como encarregados, com exclusividade ou não, de alguma fase ou faceta auxiliar ou essencial, primordial ou acessória, inicial ou definitiva, passarem a ser responsáveis pela realização de todo o sistema de justiça do Estado.[234] [235]

---

[233] Cf. sobre o tema: ARENDT, Hannah. *A condição humana*. Tradução Roberto Raposo. 6. ed. Rio de Janeiro: Forense Universitária, 1993; e ARENDT, Hannah. *Origens do totalitarismo*. Tradução Roberto Raposo. São Paulo: Cia. das Letras, 1997.

[234] Sobre sistemas normativos e epistemologia, cf. LUHMANN, Niklas. Law as a social system. *Northwestern University Law Review*, v. 83, n. 1/2, p. 136-150, 1989. LUHMANN, Niklas. *Sociologia do Direito I.* Tradução de Gustavo Bayer. Rio de Janeiro: Edições Tempo Brasileiro, 1983. LUHMANN, Niklas. A posição dos tribunais no sistema jurídico. *Revista da Associação dos Juízes do Rio Grande do Sul*. Porto Alegre, n. 49, p. 149-168, jul. 1990. LUHMANN, Niklas. Operational closure and structural coupling: the differentiation of the legal system. *Cardoso Law Review*, v. 13, n. 5, p. 1419-1441, mar. 1992. LUHMANN, Niklas. *Sistemas sociales*: lineamientos para una teoría general. Tradução de Silvia Pappe

Para o caso da justiça criminal e para a justiça da persecução criminal, seriam as instituições e os órgãos compartimentados em tarefas de especialidades, investidos na atribuição e ou na competência completa do *ciclo*, ou seja, nas atribuições totais de investigação e de processo estrito dedicados à justiça criminal estatal. Afere-se um aspecto absoluto ou totalitário das fases investigativas e processuais gerais dedicadas à concretização da justiça estatal.[236]

Significaria dizer que o policial militar (o soldado, por exemplo) teria a atribuição e ou a competência funcional de abordar o suposto sujeito ativo do crime, realizar a investigação necessária à elucidação do contexto criminal e das circunstâncias e elementos fáticos, do contexto fático de repercussão jurídica, e, outrossim, oferecer a denúncia decorrente dessa investigação e, ainda, receber essa mesma denúncia, presidir o processo criminal de primeira instância e, não obstante, participar do julgamento colegiado em Tribunal.[237]

A separação de funções ou poderes do Estado e da República idealizada por Montesquieu,[238] para muito além de exaurir efeitos para as funções macro do Estado, deve-se repercutir e se fazer sentir nos menores detalhes funcionais desses Poderes.[239]

Da mesma forma que os processos criminais *judicialiformes*[240] foram extintos pela Constituição Federal de 1988, proibindo o delegado de polícia de, em investigações de determinada natureza, oferecer a denúncia com efeito de recebimento judicial dessa peça, dando início ao processo penal, faz-se mister entender a especialidade como fator determinante da manutenção do Estado de Direito e Democrático.[241]

A confusão em uma mesma instituição e ou órgão das funções de proteção ostensiva preventiva da ordem pública e de investigação criminal – assim considerado o *Ciclo Completo de Polícia* ou *Polícia de*

---

y Brunhilde Erker; coord. Javier Torres Nafarrate. Rubí (Barcelona): Anthropos; México: Universidad Iberoamericana; Santafé de Bogotá: CEJA, Pontifícia Universidad Javeriana, 1998.

[235] Cf. ainda: FERRAJOLI, Luigi. *Epistemologia juridica y garantismo*. México: Pontamara, 2004.

[236] GÖSSEL, Karl Heinz. *El derecho procesal penal en el estado de derecho...*, 2007.

[237] Cf. FERRAJOLI, Luigi. *Princípio iuris*: teoria del derecho e de la política. Teoria del diritto. v. 1. Bologna: Trotta, 2011.

[238] MONTESQUIEU, Charles de Secondat Baron de. *O espírito das leis*. São Paulo: Marins Fontes, 1993.

[239] FIORAVANTI, Maurizio. *Constituición*: de la antigüedad a nuestros días..., 2001.

[240] LOPES JR., Aury. *Fundamentos do processo penal*: introdução crítica. 2. ed. São Paulo: Saraiva, 2016.

[241] FERRAJOLI, Luigi. *Epistemologia juridica y garantismo...*, 2004.

Ciclo Completo[242] – ofende a ordem constitucional e ao Estado de Direito Democrático. Nenhum viés de caráter totalitário é consonante com o Estado Democrático de Direito.[243] Precedentemente ao utilitarismo ilegitimamente mascarado de eficiência e/ou de efetividade na *persecução criminal de primeira ordem* (de investigação criminal), há de se atentar para a observância de direitos fundamentais dos sujeitos da persecução criminal, que requer imparcialidade, isenção de ânimo e formação jurídica adequada a tal mister fundamental de um verdadeiro Estado Democrático de Direito.[244]

A verdadeira eficiência e efetividade da persecução criminal processual encontra-se na repartição de funções e na especialização: quem se depara com o fato criminoso carece de um novo juízo de valor para a chancela acerca das repercussões jurídicas desse mesmo fato; assim como quem investiga carece de um juízo de valor distinto, para a admissibilidade jurídica dos fatos investigados, o que se dá por meio do oferecimento da denúncia pelo Ministério Público e de seu recebimento e processo pelo Poder Judiciário.[245]

Não se há de defender uma confusão funcional sobre esses juízos de valor especializados: a investigação, a cargo do delegado de polícia, como autoridade de Polícia Judiciária; a denúncia e a participação autoral no processo penal estrito, a cargo do representante do Ministério Público; e a presidência e decisão do processo penal estrito, a cargo do Juiz de Direito ou do Juiz Federal competente.[246]

---

[242] A Proposta de Emenda Constitucional nº 431/2014 busca trazer ao sistema de justiça criminal brasileiro o que se denominou de Ciclo Completo de Polícia: "PROPOSTA DE EMENDA À CONSTITUIÇÃO Nº, DE 2014. Acrescenta ao art. 144 da Constituição Federal parágrafo para ampliar a competência dos órgãos de segurança pública que especifica, e dá outras providências. O Congresso Nacional decreta: As Mesas da Câmara dos Deputados e do Senado Federal, nos termos do §3º, do art. 60, da Constituição Federal, promulgam a seguinte emenda ao texto constitucional: Art. 1º O art. 144 da Constituição Federal passa a vigorar acrescido do seguinte parágrafo: "Art. 144..., §11. Além de suas competências específicas, os órgãos previstos nos incisos do caput deste artigo, realizarão o ciclo completo de polícia na persecução penal, consistente no exercício da polícia ostensiva e preventiva, investigativa, judiciária e de inteligência policial, sendo a atividade investigativa, independente da sua forma de instrumentalização, realizada em coordenação com o Ministério Público, e a ele encaminhada". (NR) Art. 2º Esta Emenda Constitucional entra em vigor 180 (cento e oitenta) dias contados da data de sua publicação, devendo os Estados, Territórios e Distrito Federal regulamentá-la e implementá-la em igual período".

[243] FERRAJOLI, Luigi. *Epistemologia jurídica y garantismo...*, 2004.

[244] *Idem, ibidem.*

[245] LOPES JR., Aury. *Fundamentos do processo penal*: introdução crítica..., 2016.

[246] GÖSSEL, Karl Heinz. *El derecho procesal penal en el Estado de Derecho...*, 2007.

A formação de um ciclo completo de apuração criminal, *e. g.*, a cargo de uma polícia ostensiva é contraria a repartição de funções para uma precisa apuração dos fatos de repercussão criminal. A especialização deve falar mais alto nesse caso, para a distribuição especializada de atribuições e funções.[247]

A "totalizarização" das fases pré-processuais (envolvendo a polícia preventiva e ostensiva e a Polícia Judiciária em uma unicidade absoluta de funções) da persecução criminal remonta ao *ancien régime*, extinto no ocidente a partir da Revolução Francesa de 1789.[248] De tal modo, a medida seria um retrocesso de largo passo rumo ao reestabelecimento de pilares do absolutismo do Estado.[249]

A faceta da Democracia encontra-se justamente nessa compartimentação institucional e orgânica das funções estatais afetas ao sistema de justiça criminal: quem investiga não denuncia e não julga; quem denuncia, não investiga e não julga; e quem julga, não investiga e não oferece a denúncia.[250] Com efeito, quem participa de alguma fase do deslinde dos fatos (com raríssimas exceções), não deve firmar o juízo de valor sobre a repercussão jurídica de tais fatos e que possa adentrar a esfera de direitos do suposto autor desses mesmos fatos.[251]

A certeza do Direito requer isto. Quanto mais especializado uma determinada instituição ou órgão do Estado, mais eficiente e efetivo será ele. Do mesmo modo que quanto mais genérica for as suas atribuições e ou funções, mais rasos, equivocados e inefetivos serão os resultados de suas atuações.[252]

---

[247] Cf. CARNELUTTI, Francesco. *Lições sobre o processo penal*. Tomo 1. 1. ed. Tradução de Francisco José Galvão Bruno. Campinas: Bookseller, 2004. COELHO, Francisco Pereira; COUTINHO, Manuel Rosado. *Direito criminal*: lições do Prof. Dr. Eduardo Correia ao Curso do IV Ano Jurídico. v. I. Coimbra: Atlântida II Coimbra, 1949. ENTERRÍA, Eduardo García de. *Reflexiones sobre la ley y los principios generales del derecho*. Madrid: Editorial Civitas, 1996. GÖSSEL, Karl Heinz. *El derecho procesal penal en el Estado de Derecho...*, 2007. MOURA, José Souto de. *Inquérito e instrução*: Jornadas de direito processual penal: o novo código de processo penal. Coimbra: Almedina, 1995.

[248] Cf. FERRAJOLI, Luigi. *Princípio iuris*: teoria del derecho e de la política. Teoria del diritto. v. 1. Bologna: Trotta, 2011. GÖSSEL, Karl Heinz. *El derecho procesal penal en el Estado de Derecho...*, 2007.

[249] *Idem, ibidem.*

[250] Cf. FERRAJOLI, Luigi. *Princípio iuris*: teoria del derecho e de la política. Teoria del diritto. v. 1..., 2011. GÖSSEL, Karl Heinz. *El derecho procesal penal en el Estado de Derecho...*, 2007. PEREIRA, Eliomar da Silva. *Saber e poder...*, 2019.

[251] Cf. FERRAJOLI, Luigi. *Princípio iuris*: teoria del derecho e de la política. Teoria del diritto. v. 1..., 2011.

[252] Cf. FERRAJOLI, Luigi. *Princípio iuris*: teoria del derecho e de la política. Teoria del diritto. v. 1..., 2011. GÖSSEL, Karl Heinz. *El derecho procesal penal en el Estado de Derecho...*, 2007.

A especialização compreende um princípio implícito de nossa Constituição Federal, na medida em que divide, por todo o seu texto, as funções e os órgãos delas encarregados, em uma *ratio* lógica e congruente para a manutenção da ordem e da coesão estatal e para tutela de direitos e garantias constitucionais fundamentais.

PEREIRA, Eliomar da Silva. *Saber e poder...*, 2019.

CAPÍTULO 3

DIREITOS CONSTITUCIONAIS FUNDAMENTAIS E A INVESTIGAÇÃO CRIMINAL DE POLÍCIA JUDICIÁRIA

A contemporânea concepção de interesse público perfaz o dever de o Estado concretizar direitos fundamentais.[253] Isso se dá para as três macrofunções do Estado: o Poder Legislativo, o Poder Executivo e o Poder Judiciário; no exercício de suas competências constitucionais e legais.[254]

Os direitos fundamentais, ou direitos *constitucionais* fundamentais, passam a ter um lugar de centralidade nos fins de toda e qualquer norma

---

[253] CHOUKR, Fausi Hassan. *Garantias constitucionais na investigação criminal*. 2. ed. Rio de Janeiro: Lumen Juris, 2001. LOPES JR, Aury. *Sistemas de investigação preliminar no processo penal*. 2. ed. Rio de Janeiro: Lumen Juris, 2003. SUANNES, Adauto. *Os fundamentos éticos do devido processo penal*. São Paulo: Revista dos Tribunais, 1999. FERNANDES, Antônio Scarance. *Processo penal constitucional*. São Paulo: Revista dos Tribunais, 1999.

[254] Cf. ainda: ZAGREBELSKY, Gustavo. *La ley y su justicia*: tres capítulos de justicia constitucional. Madrid: Editorial Trotta, 2008. MÜLLER, Friedrich. Teoria moderna e interpretação dos direitos Fundamentais: especialmente com base na teoria estruturante do direito. *Anuario Iberoamericano de Justicia Constitucional*, Núm. 7, 2003. BARROSO, Luís Roberto. Neoconstitucionalismo e constitucionalização do Direito (O triunfo tardio do direito constitucional no Brasil). *Revista de Direito Administrativo*, Rio de Janeiro, 240, p. 1-42, abr./jun. 2005. BARROSO, Luís Roberto. *Direito Constitucional Contemporâneo*. São Paulo: Saraiva, 2018. BINENBOJM, Gustavo. A constitucionalização do direito administrativo no Brasil: um inventário de avanços e retrocessos. *Revista Brasileira de direito Público (RBDP)*, Belo horizonte, Ano 4, n. 14, p. 9-53, jul/set 2006; CADEMARTORI, Luiz Henrique Urquhart; OLIVEIRA, Vitória Cristina. Constitucionalização do direito administrativo e a sindicabilidade do ato discricionário. *Revista Estudos Institucionais*, v. 2, 1, p. 168-191, 2016; FERNANDES, André Dias. A constitucionalização do direito administrativo e o controle judicial do mérito do ato administrativo. *Revista de Informação Legislativa (RIL)*, Ano 51, n. 203, jul./set. 2014, p. 143-164; e BITENCOURT NETO, Eurico. Transformações do Estado e da Administração Pública no século XXI. *Revista de Investigações Constitucionais*, Curitiba, v. 4, n. 1, p. 207-225, jan./abr. 2017.

dedicada *à* persecução criminal e nos fins de todo e qualquer exercício de funções, atribuições ou competências dos *órgãos* e das instituições que atuam no sistema penal e processual penal.[255]

Nesse contexto de um Estado Constitucional de Direito, os direitos fundamentais, formados por regras e princípios constitucionais, transpassam a relação processual penal estrita, para se fazerem sentir também nos meandros da *relação processual* de investigação criminal,[256] mormente no inquérito policial, a cargo da Polícia Judiciária.[257] Formam a base do *regime jurídico-constitucional* da investigação criminal e da Polícia Judiciária.

Os princípios constitucionais que materializam direitos fundamentais,[258] *e.g.*, do devido processo legal, formal e material, assim como os do contraditório, da ampla defesa, da proibição das provas e dos meios ilícitos no processo, da presunção de inocência, da celeridade processual, da razoável duração do processo, e muitos outros, interessam à investigação criminal e à autoridade de Polícia Judiciária, senão, perpassando pela noção da essência da investigação criminal e de sua teoria comum como ambiente de recepção e de concreção dos direitos fundamentais, vejamos.

3.1 A investigação criminal e a sua teoria comum, como ambiente de reconhecimento e de concreção de direitos fundamentais: o inquérito policial como fase do processo criminal

A necessidade de saber sempre acompanhou o homem. Desde os pensadores pré-socráticos, dentre os quais destacamos Parmênides e Heráclito, estes e suas escolas se debruçavam sobre a utopia da

---

[255] Cf. FERRAJOLI, Luigi. *Epistemologia jurídica y garantismo...*, 2004.

[256] GAVIORNO, Gracimeri Vieira Soeiro de Castro. *Garantias constitucionais do indiciado no inquérito policial*: controvérsias históricas e contemporâneas. 165 p. Dissertação (Mestrado em Direitos e Garantias Constitucionais Fundamentais). Faculdade de Direito de Vitória – FDV, Vitória, 2006.

[257] ARANHA, Adalberto José Queiroz Telles de Camargo. *Da prova no processo penal*. São Paulo: Saraiva, 1994. COSTA, Milton Lopes da. *Manual da polícia judiciária*. Rio de Janeiro: Saraiva, 1996.

[258] CHOUKR, Fausi Hassan. *Garantias constitucionais na investigação criminal*. 2. ed. Rio de Janeiro: Lumen Juris, 2001. LOPES JR, Aury. *Sistemas de investigação preliminar no processo penal*. 2. ed. Rio de Janeiro: Lumen Juris, 2003. SUANNES, Adauto. *Os fundamentos éticos do devido processo penal*. São Paulo: Revista dos Tribunais, 1999. FERNANDES, Antônio Scarance. *Processo penal constitucional*. São Paulo: Revista dos Tribunais, 1999.

definição dos conceitos de verdade, de justiça, de direito, apartados dos argumentos suscetíveis de justificação divina, para a proposta de "investigação" do natural por meio do natural.

Os fatos, passados que são, instigam os homens, e o Direito Positivo deles dependem em muitos graus, ora em sede de direito civil, para, *exempli gratia*, a organização do direito de família, do direito de sucessões, do direito empresarial, ora em sede, também exemplificativa, de direito penal, para a definição por consenso da verdade passada sobre fatos juridicamente relevantes para o adequado convívio social.

Como já tivemos oportunidade de afirmar em outras passagens, investigar compreende a busca de alguém por alguma coisa. Representa, na essência singela do termo e em inicial aproximação do conceito, a ação dedicada à satisfação da curiosidade humana. Com isso, o ser humano, desde o nascimento até o fim de sua vida, procede a buscas incessantes e consequentes descobertas, para o "apreender" e o "satisfazer-se" intelectualmente.

No Direito não se fala em "curiosidade" ou em "satisfação intelectual pessoal", mas em necessidades deontológicas ditadas por lei, com o escopo de satisfação do interesse público-social vertido em norma jurídica. Depreende-se a noção de necessidade de conhecimento para a satisfação do interesse público, coletivo ou social. Com efeito, nessa ciência há a investigação, como categoria jurídica, em seus mais diversos ramos, tais quais as que ocorrem no direito civil e no direito processual civil (a exemplo, respectivamente, da determinação da morte presumida sem declaração de ausência, artigo 7º, I e II e parágrafo único do Código Civil brasileiro, e da investigação de paternidade, Lei nº 8.560/92), no direito administrativo (a exemplo da sindicância prevista no art. 143 da Lei nº 8.112/90, para a aferição da autoria e da materialidade dos ilícitos disciplinares), no direito previdenciário (concernente à justificação administrativa do artigo 55, §3º da Lei nº 8.213/91, para a aferição do tempo de serviço prestado sob o regime geral da previdência social), entre tantos outros, destacando-se ainda o direito processual penal, em que a investigação possui caráter criminal, com o fim de esquadrinhar os contornos fáticos do ilícito penal.

A investigação criminal pode ser definida como a busca da elucidação dos fatos criminais, comportando o exame da verdade jurídica e razoável, aceitável como verdade real, sobre as circunstâncias fáticas e jurídicas, envolventes da autoria e da materialidade da infração penal. Reflete a "necessidade de pesquisa da verdade real e dos meios de poder prová-la em juízo",[259] materializando, assim, o instrumento estatal aplicado à perquirição ativa da verdade criminal, com características *preservadora* (obstativas de acusações infundadas) e *preparatória dos meios de prova* (com resposta cautelar imediata do Estado), como reflexo complementar da concepção de *realização da justiça penal*.[260]

O conceito de inquérito policial, principal instrumento investigativo a cargo da Polícia Judiciária, é obtido dos preceitos do Código de Processo Penal, Decreto-Lei nº 3.689, em vigor desde 03 de outubro de 1942, que define, em interpretação sistemática, inquérito policial como o processado investigativo presidido pelo Delegado de Polícia, que faz uso de suas atribuições de autoridade policial, com o fim *(i)* de elucidar a autoria e a materialidade de crimes e contravenções, assim como aferir os contextos fáticos e jurídicos que deram azo ao ilícito – sem embargo das regras processuais acerca das infrações de menor potencial ofensivo, *ex vi* dos artigos 4º e seguintes do *Codex* –, *e (ii) de propiciar a necessária justa causa para a ação penal ou para a sua não inauguração.* Oportuniza, com a delimitação da justa causa para a ação ou a inação estatal, a definição dos contornos fático-jurídicos do conflito de interesses entre o Estado e o indivíduo – *jus puniendi et status libertatis* –, em torno do fato penalmente relevante para o direito penal, pressuposto da persecução criminal em juízo.[261]

A elucidação das prováveis autoria e materialidade e a aferição dos contextos fáticos e jurídicos que deram azo ao ilícito perpassam pelo conhecimento e pelo conceito teórico de ilícito penal. Bem anota Adilson Mehmeri, como providências a serem tomadas pela autoridade policial no âmbito do inquérito policial, que "coligidos os primeiros elementos, procede a uma espécie de instrução preliminar, em que ouve as partes [*rectius* prováveis sujeitos ativo e passivo, quando possível], as testemunhas, e ainda determina, quando possível, vistorias, exames periciais, etc.",[262] com o fim de proceder, ao final, a uma liminar subsunção do conceito do fato ao conceito da norma, ou seja, uma capitulação inicial, subsidiária, conquanto precária, das análises posteriores, quais sejam, a denúncia ou a queixa crime e a sentença judicial. Com efeito, a finalidade do inquérito policial, convertida em

---

[259] ALMEIDA, *Os princípios fundamentais do processo penal*, p. 60.
[260] *Idem, ibidem*, p. 35 e 60.
[261] Nesse sentido, cf. Rogério Lauria Tucci, *Teoria do Direito Processual Penal...* 2003, p. 172.
[262] MEHMERI, *Inquérito policial. Dinâmica...* 1992, p. 12.

seu objetivo fundamental de descobrimento de fatos e sujeitos, abarca, para a elucidação da autoria e da materialidade, o enfrentamento também dos elementos do tipo penal, com a análise das elementares e das circunstâncias fáticas concernentes à caracterização do ilícito.[263]

Eis, de forma singela, os contornos normativos da investigação criminal classificada como inquérito policial sob o comando do delegado de polícia, alinhavados por um nítido *regime jurídico-constitucional de Polícia Judiciária*.

Sob esse olhar, o Estado investiga o suposto conceito do fato, ilícito, para o cotejo de sua subsunção ao suposto conceito de "proibido", de ilícito, como conduta humana contrária ao direito posto, no caso, o direito penal, direito material. Isso se dá instrumentalizado pelo processo que, em que pese ampla difusão em sentido contrário, defendemos, na esteia de Eliomar da Silva Pereira,[264] envolver uma fase investigativa em sentido estrito e uma fase investigativa em sentido amplo.

A primeira, comumente concebida como inquisitorial, sem contraditório, em que o indivíduo investigado figura como mero objeto da investigação e, com efeito, desprovido de algumas caras garantias corolárias da dignidade da pessoa humana. Estamos a nos referir ao inquérito policial ou à investigação criminal, conduzida por Delegado de Polícia.

A segunda, sob a concepção de processo criminal em contraditório, em que o indivíduo passa a ostentar a condição de denunciado, processado e réu em uma ação penal, figurando, destarte, como sujeito de direitos e garantias fundamentais.

Nesse viés dicotômico, mister repararmos um marco distintivo entre *(i)* processo como instrumento inquisitivo e *(ii)* processo como instrumento contraditorial. Processo idealizado em opressão ao indivíduo figurante de objeto da investigação e processo com o indivíduo-*status*, sujeito reconhecível pelo Estado-investigador, como parte processual. Anotemos que com esse termo "estado-investigador", com

---

[263] Nesse sentido, conferir Eduardo Espínola Filho, *Código de Processo Penal Brasileiro Anotado*, em que faz extensa e completa abordagem das características e dos fins do inquérito policial, como instrumento de investigação criminal a cargo da polícia judiciária.

[264] PEREIRA, Eliomar da Silva. *Teoria da investigação criminal*. Lisboa: Almedina, 2011; PEREIRA, Eliomar da Silva. *Investigação, verdade e justiça*. Porto Alegre: Núria Fábris, 2014; SANTOS, Célio Jacinto dos. *Investigação criminal especial*: seu regime no marco do estado democrático de direito. Porto Alegre: Núria Fábris, 2013; e BARBOSA, Adriano Mendes. *Curso de investigação criminal*. Porto Alegre: Núria Fábris, 2013.

base no princípio da presunção de inocência, abarcamos o Estado-administração, com sua investigação inquisitorial ou verificatória, e o Estado-juiz, desencadeador do processo em contraditório. Todavia, anotemos, ambas as fases compreendem o que entendemos como o "devido processo legal criminal", bifásico, pré e pós-processual estrito. De que vale essa divisão includente bipartida do processo penal, em que incluímos a investigação criminal inquisitiva no conceito de processo em sentido lato? Simples: as garantias constitucionais fundamentais atinentes à fase processual estrita, desenvolvida sob o crivo do contraditório, também se aplicam, no que couberem, à investigação criminal, ao inquérito policial.

Nesse sentido tem caminhado a jurisprudência de nossas Cortes Superiores ao se posicionarem em diversas ocasiões de modo um tanto garantista da dignidade da pessoa humana no deslinde de questões "processuais", no bojo de inquéritos policiais, *ex vi* das Súmulas Vinculantes nºs 11 e 14 do Supremo Tribunal Federal, que tratam, respectivamente, da normatização do uso de algemas e do acesso aos autos do inquérito policial pelos interessados.

A Súmula Vinculante nº 11 assim prescreve que

> Só é lícito o uso de algemas em casos de resistência e de fundado receio de fuga ou de perigo à integridade física própria ou alheia, por parte do preso ou de terceiros, justificada a excepcionalidade por escrito, sob pena de responsabilidade disciplinar, civil e penal do agente ou da autoridade e de nulidade da prisão ou do ato processual a que se refere, sem prejuízo da responsabilidade civil do Estado.

Nos termos prescritos pelo STF restou claro que se abordou o tema "nulidade" como efeitos incidentes sobre a "prisão" e sobre o "ato processual", com o intuito, a par dos termos empregados comumente em sede de processo estrito, para se tutelar direitos primários do indivíduo "preso", porém irregularmente cerceado em seu direito à honra e à moral, como espectro da dignidade da pessoa humana, conotando, ainda, um remanescente de liberdade para além da prisão formal, qual seja, o direito de não ser algemado, de não ter todos os seus movimentos cerceados com a prisão ou com o ato processual restritivo de liberdade. Nisso se vislumbrou a não culpabilidade, que poderia ser colocada em questão, com o cerceamento de movimentos do preso, por meio do uso de algemas.

Essas razões de decidir, em que pese atualmente limitadas às questões aventadas de acesso à informação e ao direito de não culpabilidade, irradiam forma de pensar filosófica para além dos muros de inquérito como mera peça informativa a dar subsídios ao Ministério Público, somente. Presta-se como instrumento de um Verdadeiro Estado Democrático de Direito, a amparar não somente o direito de punir do Estado, com o regular exercício do *jus persequendi* e do *jus puniendi*, como também e sem tempo, o *jus defendendi*, do indivíduo, desde o momento em que sobre ele paire qualquer imputação, malgrado indireta e tangencial.

Os precedentes representativos de sua edição firmam diálogo nesse sentido:

> Em primeiro lugar, levem em conta o princípio da não-culpabilidade. É certo que foi submetida ao veredicto dos jurados pessoa acusada da prática de crime doloso contra a vida, mas que merecia tratamento devido aos humanos, aos que vivem em um Estado Democrático de Direito. (...) Ora, estes preceitos – a configurarem garantias dos brasileiros e dos estrangeiros residentes no país – repousam no inafastável tratamento humanitário do cidadão, na necessidade de lhe ser preservada a dignidade. Manter o acusado em audiência, com algema, sem que demonstrada, ante práticas anteriores, a periculosidade, significa colocar a defesa, antecipadamente, em patamar inferior, não bastasse a situação de todo degradante. O julgamento do Júri é procedido por pessoas leigas, que tiram as mais variadas ilações do quadro verificado. A permanência do réu algemado, indica, à primeira visão, cuidar-se de criminoso da mais alta periculosidade, desequilibrando o julgamento a ocorrer, ficando os jurados sugestionados". *HC 91.952, Relator Ministro Marco Aurélio, Tribunal Pleno, julgamento em 7.8.2008, DJe de 19.12.2008.*

> Ementa: (...) 1. O uso legítimo de algemas não é arbitrário, sendo de natureza excepcional, a ser adotado nos casos e com as finalidades de impedir, prevenir ou dificultar a fuga ou reação indevida do preso, desde que haja fundada suspeita ou justificado receio de que tanto venha a ocorrer, e para evitar agressão do preso contra os próprios policiais, contra terceiros ou contra si mesmo. *HC 89.429, Relatora Ministra Cármen Lúcia, Primeira Turma, julgamento em 22.8.2006, DJ de 2.2.2007.*

A jurisprudência destacada reforça os argumentos:

Uso de algema e justificação por escrito

A autoridade ora reclamada indeferiu o pedido de retirada das algemas formulado pela defesa do Reclamante 'em virtude de haver apenas um policial na sala de audiência, sendo que o outro estava impossibilitado de também permanecer na audiência, pois fazia a segurança na carceragem e aguardava a chegada de outros presos'. (...) Em casos como o presente, nos quais o uso das algemas decorre de fundamentação escrita e consistente de autoridade reclamada, os Ministros deste Supremo Tribunal têm desacolhido a alegação de afronta à Súmula Vinculante nº 11. (...) *Rcl 8.712, Relatora Ministra Cármen Lúcia, Tribunal Pleno, julgamento em 20.10.2011, DJe de 17.11.2011.*

A Súmula Vinculante nº 14, de igual interesse includente do inquérito policial como fase processual, assim elenca que

> É direito do defensor, no interesse do representado, ter acesso amplo aos elementos de prova que, já documentados em procedimento investigatório realizado por órgão com competência de polícia judiciária, digam respeito ao exercício do direito de defesa.

Na mesma toada da Sumula Vinculante nº 11, a Súmula Vinculante nº 14 prima por direitos fundamentais do investigado, em fase pré-contraditorial, pré-processual estrita, assegurando o acesso às informações que constituam elementos de prova que digam respeito ao direito de defesa, e mais – entendemos: que digam respeito ao direito de indiciamento e de acusação, acaso não mais sensíveis e cautelares do desenvolvimento regular de sua realização e do "processo".

Quanto ao Precedente Representativo, assim se dispõe:

> 4. Há, é verdade, diligências que devem ser sigilosas, sob o risco do comprometimento do seu bom sucesso. Mas, se o sigilo é aí necessário à apuração e à atividade instrutória, a formalização documental de seu resultado já não pode ser subtraída ao indiciado nem ao defensor, porque, é óbvio, cessou a causa mesma do sigilo. (...) Os atos de instrução, enquanto documentação dos elementos retóricos colhidos na investigação, esses devem estar acessíveis ao indiciado e ao defensor, à luz da Constituição da República, que garante à classe dos acusados, na qual não deixam de situar-se o indiciado e o investigado mesmo, o direito de defesa. O sigilo aqui, atingindo a defesa, frustra-lhe, por conseguinte, o exercício. (...) 5. Por outro lado, o instrumento disponível para assegurar a intimidade dos investigados (...) não figura título jurídico para limitar a defesa nem a publicidade, enquanto direitos do acusado. E invocar a intimidade dos demais acusados, para impedir o acesso aos autos, importa restrição ao direito de cada um do envolvidos, pela razão manifesta de que os impede a todos de conhecer o que, documentalmente, lhes seja contrário. Por isso, a autoridade que investiga deve, mediante expedientes adequados, aparelhar-se para permitir que a defesa de cada paciente tenha acesso, pelo menos, ao que diga respeito ao seu constituinte". *HC 88.190, Relator Ministro Cezar Peluso, Segunda Turma, julgamento em 29.8.2006, DJ de 6.10.2006.*

Do mesmo modo, a jurisprudência destacada segue a linha de reconhecimento de direitos fundamentais do investigado:

Direito de acesso a diligências concluídas

"Agravo regimental em reclamação. 2. Súmula Vinculante nº 14. Violação não configurada. 3. Os autos não se encontram em Juízo. Remessa regular ao Ministério Público. 4. Inquérito originado das investigações referentes à operação ¿Dedo de Deus¿. Existência de diversas providências requeridas pelo Parquet que ainda não foram implementadas ou que não foram respondidas pelos órgãos e que perderão eficácia se tornadas de conhecimento público. 5. Ausência de argumentos capazes de infirmar a decisão agravada. 6. Agravo regimental a que se nega provimento". *Rcl AgR 16.436, Relator Ministro Gilmar Mendes, Tribunal Pleno, julgamento em 29.5.2014, DJe de 29.8.2014.*

"Ementa: (...). II – A decisão ora questionada está em perfeita consonância com o texto da Súmula Vinculante 14 desta Suprema Corte, que, como visto, autorizou o acesso dos advogados aos autos do inquérito, apenas resguardando as diligências ainda não concluídas. III – Acesso que possibilitou a apresentação de defesa prévia com base nos elementos de prova até então encartados, sendo certo que aquele ato não é a única e última oportunidade para expor as teses defensivas. Os advogados poderão, no decorrer da instrução criminal, acessar todo o acervo probatório, na medida em que as diligências forem concluídas". *Rcl 10.110, Relator Ministro Ricardo Lewandowski, Tribunal Pleno, julgamento em 20.10.2011, DJe de 8.11.2011.*

"Em face do exposto, acolho os presentes embargos tão somente para esclarecer, com base, inclusive, na Súmula Vinculante 14 do STF, que o alcance da ordem concedida refere-se ao direito assegurado ao indiciado (bem como ao seu defensor) de acesso aos elementos constantes em procedimento investigatório que lhe digam respeito e que já se encontrem documentados nos autos, não abrangendo, por óbvio, as informações concernentes á decretação e à realização das diligências investigatórias pendentes, em especial as que digam respeito a terceiros eventualmente envolvidos". *HC 94.387 ED, Relator Ministro Ricardo Lewandowski, Primeira Turma, julgamento em 6.4.2010, DJe de 21.5.2010.*

No mesmo sentido: Rcl 11.770, Relator Ministro Dias Toffoli, Decisão Monocrática, *DJe* de 21.9.2012; Rcl 13.156, Relatora Ministra Rosa Weber, Decisão Monocrática, *DJe* de 29.2.2012;Rcl 13.215 MC, Relator Ministro Marco Aurélio, Decisão monocrática, *DJe* de 10.5.2012; Rcl 9.324, Relatora Ministra Cármen Lúcia, Tribunal Pleno, julgamento em 24.11.2011, *DJe* de 16.3.2012; Rcl 8.998, Relator Ministro Ricardo Lewandowski, Tribunal Pleno, julgamento em 20.10.2011, *DJe* de 6.2.2012.

Investigação criminal promovida pelo Ministério Público e Súmula Vinculante 14

"Consoante se extrai do breve relatório, no presente *habeas corpus* a defesa requer o trancamento da ação penal, com o argumento de ilegalidade da investigação criminal realizada pelo Ministério Público e de falta de constituição do crédito tributário. (...) O próprio Supremo Tribunal Federal não logrou, ainda, firmar orientação dominante. (...) Por fim, cabe observar que o Tribunal reconheceu, no RE 593.727/MG, a repercussão geral da matéria. Postas essas premissas, tenho para mim que, nesta quadra do direito constitucional, enquanto não sobrevier decisão do Supremo Tribunal Federal estabelecendo os exatos contornos e limites dessa atividade, é lícito ao Ministério Público investigar, obedecidos os limites e os controles ínsitos a essa atuação. (...) convém advertir que o poder de investigar do Ministério Público não pode ser exercido de forma ampla e irrestrita, sem qualquer controle, sob pena de agredir, inevitavelmente, direitos fundamentais. A atividade de investigação, seja ela exercida pela Polícia ou pelo Ministério Público, merece, por sua própria natureza, vigilância e controle. (...) veja-se que o pleno conhecimento dos atos de investigação, como bem afirmado na Súmula Vinculante 14, exige não apenas que a essas investigações se aplique o princípio do amplo conhecimento de provas e investigações, como também se formalize o ato investigativo. Para tanto, é obrigatório que se emita um ato formal de instauração de procedimento administrativo penal no Ministério Público. Não é razoável que se dê menos formalismo à investigação do Ministério Público do que aquele exigido para as investigações policiais". *HC 84.965, Relator Ministro Gilmar Mendes, Segunda Turma, julgamento em 13.12.2011, DJe de 11.4.2012.*

"A 2ª Turma iniciou julgamento de recurso ordinário em habeas corpus em que se discute a nulidade das provas colhidas em inquérito presidido pelo Ministério Público. (...) O Ministro Gilmar Mendes, relator, negou provimento ao recurso. Entendeu que ao Ministério Público não seria vedado proceder a diligências investigatórias, consoante interpretação sistêmica da Constituição (art. 129), do CPP (art. 5º) e da Lei Complementar 75/93 (art. 8º). (...) Frisou que seria ínsito ao sistema dialético de processo, concebido para o estado democrático de direito, a faculdade de a parte colher, por si própria, elementos de provas hábeis para defesa de seus interesses. Da mesma forma, não poderia ser diferente com relação ao parquet, que teria o poder-dever da defesa da ordem jurídica. (...) Prosseguindo, o Ministro Gilmar Mendes reafirmou que seria legítimo o exercício do poder de investigar por parte do Ministério Público, mas essa atuação não poderia ser exercida de forma ampla e irrestrita, sem qualquer controle, sob pena de agredir, inevitavelmente, direitos fundamentais. Mencionou que a atividade de investigação, seja ela exercida pela polícia ou pelo Ministério Público, mereceria, pela sua própria natureza, vigilância e controle. Aduziu que a atuação do parquet deveria ser, necessariamente, subsidiária, a ocorrer, apenas, quando não fosse possível ou recomendável efetivar-se pela própria polícia. Exemplificou situações em que possível a atuação

DIREITOS CONSTITUCIONAIS FUNDAMENTAIS E A INVESTIGAÇÃO CRIMINAL DE POLÍCIA JUDICIÁRIA

do órgão ministerial: lesão ao patrimônio público, excessos cometidos pelos próprios agentes e organismos policiais (vg. tortura, abuso de poder, violências arbitrárias, concussão, corrupção), intencional omissão da polícia na apuração de determinados delitos ou deliberado intuito da própria corporação policial de frustrar a investigação, em virtude da qualidade da vítima ou da condição do suspeito. Sublinhou que se deveria: a) observar a pertinência do sujeito investigado com a base territorial e com a natureza do fato investigado; b) formalizar o ato investigativo, delimitando objeto e razões que o fundamentem; c) comunicar de maneira imediata e formal ao Procurador-Chefe ou Procurador-Geral; d) autuar, numerar e controlar a distribuição; e) dar publicidade a todos os atos, salvo sigilo decretado de forma fundamentada; f) juntar e formalizar todos os atos e fatos processuais, em ordem cronológica, principalmente diligências, provas coligidas, oitivas; g) garantir o pleno conhecimento dos atos de investigação à parte e ao seu advogado, consoante o Enunciado 14 da Súmula Vinculante do STF; h) observar os princípios e regras que orientam o inquérito e os procedimentos administrativos sancionatórios; i) respeitar a ampla defesa e o contraditório, este ainda que de forma diferida; e j) observar prazo para conclusão e controle judicial no arquivamento". *RHC 97.926 – Relator Ministro Gilmar Mendes, Segunda Turma, Informativo 722.*

Súmula Vinculante 14 e inaplicabilidade para procedimentos de natureza cível ou administrativa

"O agravante não trouxe novos elementos aptos a infirmar ou elidir a decisão agravada. Como já demonstrado, a Súmula Vinculante nº 14 é aplicada apenas a procedimentos administrativos de natureza penal, sendo incorreta sua observância naqueles de natureza cível". *Rcl 8.458 AgR, Relator Ministro Gilmar Mendes, Tribunal Pleno, julgamento em 26.6.2013, DJede 19.9.2013.*

"O Verbete 14 da Súmula Vinculante do STF (É direito do defensor, no interesse do representado, ter acesso amplo aos elementos de prova que, já documentados em procedimento investigatório realizado por órgão com competência de polícia judiciária, digam respeito ao exercício do direito de defesa) não alcança sindicância que objetiva elucidação de fatos sob o ângulo do cometimento de infração administrativa. Com base nessa orientação, a 1ª Turma negou provimento a agravo regimental em que se reiterava alegação de ofensa ao referido enunciado, ante a negativa de acesso a sindicância". *Rcl 10.771, Relator Ministro Marco Aurélio, Primeira Turma, Informativo 734.*

Processo com muitos volumes e proibição de retirar os autos da secretaria

"A Procuradoria Geral da República aduz que o Juízo, em momento algum, inviabilizou ao advogado do reclamante o acesso ao processo, mas tão somente impediu a carga, diante do elevado número de envolvidos, facultando a vista conforme estabelecido. Aponta a ausência de inobservância ao Verbete Vinculante nº 14 da Súmula do

Supremo. Opina pela declaração de improcedência do pedido. Segundo esclarece o Juízo da 4ª Vara Federal Criminal de São Paulo/SP, a Portaria nº 36/2004 foi adotada em razão da excepcionalidade do caso, pois o deferimento de vista a cada um dos procuradores constituídos – pelo menos quarenta e sete denunciados – implicaria tumulto e paralisação do andamento processual, algo inaceitável quando há réus presos. Informa que, frequentemente, os advogados solicitam cópia integral do processo. Procede-se, então, do seguinte modo: a seleção é feita no exame em balcão, de maneira a serem indicadas somente peças que realmente interessam à defesa, ante a quantidade de volumes e apensos que formam a ação penal. (...) Conforme ressaltado na manifestação da Procuradoria Geral da República, as informações prestadas revelam haver sido viabilizado o acesso ao processo, apenas se obstaculizando fosse retirado da Secretaria do Juízo, a fim de evitar prejuízo aos demais advogados e tumulto processual. Inexiste, nessa providência, inobservância ao Verbete Vinculante nº 14 da Súmula do Supremo". *Rcl 13.215, Relator Ministro Marco Aurélio, Primeira Turma, julgamento em 23.4.2013, DJe de 14.5.2013.*

Princípio do contraditório e inquérito policial

"O inquérito não possui contraditório, mas as medidas invasivas deferidas judicialmente devem se submeter a esse princípio, e a sua subtração acarreta nulidade. Obviamente não é possível falar-se em contraditório absoluto quando se trata de medidas invasivas e redutoras da privacidade. Ao investigado não é dado conhecer previamente – sequer de forma concomitante – os fundamentos da medida que lhe restringe a privacidade. Intimar o investigado da decisão de quebra de sigilo telefônico tornaria inócua a decisão. Contudo, isso não significa a ineficácia do princípio do contraditório. Com efeito, cessada a medida, e reunidas as provas colhidas por esse meio, o investigado deve ter acesso ao que foi produzido, nos termos da Súmula Vinculante nº 14. Os fundamentos da decisão que deferiu a escuta telefônica, além das decisões posteriores que mantiveram o monitoramento devem estar acessíveis à parte investigada no momento de análise da denúncia e não podem ser subtraídas da Corte, que se vê tolhida na sua função de apreciar a existência de justa causa da ação penal. Trata-se de um contraditório diferido, que permite ao cidadão exercer um controle sobre as invasões de privacidade operadas pelo Estado". *Inq 2.266, Relator Ministro Gilmar Mendes, Tribunal Pleno, julgamento em 26.5.2011, DJe de 13.3.2012.*

Súmula Vinculante 14 e testemunha ou vítima protegida

"Restou esclarecido nos autos que o fundado temor das testemunhas de acusação sofrerem atentados ou represálias é que ensejou o sigilo de seus dados qualificativos. Inobstante, consignado também que a identificação das testemunhas protegidas fica anotada em separado,

CAPÍTULO 3
DIREITOS CONSTITUCIONAIS FUNDAMENTAIS E A INVESTIGAÇÃO CRIMINAL DE POLÍCIA JUDICIÁRIA | 163

fora dos autos, com acesso exclusivo ao magistrado, promotor de justiça e advogados de defesa, a afastar qualquer prejuízo ao acusado. Não bastasse, a magistrada de primeiro grau ressaltou que o acesso a tais dados já fora franqueado ao Reclamante, possibilitando-lhe identificar, a qualquer tempo, as testemunhas protegidas no referido arquivo, com o que resguardado o exercício do postulado constitucional da ampla defesa. 7. Portanto, não há, nos autos da presente reclamação, substrato fático ou jurídico capaz de atrair a incidência do enunciado da Súmula Vinculante nº 14, diante do acesso do Reclamante às informações referentes às testemunhas de acusação". *Rcl 10.149, Relatora Ministra Rosa Weber, Decisão Monocrática, julgamento em 22.2.2012, DJe de 29.2.2012.*

"Assim, injustificável o óbice à extração de cópia da pasta referente à proteção de vítima e testemunha, mormente porque na denúncia sequer consta o nome da 'vítima' arrolada pela acusação (...). Ante o exposto, julgo procedente a presente reclamação (art. 557, §1º, do CPC), para garantir o direito de o reclamante extrair cópia reprográfica da pasta de vítimas e testemunhas protegidas (Provimento 32/2000 TJ/SP), esclarecendo-se que o acesso diz respeito apenas aos dados das vítimas e testemunhas referentes aos autos (...)". *Rcl 11.358, Relator Ministro Gilmar Mendes, Decisão Monocrática, julgamento em 10.12.2012, DJe de 13.12.2012.*

No mesmo sentido: Rcl 10.420 MC, Relator Ministro Joaquim Barbosa, Decisão Monocrática,*DJe* de 04.03.2011; Rcl 8.189, Relator Ministro Gilmar Mendes, Decisão Monocrática, *DJe* de 10.11.2010.

O que queremos chamar a atenção com esses argumentos agrega-se ao fato de não mais se aceitar a investigação criminal e o seu principal instrumento formal, qual seja, o inquérito policial, como mera peça informativa a dar subsídios somente à parte autora da ação penal. Ela deve se prestar a ambas as partes, futuro autor e futuro réu; e assim o deve ser de modo imparcial e responsável, com o compromisso enlaçado com a verdade consensual dos fatos, para uma razoável e aceitável subsunção, se for o caso, ao tipo descrito na norma penal incriminadora.

Nessa esteia, afigura-se o profissional do direito responsável pela apuração investigativa, no caso, o Delegado de Polícia civil e federal, em suas respectivas áreas de atuação, como de peculiar relevância para o contexto e para o resultado satisfatório do caso posto em lide.

Como primeiro destinatário das controvérsias de prováveis efeitos jurídicos, deve atuar com autonomia funcional e liberdade de escolhas dos meios diretivos da investigação, cabendo somente a ele – sem menoscabo do controle externo feito pelo Ministério Público e pela Ordem dos Advogados do Brasil (a nosso sentir, também responsável por esse mister).

À vista desses argumentos, consoante continuamente temos sustentado em palestras e em outros escritos (mormente com o advento da Lei nº 12.830/2013), o Delegado de Polícia responsabilizar-se pela *condução da apuração*, como prescreve o preceito da lei referida, que lhe confere a qualidade de detentor de atribuição, ou de competência, para o comando, ou, como queiram, a presidência, do feito em apuração.[265]

O vocábulo "presidente", proveniente do latim *praesiderent* e *praesideo*, indica a ação de "presidir", denotativa das ações sinônimas de "comandar", "governar", "estar em primeiro lugar", "ter a guarda de" ou "proteger",[266] e, para as atividades investigativas de Polícia Judiciária, denota, ainda, prerrogativas inerentes ao Delegado de Polícia, em razão de sua condição de autoridade policial.

Essas prerrogativas pervagam pelos deveres-poderes, entre outros, *(i)* de confecção de ato ordinatório de instauração da investigação (por exemplo, a portaria de instauração de inquérito policial), *(ii)* de requisição de documentos aos seus detentores, pessoas físicas particulares ou jurídicas, de direito público ou privado, *(iii)* de representação à autoridade judicial para a execução de medidas cautelares (a exemplo das prisões temporárias e preventivas e do sequestro de bens dos investigados), *(iv)* de definição da linha investigativa, com a estipulação da ordem cronológica e lógico-estratégica dos atos de investigação; *(v)* da definição dos recursos, materiais, técnicos, financeiros e de pessoal, para as ações policiais e tarefas gerais, *(vi)* da definição das necessárias técnicas investigativas, para a elucidação dos fatos, *(vii)* da indicação inicial do investigado, *(viii)* da capitulação inicial da infração, *(ix)* da conclusão acerca do indiciamento do investigado, com a fundamentação fática e jurídica sobre os móveis que levaram ao ato, e *(x)* da conclusão acerca do encerramento da apuração, com a emissão de relatório final.

Como depositário de poder de mando, de comando e de direcionamento teleológico-finalístico da apuração, é de se aferir que os demais agentes públicos dos quadros da Polícia Judiciária que participam diretamente das fases da investigação encontram-se hierárquica e tecnicamente a ele subordinados, não havendo necessidade de qualquer formalização mais detalhada nesse sentido, que venha a definir o

---

[265] Nesse sentido, conferir também: SANTOS, Isaías Cleopas; ZANOTTI, Bruno Taufner. *O delegado de polícia em ação*. 2. ed. Salvador: Juspodivm, 2014; e CABRAL, Bruno Fontenele; SOUZA, Rafael Pinto Marques de. *Manual prático de polícia judiciária* 2. ed. Salvador: Juspodivm, 2013.

[266] TORRINHA, *Dicionário latino português...* 1942, p. 679.

CAPÍTULO 3
DIREITOS CONSTITUCIONAIS FUNDAMENTAIS E A INVESTIGAÇÃO CRIMINAL DE POLÍCIA JUDICIÁRIA | 165

alcance e os efeitos dos seus atos ordinatórios. Basta, para a realização e o desenvolvimento das diligências ou das ações ou operações policiais, apenas a emissão de ordens verbais, nos casos permitidos ou exigidos pela urgência dos fatos, ou escritas, no âmbito da unidade de polícia.

Isso decorre do *poder de polícia investigativo* ou *poder de Polícia Judiciária* atribuído ao Delegado na qualidade de autoridade policial, representativo do exercício do poder hierárquico, consoante os fins apuratórios e que, todavia, apresenta-se não somente com alcance *interna corporis*, mas também externo, para abarcar os particulares em geral, para se fazer expedir *atos unilaterais investigativos*, dotados dos atributos *(i)* presunção de veracidade e de legitimidade, *(ii)* imperatividade e *(iii)* coercibilidade. Todos no interesse da elucidação dos fatos.

Eis aqui o conceito de *poder de polícia investigativo* ou *poder de Polícia Judiciária*, sensivelmente especial ao *poder de polícia geral*, este último gênero do primeiro e tocante aos entes e órgãos administrativos que exercem atividades fiscalizatórias.[267]

Interna corporis, ou seja, nas atividades internas da Polícia Judiciária, afere-se a presença do poder hierárquico exercido pela autoridade policial e direcionado aos demais agentes de autoridade a ela vinculados pelas relações diretas, formadas a partir da instituição ou instauração da investigação criminal. Há, *in casu*, extensão do poder de mando do Estado ao Delegado de Polícia, decorrente da relação especial de sujeição inicialmente formada entre o agente de autoridade e o Estado, com a investidura e o exercício do cargo público.[268]

---

[267] Quanto ao poder de polícia geral, cujos contornos normativos encontram-se positivados no direito brasileiro, nos preceitos do art. 77 da Lei nº 5.172/66, Código Tributário Nacional, entende-se como a "(...) atividade da administração pública que, limitando ou disciplinando direito, interesse ou liberdade, regula a prática de ato ou abstenção de fato, em razão de interesse público concernente à segurança, à higiene, à ordem, aos costumes, à disciplina da produção e do mercado, ao exercício de atividades econômicas dependentes de concessão ou autorização do Poder Público, à tranquilidade pública ou ao respeito à propriedade e aos direitos individuais ou coletivos". CRETELLA JÚNIOR, *Tratado de Direito Administrativo*, p. 30-31, cujo volume é destinado integralmente à "Polícia Administrativa", ensina que "conjugando-se os elementos que, obrigatoriamente, devem estar presentes na estruturação conceitual – o Estado, único detentor do poder de polícia, a *tranquilidade pública*, condição indispensável para que os agrupamentos humanos progridam, as *restrições à liberdade*, necessárias para que a ação abusiva de um não cause embaraços à ação de outro –, é possível atingir-se a seguinte definição jurídica de polícia: *conjunto de poderes coercitivos pelo Estado sobre as atividades dos administrados, através de medidas impostas a essas atividades, a fim de assegurar a ordem pública*".

[268] Sobre o instituto da "relação especial de sujeição", desenvolvemos estudo mais aprofundado em nossa obra *Ilícito Administrativo Disciplinar*: da atipicidade ao devido processo legal substantivo ..., 2009.

A expressão "hierarquia", derivada do grego *ierarkhia*, de *ieros* (sagrado) e *arkhia* (governo) e inicialmente representativa da autoridade dos sacerdotes ou do chefe supremo dos sacerdotes gregos, passou modernamente a denotar, para o direito público e especialmente para os direitos administrativo e administrativo-processual investigativo, o sistema de subordinação entre poderes (nessa acepção, compreendido como cargos e funções) ascendentes e descendentes, fundamentado na existência de uma organização de distribuição das atribuições e tarefas no serviço público.[269]

A Administração Pública aplicada à investigação criminal é organizada em cargos, funções e classes, que formam as carreiras dos quadros da Polícia Judiciária. Essa organização apresenta como objetivo primordial a eficiência da prestação do serviço público, vertida nos objetivos da elucidação de crimes e contravenções penais. É assim posta para propiciar uma melhor comunicação entre as diversas estruturas e os agentes públicos, com o fim de se obstar perdas de tempo e de resultados. É definida, primeiramente, pelo organograma, com as vinculações e as subordinações estruturantes dos diversos setores e, em seguida, pelos agentes públicos responsáveis por manifestar a vontade dessas mesmas unidades, que, no caso da Polícia Judiciária, encontra no Delegado de Polícia a sua autoridade maior. Logo, a vontade legal do órgão investigativo e os fins da investigação são expressos também pela manifestação legal de vontade do agente público encarregado, qual seja, o Delegado de Polícia, na qualidade de autoridade policial. Daí se aferir a noção de hierarquia não somente entre órgãos, mas também entre os agentes responsáveis por esses órgãos, tendo em mira os objetivos institucionais alinhavados ao interesse público.[270]

Desta feita, o Delegado de Polícia exerce autoridade, na concepção de detentor do *controle* e do *comando* hierárquico do órgão investigador e do procedimento hábil à apuração, ostentando o poder de Polícia Judiciária, como responsável pela investigação criminal – autoridade policial –, todavia sob a vigília do controle externo efetivado pelo Ministério Público, que resta incumbido não do direcionamento investigativo ou procedimental, mas sim da tutela da lei, para a coerção e o impedimento de excessos por parte dos órgãos policiais.

---

[269] DE PLÁCIDO E SILVA, *Vocabulário jurídico*, p. 382.

[270] Para estudos detalhados sobre a Administração Pública e o poder hierárquico, conferir nosso *Fundamentos de Direito Administrativo Disciplinar*, 2019 (DEZAN, Sandro Lúcio. *Fundamentos de direito administrativo disciplinar*. Curitiba: Juruá, 2019).

À vista de todo exposto, não se concebe, por exemplo, juntadas de documentos nos autos da investigação sem a determinação da autoridade policial (a exemplo da inclusão de documentos por ato próprio do Ministério Público), assim como não há de se admitir duplicidades de investigações em andamento, no mesmo órgão de Polícia Judiciária ou em entes e órgãos externos, ou a tentativa de direcionamento e condução da investigação por autoridades outras, distintas do Delegado de Polícia responsável formal pela apuração criminal.

Não há que se falar, à luz do preceito legal em comento e da própria Constituição Federal de 1988, em determinações ministeriais ou judiciais ao Delegado de Polícia para o indiciamento ou para a conclusão da apuração num ou noutro sentido, pois possui a autoridade policial o pleno domínio do *iter* apuratório, ou seja, do *caminho* metodológico e técnico-jurídico a ser percorrido para a elucidação dos fatos investigados.

Diligências somente podem ser realizadas por determinação da autoridade policial. As intimações e oitivas de testemunhas e investigados devem ser decididas pelo Delgado de Polícia, indicando dia e hora, importando serem as audiências realizadas por meio do sistema presidencialista, em que a autoridade policial organiza e figura, na qualidade de autoridade máxima do feito, como gestora das inquirições, tomando diretamente as declarações e os depoimentos dos investigados e das testemunhas, ditando-as ao agente de autoridade, comumente o escrivão de polícia, para a redução a termo.

Do teor do todo acima alinhavado, afere-se o conceito de autoridade policial, expressando-se assim na figura do delegado de polícia, como cargo dotado da função de *comando* e de *direcionamento* das atividades da Polícia Judiciária e dos *fins teleológicos* da investigação criminal.

3.2 Contornos fundamentais do inquérito policial federal constitucionalizado

A Polícia Federal apresenta entre suas atribuições precípuas a promoção da investigação criminal em matérias que atentem contra bens, serviços e interesses da União Federal. Fundamenta sua atuação no art. 144 e §§ da Constituição Federal, que apresenta os contornos fundamentais da atuação do órgão de Polícia Judiciária federal.[271]

---

[271] MARQUES, José Frederico. *Elementos do direito processual penal*. Campinas: Bookseller, 1997. TOURINHO FILHO, Fernando da Costa. *Prática do processo penal*. São Paulo: Saraiva, 1988. TORNAGHI, Helio. *Instituições de processo penal*. v. 2. 2. ed. São Paulo: Saraiva, 1977.

O seu principal instrumento compreende o inquérito policial, que pode ser compreendido como um procedimento administrativo de atribuição da Polícia Judiciária, de caráter investigativo-criminal, que visa, com o encadear de atos administrativos ou atos da Administração (representada esta pela autoridade policial), a produzir ato final conclusivo,[272] acerca da provável (aceitável sob o manto da justa causa) ocorrência de crime.[273]

Dá azo, com efeito, a uma acusação pautada em justificativas técnico-jurídicas que proporcionam a viabilidade do processo penal, este sim formador de uma relação jurídica em contraditório, denotando, de regra, um caráter dual da persecução penal, onde a investigação cinge-se de inquisitorialidade.[274]

Assim como a grande maioria das investigações de caráter criminal, ou mesmo as de caráter cíveis, a exemplo das administrativas propriamente ditas ou das disciplinares, das tributárias e das fiscalizatórias, possui natureza inquisitorial, considerando-se, nesse sentido, como fase ou estágio da persecução, desprovido de contraditório e de ampla defesa, atribuindo ao investigado a natureza jurídica de mero objeto da apuração.[275]

Diante dessa característica do instrumento apuratório a cargo da Polícia Judiciária, e não obstante a sua necessidade de harmonia vertical com o ordenamento jurídico, e, sob essa óptica, com a Constituição Federal, para a sua validade e eficácia social, há de se apontar seus contornos ou fundamentos jurídicos em um Estado Democrático de Direito, quais sejam:

(i) observância dos direitos e garantias constitucionais fundamentais, a exemplo, entre tantos outros expressos na CF/88, da dignidade da pessoa humana, da inviolabilidade de domicílio, do direito de petição e de certidão nos casos não resguardados por sigilo, do direito de liberdade, do direito de propriedade.

---

[272] Cf. DEZAN, Sandro Lúcio. *Direito administrativo de polícia judiciária...*, 2019.

[273] SUANNES, Adauto. *Os fundamentos éticos do devido processo penal.* São Paulo: Revista dos Tribunais, 1999. FERNANDES, Antônio Scarance. *Processo penal constitucional.* São Paulo: Revista dos Tribunais, 1999.

[274] MARQUES, José Frederico. *Elementos do direito processual penal.* Campinas: Bookseller, 1997. TOURINHO FILHO, Fernando da Costa. *Prática do processo penal.* São Paulo: Saraiva, 1988. TORNAGHI, Helio. *Instituições de processo penal.* 2. ed. São Paulo: Saraiva, 1977. v. 2.

[275] DEZAN, Sandro Lúcio. *Direito administrativo de polícia judiciária...*, 2019.

CAPÍTULO 3
DIREITOS CONSTITUCIONAIS FUNDAMENTAIS E A INVESTIGAÇÃO CRIMINAL DE POLÍCIA JUDICIÁRIA | 169

(ii) observância dos princípios básicos da Administração Pública, previstos no art. 37, *caput* e incisos da CF/88, quais sejam, os princípios da legalidade, da impessoalidade, da moralidade, da publicidade (ou da transparência da investigação não sigilosas) e da eficiência.

Há ainda de se observar, por força do princípio da legalidade, as normas infraconstitucionais, a exemplo das súmulas vinculantes e de toda a legislação afeta à seara criminal ou tangencialmente pertinente.

Seguindo-se esses ditames constitucionais, a inquisitorialidade do instrumento em nada ofende a ordem jurídica e social posta.[276]

Com efeito, em que pese a existência de uma imputação *júris tantum* que pode vir a ser formalizada com o ato de indiciamento, não há que se reconhecer sua invalidade, arbitrariedade ou excesso, sob a luz, *exempli gratia*, dos direitos constitucionais do contraditório e da ampla defesa, posto que estes serão ofertados ao acusado, quando a esse estado for alçado o investigado, em sede processual penal estrita, sem embargo de reconhecimento desses e dos demais direitos constitucionais fundamentais, no que for compatível com o caráter cautelar do procedimento, já em fase de inquérito policial. Com isso, é dever da autoridade policial reconhecer todos os direitos fundamentais do acusado, dando-lhe plena aplicabilidade em sede de inquérito policial, no que for compatível com a natureza desse procedimento.[277]

---

[276] CHOUKR, Fausi Hassan. *Garantias constitucionais na investigação criminal*. 2. ed. Rio de Janeiro: Lumen Juris, 2001. LOPES JR, Aury. *Sistemas de investigação preliminar no processo penal*. 2. ed. Rio de Janeiro: Lumen Juris, 2003. SUANNES, Adauto. *Os fundamentos éticos do devido processo penal*. São Paulo: Revista dos Tribunais, 1999. FERNANDES, Antônio Scarance. *Processo penal constitucional*. São Paulo: Revista dos Tribunais, 1999. MARQUES, José Frederico. *Elementos do direito processual penal*. Campinas: Bookseller, 1997. TOURINHO FILHO, Fernando da Costa. *Prática do processo penal*. São Paulo: Saraiva, 1988. TORNAGHI, Helio. *Instituições de processo penal*. 2. ed. São Paulo: Saraiva, 1977. v. 2.

[277] CHOUKR, Fausi Hassan. *Garantias constitucionais na investigação criminal*. 2. ed. Rio de Janeiro: Lumen Juris, 2001. LOPES JR, Aury. *Sistemas de investigação preliminar no processo penal*. 2. ed. Rio de Janeiro: Lumen Juris, 2003. SUANNES, Adauto. *Os fundamentos éticos do devido processo penal*. São Paulo: Revista dos Tribunais, 1999. FERNANDES, Antônio Scarance. *Processo penal constitucional*. São Paulo: Revista dos Tribunais, 1999. MARQUES, José Frederico. *Elementos do direito processual penal*. Campinas: Bookseller, 1997. TOURINHO FILHO, Fernando da Costa. *Prática do processo penal*. São Paulo: Saraiva, 1988. TORNAGHI, Helio. *Instituições de processo penal*. 2. ed. São Paulo: Saraiva, 1977. v. 2.

3.3 Uma noção geral de devido processo legal punitivo do Estado: a relação entre o direito material e o direito processual

3.3.1 O devido processo legal, o *ne bis in idem* e a necessidade de uma adequada leitura epistêmica dos bens jurídicos

Os ramos do direito punitivo do Estado, individualmente, possuem um escopo teleológico de proteção da ordem coletiva. Assim foram concebidos para a proteção e a manutenção da ordem geral ou setorial, em que valores relevantes carecem de tutela para o adequado convívio coletivo.

O Direito, como sistema de regulação social, busca identificar os contornos dos fatos da vida que lhe são importantes e, assim, lançar mão dos instrumentos positivo-dogmáticos, notadamente jurídico-normativos, em um esforço de estipulação de preceitos e de sanções apontadas no direito positivo, com vistas à organização do convívio em sociedade.[278] Nesses moldes, valendo-se da previsibilidade dada pelo texto legal,[279] almeja, pelas vias da legitimidade,[280] inferir a validade[281] da regulação das condutas humanas, para moldar as complexas relações intersubjetivas.[282]

Essa é uma noção básica das funções do Direito como sistema estatal de controle,[283] ditado pela capacidade e pela concepção do Estado-legislador de conversão de valores sociais[284] em normas jurídicas.[285] Nesse contexto, o instituto *sanção*[286] como pena aplicada

---

[278] JACQUES, Paulino. *Curso de direito constitucional*. 8. ed. São Paulo: Forense, 1977, p. 35 e ss.

[279] FERRAZ JR., Tercio Sampaio. *A ciência do direito*. São Paulo: Atlas, 2010, p. 40.

[280] *Idem, ibidem*, p. 40 e ss.

[281] *Idem, ibidem*, p. 40 e ss.

[282] *Idem, ibidem*, p. 40 e ss.

[283] BERGEL, Jean-Louis. *Théorie générale du droit*. Paris: Dalloz, 2003, p. 22.

[284] *Idem, ibidem*, p. 36.

[285] Cf. CHAINAIS, Cécile; FENOUILLET, Dominique; GUERLIN, Gaëtan. *Les sanctions en droit contemporain*: la sanction, entre techinique et politique. Paris: Dallos, 2012. v. 1.

[286] Cf. DELLIS, Georges. *Droit penal et droit administratif*: l'influense des príncipes du droit pénal sur droit administratif répressif. Paris: Librarie Générale de Droit et Jurisprudence, E.J.A, 1997; CHAINAIS, Cécile; FENOUILLET, Dominique; GUERLIN, Gaëtan. *Les sanctions en droit contemporain*: la sanction, entre techinique et politique. Paris: Dallos, 2012. v. 1; CHAINAIS, Cécile; FENOUILLET, Dominique; GUERLIN, Gaëtan. *Les sanctions en droit contemporain*: la motivation des sanctions prononcées en justice. Paris: Dallos, 2013. v. 2; e BENESSIANO, William. *Légalité pénale et droits fondamentaux*. Marseille: Universitaires D'aix-Marseille, 2011.

àquele indivíduo que venha a ofender os polos protetivos estampados no texto de lei toma grande realce. Na seara do direito punitivo do Estado, certo é que não há distinção ontológica entre as diversas espécies de ilícitos, atribuindo-se lhes determinada natureza epistêmica ao arbítrio do legislador. Logo, dizer se determinado fato é crime, contravenção penal, ou ilícito administrativo, tributário, ou mesmo um irrelevante jurídico, queda adstrito ao poder de escolha epistêmica do responsável pela concepção do direito-texto: há certa liberdade de conformação legislativa dos diversos regimes jurídicos dos *ius persequendi* e *puniendi* estatais,[287] que, todavia, baliza-se pelos bens jurídicos dignos de proteção, à vista da função de cada ramo punitivo do Estado: *v.g.*, o direito penal possui uma específica função, ao passo que o direito administrativo disciplinar apresenta função distinta e, por seu turno, o direito ambiental possui ainda outra função de proteção de bens jurídicos a ele específicos. Esse, o enlace entre o axiomático e o normativo, é o sentido *jurídico-normativo* de *razão* atribuído por Luiggi Ferrajoli – em que pese reportar-se de plano ao sistema penal, mas, em embargo, aplicável a todo o direito sancionador estatal –, para a legitimação e validação constitucional, em um modelo racional de justificação e, destarte, de legalidade constitucional.[288]

Essa delimitação se impõe, pois o campo muito aberto de atuação, deferido à atividade legiferante, traz uma série de problemas, a exemplo da ausência de observância dos limites epistemológicos[289] às previsões de repercussões de sanções em decorrência de um mesmo fato consideração ofensivo: questionam-se aqui os *fundamentos axiológicos externos do direito penal*[290] e do *direito punitivo estatal como um todo*. Sem essa concepção de pertença natural-ontológica de valores jurídicos dignos de proteção pertencentes, exclusivamente, a determinados ramos do direito sancionador – e isso, essa falta de concepção fundamental,

---

[287] OSÓRIO, Fábio Medina. *Direito administrativo sancionador*. 2. ed. São Paulo: Revista dos Tribunais, 2005, p. 148 e ss. Sobre a legalidade administrativa e a liberdade conformativa do legislador, cf. ENTERRÍA, Eduardo García, FERNÁNDEZ, Tomás-Ramón. *Curso de derecho administrativo*. 16. ed. Madrid: Civitas, 2013, v. II, p. 475 e ss.

[288] Assinala o autor que esse modelo representa "o fundamento *interno* ou *jurídico* da legitimidade da legislação e da jurisdição penal, que vale a vincular normativamente a coerência com os seus princípios", em um relacional "da *validade* ou coerência lógica interna de cada sistema penal positivo entre os seus princípios normativos superiores e as suas normas e as suas práticas inferiores" (FERRAJOLI, Luigi. *Direito e razão*. 4. ed. São Paulo: Revista dos tribunais, 2014, p. 16).

[289] Cf. DUTRA, Luiz Henrique de Araújo. *Introdução à epistemologia*. São Paulo: Editora UNESP, 2010.

[290] FERRAJOLI, Luigi. *Direito e razão*..., p. 18.

é patente no direito brasileiro –, não se há definido, ao certo, até que ponto uma mesma conduta humana deve, ou pode legitimamente, ser sancionada por um ou mais ramos do direito público ou privado; não se há compreendido, também ao certo, em que medida condutas humanas são epistemologicamente relevantes para um e para outro ramo do Direito, falando-se inclusive em repercussões *(i) interepistêmicas* (como no caso de conduta punida e agravada dentro de um único sistema ou regime jurídico) e *(ii) multiepistêmicas* (como no caso de conduta punida em diversas searas do Direito), ou, ainda, *(iii)* punida e agravada, simultaneamente, nos diversos ramos sancionadores previstos na ordem jurídica. Nesses exemplos, uma única conduta repercute em mais de uma área do direito punitivo, em razão da previsão legal de tipificação e de sanção, sem que isso se considere, na ordem jurídica, espécie de sobreposição punitiva.[291]

Sob esse viés, o presente capítulo busca questionar esse dogma, qual seja: o de que uma conduta ilícita pode *sempre*, ou quase sempre,[292] repercutir em mais de uma camada epistêmica do Direito e, com isso, atrair os seus efeitos sancionatórios independentes, sem se falar em *bis in idem* ou em necessidade de observância da *ultima ratio* punitiva.

Com esse problema posto, delinear-se-á uma abordagem comparativa entre o direito penal, o direito administrativo disciplinar e o direito civil ao amparo *(i)* da definição do conceito de *ne bis in idem*, *(ii)* de seu escopo teleológico, *(iii)* do motivo ou da razão filosófica, *jurídico-normativa*, de sua existência e *(iv)* do alcance entre as searas pública e privada do Direito, para, ao final, concluir haver, precedentemente à edição legislativa, uma originária identificação ontológica, ou seja, uma *fundamentalidade* de classes de bens jurídicos dignos de proteção, pertencente, com exclusividade, a cada um dos ramos epistêmicos punitivos do Direito, que se opera na dependência do *fim* e da *função* a que se dedica cada ramo sancionador da ordem normativa. Concluir-se-á, sob as implícitas balizas de uma hermenêutica firmada na premissa da *Constitucionalização do Direito* e *do Direito Punitivo do Estado*,[293] que a

---

[291] Cf. NIETO, Alejandro. *Derecho administrativo sancionador*. 5. ed. Madrid: Tecnos, 2012.

[292] Com exceção das previsões legais de que a decisão judicial penal que decida sobre a inexistência do fato ou a autoria faz coisa julgada na seara cível e administrativa.

[293] Sobre o tema *Constitucionalização do Direito*, Cf.: BARROSO, Luís Roberto. Neoconstitucionalismo e constitucionalização do direito: o triunfo tardio do direito constitucional no Brasil. *Revista de Direito Administrativo*, Rio de Janeiro, v. 240. p. 1-42, abr./jun. 2005; VIGO, Rodolfo Luis. Constitucionalização e neoconstitucionalismo: alguns riscos e algumas prevenções. *Revista Eletrônica do Curso de Direito da UFSM*, v. 3 n. 1, p. 1-50, mar.

natureza ontológica do bem jurídico define a sua alocação epistêmica no regime sancionador-punitivo.

3.3.2 O conceito de *ne bis in idem* sob um critério de razão e de justiça

A considerar-se modernamente um valor originário da lógica – ou para utilizar a expressão de António Cortês, um valor originário da *justificação racional, da* ética *ou da axiológica*[294] –, concernente à necessidade de vinculação de um acontecimento fático-histórico, qualificado como fato jurídico, a somente um resultado ofensivo à ordem normativa e, assim, a tributar a punição de condutas reprováveis nessa mesma ordem à razão de somente ser devida em uma única oportunidade *procedimental* e *material*, concebe-se o *ne bis in idem* como princípio geral do Estado de Direito,[295] dedicado a "conferir uma expressão garantística às nossas mais profundas objeções à irracionalidade no exercício do poder punitivo público".[296]

Há de se aferir uma correlação da lógica *procedimental*, persecutória *(ius persequendi)*, e ideológica sancionadora *(ius puniendi)*, com o valor *justiça*[297] *racionalizante,*[298] delineando a sua origem, ao menos incipiente, nas noções elementares do *direito natural*[299] de que o erro somente se persegue e se pune uma única vez.[300] As reprovações

---

2008; SILVA, Virgílio Afonso. *A constitucionalização do direito*: os direitos fundamentais nas relações entre particulares. São Paulo: Malheiros, 2005; e DREYA, Luis Carlos. *A constitucionalização do direito entre o público e o privado*. Dissertação (Mestrado em direito) – Ciências Jurídicas, Universidade do Vale do Rio dos Sinos. São Leopoldo, p. 165, 2007.

[294] Cf. CORTÊS, António. *Jurisprudência dos princípios*: ensaio sobre os fundamentos da decisão jurisdicional. Lisboa: Universidade Católica Editora, 2010.

[295] SALINAS, Henrique. *Os limites objetivos do ne bis in idem*: e a estrutura acusatória no processo penal português. Lisboa: Universidade Católica Editora, 2014, p. 110.

[296] LEITE, Inês Ferreira. *Ne (idem) bis in idem*: proibição de dupla punição e de duplo julgamento: contributos para a racionalidade do poder punitivo público. v. I. Lisboa: AAFDL – Almedina Universitária, 2016, p. 275.

[297] Cf. ZAGREBESLKY, Gustavo. *La ley y su justicia*: tres capítulos de justicia constitucional. Madrid: Trotta, 2008.

[298] LEITE, Inês Ferreira. *Ne (idem) bis in idem*: proibição de dupla punição e de duplo julgamento: contributos para a racionalidade do poder punitivo público. v. I, p. 276.

[299] Busca-se um direito ditado pela razão humana, como já delineava Vico: VICO, Giambattista. *Ciência nova*. Lisboa: Fundação Calouste Gubenkian, 2005, p. 673. Cf. ainda: LOPES, José Reinaldo de Lima. *Naturalismo jurídico brasileiro*. São Paulo: Saraiva, 2014; e SAINT-SERNIN, Bertrans. *A razão no século XX*. Brasília: EdUNB, 1998.

[300] Inês Ferreira Leite escreve que a ideia de *ne bis in idem* como injusta punição em razão de um mesmo fato, inicialmente, teria origem teológica, em que "o *ne bis in idem* tem

jurídicas, formais e substanciais, apenas se concretizam pelo Direito em uma única oportunidade, à vista do mesmo objeto, exaurindo, a partir disso, o exercício dos poderes de persecução e de punição do Estado. Perfaz, antes de uma demanda jurídica, uma demanda de ordem lógica, que, conjugadas, compõem o complexo conceito de *justiça* em um *Estado Constitucional de Direito*.[301]

Essa concepção deriva, por provável "recepção e adaptação do Direito Romano à teologia cristã",[302] do sentimento de justiça inato ao humano, de que punido o infrator (ou ele considerado inocente, ou absolvido por qualquer motivo preclusivo definitivo), superada encontrar-se-á a questão e, deveras, a necessidade de retribuição do mal pelo mal, assim como de correção e de exemplificação acerca do resultado do descumprimento da ordem normativa para os demais membros do coletivo social[303] – exauridas poder-se-ão considerar as funções retributivas e preventivas do direito sancionador (penal e administrativo) público.

Com a punição, ou com o exercício de qualquer outra resposta legal-estatal, para o ilícito, apresenta-se ao (e suplanta o) jurídico-normativo a noção de superação do problema social, de transposição e correção do todo fático, consertado pela adequada, razoável e pro-porcional, medida punitiva e ou persecutória empregadas.

No contexto jurídico, o *ne bis in idem* afigura-se como essência de eficácia preclusiva de uma medida judicial ou de uma decisão administrativa que impede nova apreciação processual e, por corolário, também nova punição, para fatos já apreciados e punidos pelo Estado

---

uma forte influência teológica nas suas origens, sendo mesmo possível que a sua raiz etimológica se encontre nos textos canônicos medievais" e que "Thomas Becket [Arcebispo de Canterbury, em 1170, em disputa com o Rei Henrique II, pela exclusividade do poder de punir os eclesiásticos], em sua defesa, terá invocado '*non enim judicat Deus bis in idipsum*', ou seja, que a proibição de duplo julgamento seria uma das leis divinas que os homens teriam que respeitar" (LEITE, Inês Ferreira. *Ne (idem) bis in idem*: proibição de dupla punição e de duplo julgamento: contributos para a racionalidade do poder punitivo público. v. I..., p. 94 e 56-57).

[301] Expressão utilizada por Luigi Ferrajoli (FERRAJOLI, Luigi. *Direito e razão...*, p. 17).

[302] LEITE, Inês Ferreira. *Ne (idem) bis in idem*: proibição de dupla punição e de duplo julgamento: contributos para a racionalidade do poder punitivo público. v. I..., p. 58.

[303] Questões essas que demonstram o retardo do reconhecimento do *ne bis in idem* como princípio geral do direito, em razão de iniciais e paulatinamente resolvidas antinomias entre os fins das penas e a evolução histórica do *ne bis in idem*, para desaguarem na noção de proporcionalidade. Nesse sentido, cf. LEITE, Inês Ferreira. *Ne (idem) bis in idem*: proibição de dupla punição e de duplo julgamento: contributos para a racionalidade do poder punitivo público. v. I..., p. 90-107.

sancionador,[304] apresentando-se-lhe um aspecto substancial e outro processual. Correlaciona-se com a própria noção de modalização deôntica, em que se conectam, por força de uma faceta da legalidade, os procedimentos jurídicos e, sem embargo, os preceitos da norma punitiva, em harmonização entre a descrição da proibição (ou do mandamento) e a sua sanção pertinente.[305]

Disso, são de se aferir, com certa autonomia, os aspectos *material e processual, (i)* de dimensão substancial e *(ii)* de dimensão formal, do princípio *ne bis in idem*, em que, para o primeiro caso, impedem-se a estipulação legislativa e a eventual concreção de mais de uma punição para um mesmo *fato-base*, conquanto acontecimento fático-histórico, de relevância para o Direito, ao passo que, para o segundo caso, a vertente processual, compreende o impedimento de instauração e de continuidade de novo processo, à vista de outro processo já encerrado definitivamente e que tenha enfrentado o mesmo objeto como lide.[306]

Ainda quanto à vertente processual do princípio, ela possui duas dimensões. A primeira perfaz direito subjetivo fundamental, a garantir ao indivíduo "o direito de não ser julgado mais de uma vez pelo mesmo facto, conferindo-lhe, ao mesmo tempo, a possibilidade de se defender contra atos estaduais violadores deste direito (direito de defesa negativo)".[307] Esta primeira face apresenta-se como *(a) dimensão subjetiva do princípio*. Por outro lado, também possui uma *(b) dimensão objetiva*, qualificada, na dogmática e na doutrina,[308] *e.g.*, portuguesa, como princípio constitucional e, dessarte, *dimensão principiológica constitucional objetiva de direito fundamental*, a obrigar "o legislador à conformação do direito processual e à definição do caso julgado material, de modo a impedir a existência de vários julgamentos pelo mesmo facto".[309]

---

[304] SALINAS, Henrique. *Os limites objectivos do ne bis in idem*: e a estrutura acusatória no processo penal português, p. 143.

[305] VILANOVA, Lourival. *As estruturas lógicas e o sistema do direito positivo*. 2 ed. São Paulo: Max Limonad, 1997; VILANOVA, Lourival. *Causalidade e relação no direito*. 4. ed. São Paulo: Revista dos Tribunais, 2000; VILANOVA, Lourival. *Escritos jurídicos e filosóficos*. v. I. São Paulo: AXIS MVNDI IBEST, 2003; VILANOVA, Lourival. *Escritos jurídicos e filosóficos*. v. II. São Paulo: AXIS MVNDI IBEST, 2003.

[306] SALINAS, Henrique. *Os limites objectivos do ne bis in idem*: e a estrutura acusatória no processo penal português, p. 145.

[307] CANOTILHO, José Joaquim Gomes; MOREIRA, Vital. *Constituição da República Portuguesa Anotada*. v. I. Coimbra: Coimbra, 2014.

[308] SALINAS, Henrique. *Os limites objectivos do ne bis in idem*: e a estrutura acusatória no processo penal português, p. 113.

[309] SALINAS, Henrique. *Os limites objectivos do ne bis in idem*: e a estrutura acusatória no processo penal português, p. 116.

Por esse último aspecto se pode falar também em dupla dimensão da vertente substantiva do princípio *ne bis in idem*, uma vez que ela *(i)* impede a execução de mais de uma punição em decorrência de um mesmo fato e, somando-se a isso, de *lege ferenda*, direciona-se ao legislador, para vinculá-lo ao *(ii)* dever de não estipulação de normas sancionadoras independentes ou concorrentes que possuam o mesmo *objeto jurídico*, ou seja, a mesma extensão de dano ou de ameaça de dano a um mesmo bem jurídico – direito subjetivo fundamental, para o primeiro caso, sem embargo de sua concepção principiológica implícita de vinculação do legislador.

Trilhar esse mesmo caminho processual apuratório e punitivo mais de uma vez, de forma simultânea ou sucessiva, neste último caso depois de aplicada a reprimenda – e isso vale para a interconexão entre o direito público e o direito privado –, a par da sensação de novo trabalho, incidente o esforço persecutório e punitivo em objeto que já fora realizado, completo e acabado, realiza, para além da notória ineficiência do sistema jurídico em seus escopos, um ato de arbítrio e de *sobrepoder* do Estado, sem óbice, de *sobrepoder da ordem normativa* – e, mesmo que previsto em lei, nas palavras de Alejandro Nieto,[310] induz compreender uma *sobrerreacción* do ordenamento jurídico – a afastar-se da necessária justiça almejada pelo Direito, conquanto a exação incidir sobre direitos fundamentais de indivíduo já punido, já responsabilizado por uma via da ordem jurídica, em ocasião pretérita e, destarte, não mais merecedor de qualquer outra nova sanção.

Nesse vértice, há de considerar-se que, uma vez punido o infrator, ele se torna livre de quaisquer novas imputações e sanções pelo mesmo fato, em concreta remissão da falta. Não se devem levar a efeito novas repercussões jurídicas: novos processos e ou sanções à vista de processo já definitivamente encerrado, cujo resultado tenha sido uma sanção punitiva ou uma absolvição.[311] Condenado o agente infrator, a pena e o seu cumprimento são o pagamento por um ato ilícito e uma vez pago por completo, não cabe nova cobrança pelo Estado ou pelo sistema jurídico. Esse é um viés da necessária segurança jurídica, ditada pela certeza do Direito, que deve permear toda relação de validade do direito, entre o Estado e os jurisdicionados e, por outra óptica, entre os particulares entre si.

---

[310] NIETO, Alejandro. *Derecho administrativo sancionador*. 5. ed. Madrid: Tecnos, 2012, p. 433.

[311] REALE JÚNIOR, Miguel. *Instituições de direito penal*: parte geral. v. I. Rio de Janeiro: Forense, 2006, p. 43 e ss.

Por força de toda essa concepção de certeza e de justiça do Direito, a expressão *ne bis in idem* ou, mais detalhada, *nemo debet bis vexari pro una et eadem causa*, assenta que ninguém deve ser julgado mais de uma vez por uma *única* causa. Compreende nítida relação de causa e efeito: a sanção, como *efeito*, decorre singularmente da *causa* concebida como infração *à* ordem normativa. Disso também não se admite mais de uma sanção decorrente desse julgamento de inferência de responsabilização por determinado ilícito. Há de se aferir um *critério lógico* de interpretação sistêmico-normativo dedicado *à* pacificação de conflitos afetos *às* constantes instabilidades na busca pela segurança jurídica, por meio da efetividade da justiça material.[312]

Dito isso, ou seja, abordado o conceito de *ne bis in idem* sob o vértice de uma concepção de racionalidade humana para a concretização da justiça do direito, mister indagar, pela *óptica* de sua *finalidade*, o porquê de a ordem normativa *não* admitir mais de uma punição *à* vista de um mesmo fato originário.

3.3.3 O escopo teleológico da proibição de mais de uma punição pelo mesmo fato

O *fim* apresentado pelo princípio *ne bis in idem* é o de *garantir um direito de essência fundamental*, qual seja, o de o indivíduo não ser processado e ou julgado mais de uma vez pelo mesmo fato-base – comporta, destarte, uma garantia individual[313] –, e, a partir dessa garantia de direito subjetivo, realizar a justiça por meio do direito-texto, do texto legal. Apresenta-se, à vista do exposto, como "um princípio que concretiza uma antecipação da tutela constitucional de outros valores importantes, tais como a segurança jurídica, a liberdade, a legalidade, a proporcionalidade e o princípio da culpa".[314] Com efeito, tem por finalidade a garantia de direitos, nomeadamente, direitos fundamentais.

Em Portugal, fala-se, na origem, em sua inicial correlação com a concepção de segurança jurídica e, sem embargo, com a liberdade e

---

[312] DE LEÓN VILLALBA, Francisco Javier. *Acumulación de sanciones penales y administrativas*: sentido y alcance del principio "ne bis in idem". Bosch. Barcelona, España, 1998, p. 388/389.

[313] SALINAS, Henrique. *Os limites objectivos do ne bis in idem*: e a estrutura acusatória no processo penal português, p. 143-145.

[314] LEITE, Inês Ferreira. *Ne (idem) bis in idem*: proibição de dupla punição e de duplo julgamento: contributos para a racionalidade do poder punitivo público. v. I, p. 276.

a dignidade do *arguido*,[315] a figurar como sujeito de direitos subjetivos perante o Estado-punitivo, mormente em sede de direito processual penal, reflexiva de uma acepção de justiça jurídico-processual.[316] Com efeito, o raciocínio versado permite-nos falar em um *fim específico* ou uma *finalidade* de aproximação do direito positivo ao conceito de justiça, esta como valor maior a influenciar os provimentos normativos.[317] Assim, o propósito teleológico *específico* do *ne bis in idem* é o de moldar o direito positivo ao valor *justiça*, que deve orientar as operacionalizações de concretização do Direito, para uma apreensão pelo Estado da *moral e da* ética *adequada*[318] à responsabilização pelas vias do direito sancionador público.[319]

Busca-se, com isso, o não arbítrio do Estado (a não *sobrerreacción* a que se referia Alejandro Nieto[320]), que deve assimilar a correção da ordem interna com a razoável e proporcional sanção – quer seja ela de caráter penal criminal, quer de caráter administrativo sancionador –, fundamentando-se no reconhecimento de os diversos procedimentos e penas levados a efeito pelo exercício do *jus persequendi* e do *jus puniendi* do Estado possuírem a mesma natureza jurídica. Dessarte, não se deve reconhecer autonomia de punições, malgrado elas existirem positivadas

---

[315] No Brasil, o *arguido* corresponde ao *interrogado* nos autos do procedimento administrativo investigativo criminal ou do processo penal, ou mesmo o investigado em inquérito policial ou em outra espécie de investigação criminal.

[316] Nesses termos, quanto ao aspecto subjetivo-processual, Inês Ferreira Leite esclarece que "só em meados do séc. XIX é que o *ne bis in idem* surge, pela primeira vez, configurado sob uma dimensão subjetiva, num inovador texto de Albert Friedrich Berner. Este autor acrescenta ao tradicional fundamento da segurança jurídica, o respeito pela liberdade e dignidade do arguido enquanto sujeito do processo penal, configurando o *ne bis in idem* como garantia do cidadão contra os excessos do poder punitivo do Estado". (LEITE, Inês Ferreira. *Ne (idem) bis in idem*: proibição de dupla punição e de duplo julgamento: contributos para a racionalidade do poder punitivo público. v. I, p. 127).

[317] Cf. OSÓRIO, Fábio Medina. *Direito administrativo sancionador*. São Paulo: Revista dos tribunais, 2005; PASCUAL, Gabriel Doménech. Es compatible con el principio *ne bis in idem* reabrir un procedimiento sancionador caducado? *Revista española de Derecho administrativo*. Madrid, n. 136, p. 727-755, oct./dic. 2007; e REBOLLO PUIG, Manuel et alli. Derecho administrativo sancionador. *Revista española de Derecho administrativo*. Madrid, n. 173, p. 155-179, noviembre 2015.

[318] Cf. DWORKIN, Ronald. *Justiça para ouriços*. Lisboa: Almedina, 2012; GADAMER, Georg. *O problema da consciência histórica*. Rio de janeiro: FGV, 1998; DWORKIN, Ronald. *Verdade e método*. v. I. Petrópolis: Vozes, 2002; DWORKIN, Ronald. *Verdade e método*. v. II. Petrópolis: Vozes, 2002; e COELHO, Inocêncio Mártires. *Da hermenêutica filosófica à hermenêutica jurídica*: fragmentos. São Paulo: Saraiva, 2010.

[319] *Cf.* FARIA COSTA, José de. Beccaria e a legitimação do direito penal: entre a ética das virtudes e a ética das consequências. *Revista Portuguesa de Ciência Criminal*. Ano 24. n. 2, abr./jun. 2014, p. 205-224.

[320] NIETO, Alejandro. *Derecho administrativo sancionador*, p. 433.

em ordens normativas distintas, conquanto fundadas em um mesmo fato-base, como fato gerador de processos e sanções. Na Constituição da República Portuguesa, encontra fundamento no art. 29º, nº 5, "como garante da paz jurídica do indivíduo, salvaguardando-o do exercício repetido do poder punitivo do Estado".[321] No Brasil, a sua normatividade é tributária de fundamento sistêmico, a partir do referido art. 5º, XXXVI, combinado com o art. 1º, III, da Lei Fundamental de 1988, a tecer as linhas do princípio da dignidade da pessoa humana, sem embargo de sua combinação, ainda, com o art. 5º, XLIV, da CRFB/88, que submete toda e qualquer decisão ao princípio do devido processo legal, compondo, destarte, também, elemento de garantia do indivíduo à *paz* e à *justiça*, codependentes, nesse caso, à limitação do poder sancionador do Estado.

Se o *(i) fim* do *ne bis in idem* é o de garantir a existência de um direito subjetivo e, consequentemente, o seu exercício e, com isso, a realização da justiça por meio do direito positivo, a sua *(ii) finalidade* diz respeito à contenção do poder punitivo do Estado, com a limitação de seus instrumentos legais empregados para esse mister, levando-o a considerar, por via reflexa, uma melhor racionalização do processo e do direito material como instrumentos de garantia da ordem social, assim como, sob o caráter de *dimensão constitucional objetiva*, a servir de valor orientador da atividade legislativo-sancionadora. Sem embargo, fazem-se conter nos exatos limites da concepção comum de justiça o *jus persequendi* e o *jus puniendi* estatais.[322]

Fácil perceber que o *fim* do princípio se refere à concreção de um valor pré-jurídico que tende a ditar o conteúdo das regras do direito posto, ao passo que a sua *finalidade* correlaciona-se diretamente aos mecanismos legais que tenham o potencial de conferir esse mesmo valor juridicizado e, com esse propósito, servir de instrumento jurídico para

---

[321] SALINAS, Henrique. *Os limites objectivos do ne bis in idem*: e a estrutura acusatória no processo penal português, p. 145.

[322] Inês Ferreira Leite aponta que "na dimensão constitucional objetiva, enquanto princípio geral de valor constitucionalmente reconhecido, o *ne bis in idem* impõe-se ao legislador ordinário na própria conformação do ordenamento jurídico-penal e processual penal e assume um papel de garantia; na sua dimensão subjetiva, enquanto direito fundamental, o *ne bis in idem* concede aos indivíduos faculdades de reação contra eventuais violações da proibição constitucional, ainda que num plano concreto individual, e impõe ao Estado e às demais entidades públicas deveres de proteção e de não interferência correspondentes" (LEITE, Inês Ferreira. *Ne (idem) bis in idem*: proibição de dupla punição e de duplo julgamento: contributos para a racionalidade do poder punitivo público. v. I, p. 278).

a *redução de complexidade* do sistema sancionador público e *paradigma de valor* para a orientação das atividades legislativas.[323]

É de se ressaltar, com base em seus *fim* e *finalidade*, que o princípio *ne bis in idem* apresenta referida dupla dimensão no seio de efeitos ao direito positivo, qual seja, dimensão *material* ou *substancial*, de modo a impedir o exercício *desproporcional* do *jus persequendi* e do *jus puniendi* do Estado, cujo excesso fere certeiramente a garantia de previsibilidade dos indivíduos acerca das reprimendas para as suas condutas infracionais.

Isso se dá em razão de a possibilidade da somatória das multiplicidades de sanções constituir-se em uma nova sanção, criando uma *visão externa* ao *princípio da proporcionalidade*.

Com efeito, as múltiplas sanções em decorrência de um único fato criam uma nova sanção, não desejada diretamente pelo legislador, o que, em um sentido mais alargado, pode também representar uma ofensa ao próprio princípio da legalidade estrita e a sua necessária taxatividade, a provocar insegurança jurídica e incerteza ao direito estatal.[324] [325]

A dimensão *processual* ou *formal* refere-se à proibição de ajuizamento de mais de um processo sancionador (entenda-se punitivo em geral),[326] simultâneo ou sucessivo, em razão de um mesmo fato-base.[327] Essa questão se constitui nos institutos da *litispendência* e da *coisa julgada* e faz atrair as regras da prejudicialidade de uma instância jurídica epistemológica em detrimento da outra, no caso, *e.g.*, a primazia da instância penal em detrimento da instância administrativa, acaso processos instaurados em ordens normativas distintas.[328]

Por outro lado, dentro de uma mesma ordem jurídica, a exemplo de mais de um processo penal instaurado para a apuração de um mesmo fato, a questão se resolve pelo critério cronológico de prevenção, em

---

[323] LEITE, Inês Ferreira. *Ne (idem) bis in idem*: proibição de dupla punição e de duplo julgamento: contributos para a racionalidade do poder punitivo público. v. I, p. 292-294.

[324] Cf. LEITE, Inês Ferreira. *Ne (idem) bis in idem*: proibição de dupla punição e de duplo julgamento: contributos para a racionalidade do poder punitivo público. v. II. Lisboa: AAFDL, 2016.

[325] BRANDÃO, Cláudio. *Tipicidade penal*: dos elementos da dogmática ao giro conceitual do método entimemático. 2. ed. Lisboa: Almedina, 2014, p. 113 e ss.

[326] SALINAS, Henrique. *Os limites objetivos do ne bis in idem*: e a estrutura acusatória no processo penal português, p. 147.

[327] *Idem, ibidem*, p. 147.

[328] NIETO, Alejandro. *Derecho administrativo sancionador*, p. 446; LLOBREGAT, José Garberí. *Derecho administrativo sancionador práctico*: comentarios, jurisprundencia y normativa reguladora. v. II. Los derechos fundamentales del inculpado en el procedimiento administrativo sancionador. Barcelona: Editorial Bosch, 2012, p. 296.

que o juízo que primeiro se movimentou para a apuração, conquanto competente para o mister proposto, prorroga sua competência para o deslinde da questão, em detrimento do juízo do posterior processo penal, que deve ser encerrado.

Em que pese a acepção comum do princípio *ne bis in idem* ditar o sentido de que a sua aplicação se refira a um único ramo do Direito, a uma única ordem normativa vista de modo interno, a exemplo de estender efeitos para o direito penal e processual penal com o fim de paralisar a segunda sanção ou o segundo procedimento punitivo de caráter criminal, a medida estende-se em efeitos para todos os ramos do direito sancionador ou punitivo estatal, mormente à vista da multiplicidade de Tribunais e de órgãos não jurisdicionais detentores de atribuições de coerção, a exemplo dos órgãos da administração tributária, previdenciária, administrativa decorrente do poder geral de polícia e disciplinar.[329]

O direito de punir do Estado é uno, não comporta distinção ontológica, e se afigura compartilhado entre essas diversas faces do poder público (Tribunais e Administração Pública), fazendo-se mister o reconhecimento e a utilização do duplo aspecto material e processual do *ne bis in idem* para a regulação harmônica do tema entre os sistemas normativos penal e administrativo, sem se afastar de sua observância, nesses dois aspectos, na ordem interna de cada sistema punitivo. Porém, há de se denotar certa peculiaridade que tende, ao menos inicialmente, à distinção ontológica, quando se fala em *bens jurídicos* protegidos pelas diversas esferas dos ramos sancionadores-punitivos da ordem normativa. Com efeito, a natureza jurídica dos bens tutelados pelas normas punitivas possui notadamente o condão de restringir a liberdade conformativa do legislador em definir o alcance do *jus persequendi* e do *jus puniendi* do Estado – e isso é o que denominamos de efeito impeditivo universalizante do princípio *ne bis in idem*.

---

[329] Cf. COSTA, José Armando da. *Teoria e prática do processo administrativo disciplinar*. 3. ed. Brasília: Brasília Jurídica, 1999; COSTA, José Armando da. *Incidência aparente de infrações disciplinares*. Belo Horizonte: Fórum, 2004; COSTA, José Armando da. *Direito disciplinar*: temas substantivos e processuais. Belo Horizonte: Fórum, 2008; COSTA, José Armando da. *Direito administrativo disciplinar*. 2. ed. São Paulo: Método, 2009; COSTA, José Armando da. *Processo administrativo disciplinar*: teoria e prática. 6. ed. Rio de Janeiro: Forense, 2010.

3.3.4 O *efeito impeditivo universal-constitucional* do princípio *ne bis in idem* para uma adequada leitura epistêmica da teoria do bem jurídico

À luz do escopo teleológico por detrás da proibição de mais de uma punição estatal pelo mesmo fato, há se conceber *uma proibição universal*, de modo a abarcar a seara das relações jurídicas públicas e, também, das relações jurídicas estritamente privadas, a indicar a existência de facetas, respectivamente, de *eficácia vertical* desse princípio e de *eficácia horizontal;*[330] o Estado e os particulares devem respeito ao *ne bis in idem.*

Assim, não *é* exagero sustentar a interação complexa do efeito do princípio *ne bis in idem* entre os ramos público e privado do direito, a ponto de inferir que uma vez punido pelo direito sancionador público não cabe sanção, em razão do mesmo fato-base, no direito sancionador privado e a recíproca também se impõe, a denotar que punido o infrator pelas vias do direito privado ficam obstados o processo e a sanção por meio do direito público.

Isso se poderia sentir, por exemplo, para os casos de uma mesma conduta surtir iniciais efeitos no direito penal, no direito administrativo disciplinar e no direito civil,[331] quanto a este *último*, *e.g.,* na lei de improbidade administrativa. Defendemos aqui a inter-relação complexa[332] entre esses ramos do direito sancionador geral (público e privado), para se inferir o *efeito impeditivo universal* do *ne bis in idem,* em que apenado o agente infrator em uma dessas instâncias jurídicas,

---

[330] SARLET, Ingo Wolfgang. *A eficácia dos direitos fundamentais*: uma teoria dos direitos fundamentais na perspectiva constitucional. 13. ed. Porto Alegre, 2018.

[331] Assinala Belén Casado (p. 253-354) que o *non bis in iden* "es principio que procede en la aplicación de sanciones penales y administrativas. Este principio que un mismo hecho sea sancionado doblemente cuando estas sanciones responden a la protección del mismo bien jurídico. Esta prohibición o limitación en la imposición de sanciones funciona, no solo en el âmbito interno del próprio Derecho Penal o Derecho Administrativo, sino también en las relaciones entre ambos Derechos; de estas manera, está prohibido aplicar varias sanciones penales por un mismo hecho cuando la sanción responde a la protección de un mismo bien jurídico, y también está prohibida la imposición de sanciones penales con sanciones administrativas, cuando igualmente ambas responden a laprotección del mismo bien jurídico. Nos planteamos ahora la aplicación de este principio entre las sanciones penales e civiles". O referido autor exemplifica mais adiante (p. 255), para o direito espanhol, a incompatibilidade da aplicación de dupla sanção de *destituição do poder familiar sobre os filhos*, uma de caráter civil e outra de natureza penal, pelo mesmo fato ilícito (CASADO, Belén. *El derecho sancionador civil*: consideraciones generales y supuestos. Madrid: Universidade de Mâlaga, 2009, p. 253-255).

[332] MORIN, Edgar. *Introdução ao pensamento complexo*. Tradução de Eliane Lisboa. 5. ed. Porto Alegre: Sulina, 2015.

CAPÍTULO 3
DIREITOS CONSTITUCIONAIS FUNDAMENTAIS E A INVESTIGAÇÃO CRIMINAL DE POLÍCIA JUDICIÁRIA | 183

impedidos estarão os demais ramos do direito para o processo e para a sanção.

Por outro lado, *à* vista disso, poder-se-ia sustentar – e ao final se sustenta, com a ressalva do parágrafo seguinte – a distinção não de *bens*, mas sim de *objetos* jurídicos tutelados em cada um desses ramos do direito punitivo e que a conduta do agente teria ofendido individualmente a cada um desses *objetos*, em um verdadeiro concurso formal, em que o infrator agiria uma *única* vez, em uma *única* circunstância de tempo e de lugar, e, não obstante, ofenderia a mais de um *objeto* jurídico.

Sob o aspecto teórico, isso dificilmente se sustentaria para a concorrência entre as punições da Lei de Improbidade e as suas correlatas punições penais, uma vez que os objetos jurídicos protegidos pelas tipificações dos ilícitos civis da Lei de Improbidade Administrativa e os ilícitos penais que são com elas conexos (*v.g.*, os crimes contra a administração pública, previstos no Código Penal brasileiro) tutelam o mesmo objeto, qual seja, a probidade na Administração Pública e o seu patrimônio público.

Afirma-se, com isso, que, *e.g.*, a Lei de Improbidade Administrativa, Lei nº 8.429/92, e os crimes contra a Administração Pública apenas fazem previsões de sanções distintas, respectivamente, cível e penal, para os mesmo fatos, sem se aperceberem que tais sanções de leis distintas incidem sobre ofensa ao mesmo objeto protegido, ou seja, tutelam a mesma objetividade jurídica.[333]

Tomemos como exemplo o direito administrativo disciplinar, mas o que se ora aponta vale, em igual medida, para o ilícito civil de improbidade administrativa e, não obstante, para as demais espécies de ilícitos jurídicos. Senão, vejamos.

A doutrina que assim referenciamos clássica[334] e, de certa forma, dominante – em que pese a atual e paulatina mudança de paradigma, ao menos no Brasil – considera não existir qualquer função de proteção de bens jurídicos a ser exercida pelo direito disciplinar por meio

---

[333] BRANDÃO, Cláudio. *Tipicidade penal*: dos elementos da dogmática ao giro conceitual do método entimemático, p. 113-144; Cf. também: PRADO, Luiz Regis. *Bem jurídico e Constituição*. 7. ed. São Paulo: Revista dos Tribunais, 2015; SILVA, Ivan Luiz da. O bem jurídico penal como limite material à intervenção criminal. *Revista de Informação Legislativa – RIL*, Ano 50, n. 197, p. 64-74 jan./mar. 2013, p. 64-65; e OLIVEIRA, Miguel Tassinari de. *Bem jurídico-penal e Constituição*. 2010, 169 fl. Dissertação (Mestrado em Direito) – Direito das Relações Sociais, Pontifícia Universidade Católica de São Paulo, São Paulo, 2010.

[334] CRETELLA JÚNIOR, José. *Direito administrativo do Brasil*: processo administrativo. São Paulo: Revista dos Tribunais, 1962.

das previsões típico-legais de ilícito disciplinar.[335] [336] Assim, *e.g.*, em Portugal, a concepção majoritária é a de que a *relação especial de sujeição ao Estado*, a que se encontra submetido o agente público a partir do momento de seu ingresso nos quadros do serviço público, e os fins que visam exclusivamente à prevenção organizacional possuem o condão de criar uma série de *deveres funcionais* que, dessarte, seriam tais deveres, de fato, o objeto de proteção dado pela previsão em abstrato de ilícitos afetos ao controle disciplinário.[337] Com efeito, a razão de ser do rol de ilícitos disciplinares aplicáveis de modo *interna corporis* compreenderia a necessidade de conservação da relação de sujeição dos agentes públicos ao Estado. Destarte, mister reparar que os autores reportados assinalam que o direito disciplinar não tutela bens jurídicos, mas sim deveres funcionais e, assim, em última instância, protege a relação especial de sujeição que vincula agente público e Estado, e, nessa esteia, a continuidade do serviço público.

Por essa óptica, enxerga-se a relação especial de sujeição – e aqui ressaltamos o vocábulo *sujeição* – como uma relação de *deveres* e, nessa medida, as tipificações disciplinares prestar-se-iam somente à tutela desses *deveres*, de caracteres estatutário-funcionais: institucionais. Para essa acepção, parte-se da premissa de existir uma *distinção ontológica entre o ilícito penal e o ilícito disciplinar*[338] e, destarte, diferenciação dos *fins* de um e de outro ramo punitivo, conquanto se constatar, em sede de direito penal (e isso se daria na própria estrutura da norma penal, no direito-texto penal), a proteção de bens jurídicos importantes para o adequado convívio social e, por outra via, para o direito disciplinar, a proteção meramente tangencial dos bens de maiores relevos, compreendendo uma espécie de proteção institucional (entendimento comum de as sanções disciplinares visarem exclusivamente a fins preventivos organizacionais[339]), materializada na tutela apenas dos *deveres de submissão do agente público ao Estado* (relação especial de sujeição funcional). Temos, sob essa mirada, o pensamento de

---

[335] DIAS, Jorge de Figueiredo. *Direito penal*: questões fundamentais: a doutrina geral do crime. Tomo I, 2. ed. Coimbra: Coimbra, 2007, p. 169 e ss.

[336] Cf. também: ARAÚJO, Edmir Netto de. *O ilícito administrativo e seu processo*. São Paulo: Revista dos Tribunais, 1994, p. 28.

[337] DIAS, Jorge de Figueiredo. *Direito penal*: questões fundamentais. A doutrina geral do crime. Tomo I, p. 169 e ss.

[338] CRETELLA JÚNIOR, José. *Direito administrativo do Brasil*: processo administrativo.

[339] CAETANO, Marcello. *Manual de direito administrativo*. 10. ed. Coimbra: Almedina, 2004, p. 799 e ss.; e SILVA, Germano Marques da. *Direito penal português I*: introdução e teoria da lei penal. Parte geral. 3. ed. Lisboa: Verbo, 2010, p. 129.

estudiosos do tema de que o ilícito de direito penal ofenderia o Estado por um viés externo e o direito disciplinar, por um substrato interno.[340] Essa também é em parte – com a ressalva de que poderia, por exceção, haver ilícitos disciplinares orientados pelo *desvalor do resultado* e, dessarte, com a *função e finalidade de proteção de bens jurídicos* – a posição de Jorge de Figueiredo Dias, ao esclarecer que os ilícitos disciplinares são dedicados à proteção de deveres funcionais concebidos pelo direito material em forma de relação de sujeição especial do agente público para com o Estado.[341] Deveres, na conceituação do autor, que o faz em um sentido lato, seriam a sujeição como característica maior da relação de emprego e ou de serviço público[342] e nesses moldes, ao considerar a finalidade e a função do direito disciplinar, assegura que "(...) a medida disciplinar esgota a sua função e finalidade – diversamente com o que sucede com a pena criminal – no asseguramento da funcionalidade, da integridade e da confiança do serviço público".[343] Diante disso, não se pode afirmar ter o direito disciplinar uma previsão primária ou mesmo secundária de prevenção geral, mas, tão somente, especial.[344] Por outro

---

[340] ARAÚJO, Edmir Netto de. *O ilícito administrativo e seu processo...*, 1994.

[341] Francisco Pereira Coelho e Manuel Rosado Coutinho, também sob o enfoque da proteção de deveres funcionais como função dos ilícitos disciplinares e esta ser uma espécie de distinção entre eles e os ilícitos penais, afirmam que "(...) um serviço público pode, antes de tudo, integrar-se no quadro geral dos valores do Estado que cumpre a este defender em certos casos. Assim é que nós encontramos no Código Penal uma série de crimes traçados em atenção à defesa do bom exercício dos serviço públicos, v. *g.*, a concussão, o peculato, etc. Cada serviço público, ou uma certa profissão de interesse público, constitui por sua vez uma unidade, considerados os especiais fins ou interesses que visa realizar. Ora esta unidade exige uma disciplina que garanta o seu perfeito desenvolvimento em vista dos interesses que serve e, portanto, exige penas que os tutelem. E, assim, aparece um ilícito disciplinar e penas disciplinares que, dada a unidade a que se ligam se diferenciam do ilícito e das sanções criminais propriamente ditas" (COELHO, Francisco Pereira; COUTINHO, Manuel Rosado. *Direito criminal*. Lições do Prof. Dr. Eduardo Correia ao Curso do IV Ano Jurídico. v. I. Coimbra: Atlantida II Coimbra, 1949, p. 38-39).

[342] DIAS, Jorge de Figueiredo. *Direito penal*: questões fundamentais. A doutrina geral do crime. Tomo I, p. 170.

[343] DIAS, Jorge de Figueiredo. *Direito penal*: questões fundamentais. A doutrina geral do crime. Tomo I, p. 170.

[344] Francisco Pereira Coelho e Manuel Rosado Coutinho apontam sobre essa questão a defesa de uma distinção de essência, uma distinção ontológica, entre os ilícitos disciplinares e os ilícitos penais. Os referidos autores esclarecem que "quando se procura distinguir o ilícito criminal administrativo do ilícito criminal de justiça, pode antes de tudo pensar-se numa distinção puramente quantitativa: até uma certa punição, estar-se-ia em face, no direito criminal, de *bagatela*, (i) que se poderiam designar por ilícito criminal administrativo. Só que uma distinção com esta base, porventura cómoda, não teria qualquer valor material: seria puramente formal e por consequência mais ou menos arbitrária. A distinção a procurar há-de ser, pois, qualitativa. (...) certos autores procuram encontrar a distinção entre o ilícito criminal e o ilícito administrativo na diversidade dos fins das penas que

lado, o próprio Figueiredo Dias escreve que, malgrado essa inicial compreensão de função e finalidade endógenas do direito disciplinar ao direcionar-se à tutela de *deveres* funcionais, não se poderia, em definitivo, fazer a contraposição entre esses dois ramos do direito com o argumento de que o direito penal dedicar-se-ia exclusivamente à proteção de bens jurídicos (desvalor do resultado) e o direito disciplinar, exclusivamente, à proteção de deveres funcionais (desvalor da ação).[345]

Inês Ferreira Leite, à vista da natureza de suas sanções, as penas disciplinares, esclarece que, apesar de ser entendimento comum que o direito disciplinar e o seu ilícito possuem fins exclusivamente preventivos organizacionais (o que – acrescentamos – também poderia se afirmar sobre os ilícitos civis de improbidade administrativa) e, assim, dedicarem-se a essa prevenção institucional afeta à organização geral dos serviços públicos, "alguns autores têm ainda afirmado que a mera tutela de fins organizacionais não esgota nem explica, cabalmente, a atual expansão do poder disciplinar e que se torna claramente identificáveis fins punitivos nas sanções disciplinares".[346]

Para a autora, "o facto de estarem atribuídos, ao Direito Disciplinar, fins distintos do Direito Penal não implica, necessariamente, que a sanção disciplinar não possa consistir num meio dotado de similitude à pena criminal"[347] e que "há mesmo um setor da doutrina que sustenta o entendimento segundo o qual o Direito Disciplinar e o Direito Penal são reflexos de um mesmo poder punitivo, devendo encontrar-se sujeitos às mesmas regras fundamentais".[348] Afirma-se aqui a indistinção ontológica entre os ilícitos penal e disciplinar e, sem embargo, a teoria se aplica, também, ao ilícito civil de improbidade administrativa.

Sob as balizas delineadas por Figueiredo Dias, acreditamos que, em atenção à necessidade de proteção de direitos fundamentais – no

---

caberiam a uma ou a outra modalidade de ilícito. Deste modo, diz-se que a pena de direito administrativo não visaria uma justa *retribuição*, mas *coagir*. Outras doutrinas pretendem fazer a distinção considerando no direito penal de justiça há sempre a violação ou perigo de violação de bens jurídicos, enquanto que o direito criminal administrativo se esgotaria em uma *mera desobediência*, isto é, na violação da autoridade do legislador" (COELHO, Francisco Pereira; COUTINHO, Manuel Rosado, *op. cit.*, p. 25-26).

[345] DIAS, Jorge de Figueiredo. *Direito penal*: questões fundamentais. A doutrina geral do crime. Tomo I, p. 171.

[346] LEITE, Inês Ferreira. *Ne (idem) bis in idem*: proibição de dupla punição e de duplo julgamento: contributos para a racionalidade do poder punitivo público. v. I, p. 374-375.

[347] *Idem, ibidem*, p. 374.

[348] LEITE, Inês Ferreira. *Ne (idem) bis in idem*: proibição de dupla punição e de duplo julgamento: contributos para a racionalidade do poder punitivo público. v. I, p. 375-376.

CAPÍTULO 3
DIREITOS CONSTITUCIONAIS FUNDAMENTAIS E A INVESTIGAÇÃO CRIMINAL DE POLÍCIA JUDICIÁRIA | 187

sentido que defende Inês Ferreira Leite[349] –, que tecem normatividade não somente em sede de direito penal, mas também no âmbito do direito disciplinar, que consideramos, igualmente, nos mesmos moldes do sub-ramo penal, sub-ramo do direito punitivo geral do Estado – e isso se afere nas constatações de tipificação nos dois ramos em comento –, as prescrições proibitivas nessas searas punitivas comportam comuns previsões de condutas puníveis, *firmadas na consideração dos desvalores de ação e de resultado*, indistintamente, nos dois ramos punitivos.

Aferimos, assim, claros fins punitivos do direito disciplinar, cujas sanções são dotadas, a exemplo do direito penal, de prevenções e fins repressivos, contendo uma *lógica retributiva e de prevenção geral.*[350] [351] Nisso, ao se considerar a possibilidade, inclusive empírica, de condutas administrativas de agentes públicos serem assumidas pela lei como proibidas no bojo do direito disciplinar à vista do *desvalor do resultado* e não da ação, a proteção a bens jurídicos assume objeto da *função* e da *finalidade*, também, do direito disciplinar, com a prescrição adequada de ilícitos nesse campo do direito sancionador.[352] Com efeito, concordamos com as assertivas de Inês Ferreira Leite, por ocasião em que sustenta que, do mesmo modo que não se concebe normas punitivas afastadas da observância de um ou mais direitos fundamentais, "não se pode hoje entender que o poder disciplinar vise exclusivamente a tutela do bom funcionamento interno da instituição, nem um suposto dever de lealdade à instituição".[353]

Com efeito, para além da relação especial de sujeição, ao concordarmos com a possibilidade de proteção de bens jurídicos pelo direito penal e, sem embargo, pelo direito disciplinar, deparamo-nos, ao menos em tese, com a possibilidade de dupla proteção normativa, por meio de preceitos normativos de regimes jurídicos distintos, ao, inadvertidamente (inconstitucionalmente), direcionarem a incidência para a tutela de um mesmo bem jurídico.

---

[349] Assinala Inês Ferreira Leite que "se é certo que o Direito Disciplinar se pode caracterizar por ser um Direito setorial, aplicável a um conjunto de pessoas que têm em comum, entre si, a pertença a uma instituição – seja ela pública ou privada – vinculação esta que nem sempre será voluntária – não se pode, por si só, justificar que estes indivíduos se vejam excluídos da proteção conferida por um ou mais direitos fundamentais" (*Idem, ibidem, p.* 379-380).

[350] *Idem, ibidem,* p. 373-374

[351] REALE JÚNIOR, Miguel. *Instituições de direito penal*: parte geral. v. I... 2006, p. 43 e ss.

[352] DIAS, Jorge de Figueiredo. *Direito penal*: questões fundamentais. A doutrina geral do crime. Tomo I, p. 171-172.

[353] LEITE, Inês Ferreira. *Ne (idem) bis in idem*: proibição de dupla punição e de duplo julgamento: contributos para a racionalidade do poder punitivo público. v. I, p. 380.

A tipicidade e a eleição dos adequado-epistemológicos valores a serem erigidos a bens jurídicos relevantes em cada campo do direito punitivo geral, de direito sancionador público, ganham força e impõem o enfrentamento de investigação por uma nova óptica: a de que há *valores epistemológicos exclusivos (de certa carga ontológica por via dos fins e da finalidade dos diversos ramos jurídico-punitivos)* e, dessarte, bens relevantes jurídicos distintos entre o direito penal e o direito disciplinar (e, assim, também, para os demais ramos punitivos do Estado), em que cada qual, ao seu critério e de modo exclusivo (político-constitucional-criminal, para o direito penal, com função e finalidade de previsão, primária ou mesmo secundária, de prevenção geral; e político-constitucional-institucional afeta, *e.g.*, o *interesse público*, com função e finalidade de previsão de prevenção especial, para o direito disciplinar) encarrega-se de proteção.[354]

Voltando à distinção que fizemos entre bem jurídico e objeto jurídico, sob esses vértices e a par dos argumentos afetos à "relação especial de sujeição do agente público ao Estado" como cerne justificante dos ilícitos *interna corporis* – de modo a, assim, aceitarmos a *função* e *finalidade* do direito penal e do direito disciplinar de proteção de bens jurídicos –, a tese de que o ilícito disciplinar e o ilícito penal poderiam incidir para a proteção de um mesmo *bem jurídico* sem que se reconheça *bis in idem* punitivo sustenta-se, também, no argumento de que há uma *distinção de grau de ofensa ao bem jurídico* condominialmente protegido por esses dois ramos sancionadores. Haveria, nesse caso, uma ofensividade gradativa ao bem jurídico comum que seguiria um crescente *iter* do ilícito disciplinar para o ilícito penal (e o mesmo, fora da relação especial de sujeição, seguiria do cível para o penal, se fosse o

---

[354] Baumann, *e.g.*, adverte sobre a necessidade de tutela de valores maiores pelo direito penal, deixando o direito que denominou de acessório aos bens jurídicos de menor relevo social e, assim, acrescenta que "el deslinde entre derecho penal criminal y el derecho penal accesorio ha sido siempre objeto de controversias. Se había impuesto la opinión, promovida especialmente en los trabajos de GOLDSCHMID (TD as VerwaZtungsstrafrecht [El derecho penal administrativo], 1902), FRANK (Studien zum Po-Iizeistrafreckt [Estudios sobre el derecho penal de policía], 1907) y ERIK WOLF (en el libro de homenaje a Frank, 1930, 11, ps. 5 16 y SS.), que lo injusto criminal y la simple trasgresión al orden eran diferentes no sólo cuantitativa, sino cualitativamente. Se creyó que el deslinde residía en que sólo em injusto criminal estaba lesionado un bien jurídico material y que la trasgresión al orden constituía una simple desobediência frente al orden jurídico y lesionaba iinicamente bienes administrativos. Después predominó el criterio según el cual el deslinde iio debía hacerse con arreglo a la forma de la lesión del bien jurídico, sino a la relevancia moral" (BAUMANN, Jürgen, *Derecho penal*: conceptos fundamentales y sistema. Introducción a la sistemática sobre la base de casos. Buenos Aires: Ediciones Depalma, 1973, p. 5).

caso). O direito disciplinar protegeria o bem jurídico ao proibir condutas de agentes públicos que ofendessem ou ameaçassem de ofensa o bem em menor gravidade (menor ofensividade ao bem jurídico comum aos dois ramos do direito), ao passo que o direito penal, em razão do princípio da *ultima ratio* e de seu efeito de fragmentariedade punitiva, encarregar-se-ia da proteção contra ofensas graves a esse mesmo bem jurídico.[355] Dessa forma, o mesmo *bem jurídico* distribuiria *objetividades jurídicas* distintas aos diversos ramos jurídicos punitivos, que ficariam encarregados de suas exclusivas proteções.

Sob esse vértice, aceitar-se-iam mais de uma norma punitiva – no caso, uma norma penal e uma norma disciplinar (o que podemos denominar de *normas intersancionadoras*, conquanto pertencentes a ramos punitivos distintos e, todavia, incidentes para) – postas à repreensão de condutas humanas, sem que com isso se falasse em duplo binário repressor. À vista de ofensas diversas ao mesmo bem jurídico, os ramos epistemológicos do direito punitivo geral do Estado não se sobrepõem, mas tão somente se encarregam de distintos estratos (objetividades jurídicas) de proteção, malgrado tratar-se de um mesmo bem submetido à vigilância de mais de uma norma. Sob essa óptica, *bens jurídicos protegidos* e *objetos jurídicos protegidos* seriam categorias diversas, na medida em que o *bem jurídico* protegido seria o todo, e o *objeto jurídico* de proteção seria apenas uma singular *camada* de proteção do todo, do bem jurídico, afeto a cada ramo sancionador, em razão de suas *funções*. Com efeito, o direito disciplinar se encarrega de ofensas mais brandas, e o direito penal, de ofensas mais graves a bens jurídicos factivelmente idênticos, sem, contudo, sobreposição de objetos tutelados e, dessarte, sem se falar em *bis in idem* sancionador.

Por exemplo, o Superior Tribunal Militar brasileiro (STM) assinalou adotar a presente tese, ao rejeitar uma impugnação de servidor público punido na seara penal e na seara administrativa, esclarecendo que, apesar de as punições terem sido decorrentes de um mesmo fato, os objetos de proteção das normas punitivas eram distintos, em razão do grau de ofensa ao bem jurídico. Nesses termos, decidiu por "rejeitar

---

[355] BRANDÃO, Cláudio. *Tipicidade penal*: dos elementos da dogmática ao giro conceitual do método entimemático, p. 113-144. Cf. também: PRADO, Luiz Regis. *Bem jurídico e Constituição*. 7. ed. São Paulo: Revista dos Tribunais, 2015; SILVA, Ivan Luiz da. O bem jurídico penal como limite material à intervenção criminal. *Revista de Informação Legislativa – RIL*, Ano 50, n. 197, p. 64-74 jan./mar. 2013, p. 64-65; e OLIVEIRA, Miguel Tassinari de. *Bem jurídico-penal e Constituição*. 2010, 169 fl. Dissertação (Mestrado em Direito) – Direito das Relações Sociais, Pontifícia Universidade Católica de São Paulo, São Paulo, 2010.

a peça exordial que se firmava no argumento de que configuraria dupla condenação, na medida em que houvera punição disciplinar sobre o mesmo fato, [pois decisão nesse sentido] contraria a independência das instâncias penal e administrativa. Ademais, o grau de ofensividade do objeto jurídico tutelado (disciplinar e hierarquia) nessas duas esferas é diverso".[356]

Com efeito, a tese da relevância do fato para os ramos epistemológicos sancionadores é sedutora. O grau de ofensa ao bem jurídico parece, em uma primeira mirada, convencer de que não se trata, de fato, de *bis in idem*. Os bens jurídicos suportam notadamente gradações e isso se percebe no próprio direito-texto, a exemplo do Código Penal brasileiro, e, assim, também em diversos diplomas estrangeiros análogos, em que, *e.g.*, o patrimônio, como bem jurídico tutelado pelas normas incriminadoras contidas nos artigo 155 e seguintes, incidem, para as diferentes tipificações criminais e penas correlatas, determinados aspectos graduais do mesmo bem jurídico, o *patrimônio*. Assim, *e.g.*, também se dá para as atenuantes e prescrições de penas para os casos de crimes tentados, em que a tentativa de crime ofende ou expõe a risco de ofensa o objeto jurídico em menor grau.

De fato, não se questiona a possibilidade de gradação de ofensa a um mesmo bem jurídico. Todavia, não é essa gradação sozinha que teria o condão de distinguir o que seria afeto ao direito penal e o que seria afeto ao direito disciplinar ou a outro ramo punitivo do Estado, ou mesmo do direito privado. Como anotado, a gradação de ofensa a um mesmo bem jurídico é patente no Código Penal brasileiro e isso não é o suficiente para retirar determinada ofensa mais branda ao bem jurídico *patrimônio* das fileiras criminais do referido *codex criminal*. Por outro lado, se aceitasse esse argumento de distinção, *v.g.*, entre os ramos penal e disciplinar em razão da gradação de ofensa ao bem jurídico, o que distinguiria então as contravenções penais das infrações disciplinares? Bem sabido que as contravenções são espécies de ilícitos penais de menor ofensividade e não ilícitos disciplinares ou ilícitos civis ou meramente administrativos.

Nisso, afere-se que o critério da relevância, ou seja, do grau de ofensa ao bem jurídico, não se presta *isoladamente* à distinção ontológica entre os objetos de proteção de um e de outro ramo do direito punitivo geral do Estado. Se não há um critério empírico, para essa estratificação

---

[356] STM, Recurso em Sentido Estrito RSE 00000684920157060006 BA.

de um mesmo bem jurídico, esse critério, quando muito, serve ao legislador, para as tipificações em abstrato de crimes que visam à proteção de um mesmo bem jurídico, como no caso dos crimes contra o *patrimônio* ou *contra a Administração Pública*, previstos no Código Penal. Entretanto, não se hão de esquecer os motivos e funções dos ramos punitivos, ou seja, a quais escopos se dedicam os diversos regimes sancionadores da ordem normativa.

Com efeito, *(i)* a tese da gradação de ofensa ao bem jurídico deve ser combinada com *(ii)* a tese da função e finalidade de cada ramo epistemológico do direito punitivo estatal, para, só assim, firmar a escolha ou a classificação de objetividades jurídicas carentes de *proteção exclusiva* a que se deve dedicar cada ramo do direito punitivo estatal.

À vista do exposto, devemos assentir que os bens e objetos jurídicos do direito penal e do direito sancionador como um todo (a incluir o direito disciplinar e as demais espécies de ilícitos instituídos pelo Estado) e, assim, a relevância da esfera de proteção de um e de outro, são distintos e, não obstante, complementares, e esse fenômeno se estende aos demais ramos do direito punitivo do Estado. Cada ramo epistemológico do direito sancionador geral do Estado, sem embargo, incide sobre determinada objetividade jurídica afeta a parcela do bem jurídico de interesse de seus fins – de interesse dos fins que nomeadamente motivaram a partição epistemológica da unidade punitiva do Estado.

Assim, faz-se imperiosa a adequada definição das fronteiras de normatividade dos ramos punitivos que ora nos referimos e objetividades jurídicas submetidas às pertinentes tutelas dos díspares regimes punitivos, de modo a comportarem a gradação de ofensa ao bem para a distinção dos seus "nichos" de normatividade, como um *divisor de* águas, definidor dos campos de incidências dos ramos punitivos do Direito. Assim, essa moldura normativa dar-se-á com a adequada definição dos fins e funções de cada ramo jurídico-punitivo do Estado.

Por exemplo, o direito penal, em linhas gerais e em apertada síntese, dedicado à proteção de objetos jurídicos afetos à concepção funcional de tutela de elevados valores coletivos, para a garantia de uma ordem macro de harmonia social, em notada acepção de *ultima ratio*, ao passo que, *e.g.*, o direito disciplinar, afeto ao interesse público de uma Administração eficiente e eficaz, de modo a estampar as necessidades de tipificações direcionadas a proteção de bens carentes de proteção pertinentes à continuidade da prestação de serviços públicos.

Daí advém a necessidade, *de lege ferenda*, de identificação, em cada ramo punitivo, de seus objetos jurídicos exclusivos, submetidos à proteção normativa.

Sem embargo, ilícitos penais e disciplinares (assim como as demais categorias de ilícitos) não possuem distinções básicas ontológicas e são apenas epistemologicamente subdivididos e atribuídos a ramos distintos de um direito punitivo maior e geral do Estado. Os escopos funcionais e teleológicos os diferem e nisso reside a vinculação do legislador no momento de criação das leis incriminadoras e definidoras de ilícitos disciplinares ou definidoras de infrações das mais diversas ordens, com vistas à distribuição distinta de objetos jurídicos a serem dignos de uma e de outra tutela protetiva – compreende faceta metaconstitucional, a compor critério histórico-temporal e, local-contextualizado, a servir de balizas orientadoras do justo e do injusto, do lícito e do ilícito, às positivações jurídicas punitivas.

A legalidade direcionada de cada tipo prescritivo a seu ramo jurídico punitivo deve-se fazer hígida e precisa, de modo à adequada indicação, não compartilhada ou sobreposta de bens jurídicos afetos, *exempli gratia*, ao direito penal e ao direito disciplinar.

Em razão de uma gênese ontológica comum entre a categoria ilícito, constata-se *bis in idem* sempre que os tipos prescritivos previstos em cada um dos ramos do direito se refiram a bens jurídicos comuns e a níveis comuns de ofensa a esses bens.

Por fim, há um papel relevante do intérprete e aplicador do direito: o fato da realidade, quando relevante às funções do direito punitivo, é representado, por exemplo, nas normas jurídicas de direito penal e de direito sancionar, a receber, dessarte, a roupagem de fato jurídico. Assim, temos fato jurídico relevante para o direito penal e fato jurídico relevante, *e.g.*, para o direito administrativo sancionador. Com efeito, de um único fato do mundo real podem-se obter diversos fatos jurídicos, a depender dos propósitos teleológicos do legislador, balizados pelas funções de cada ramo epistemológico do direito punitivo estatal. Mesmo assim, os fatos jurídicos passam a ser um único fato quando possuem, num e noutros ramos do direito punitivo, identidade de bem jurídico protegido, a incluir o mesmo nível de proteção desse bem. Ou seja, deve haver o mesmo bem jurídico e a mesma objetividade jurídica de proteção a ele destinada. Nesse caso, a observância do princípio *ne bis in idem* – que deveria ter sido respeitada pelo legislador e não o foi – se impõe ao intérprete e aplicador do direito punitivo, para impedir uma segunda punição em razão do mesmo fato jurídico.

3.4 Direito geral a um devido processo legal como direito constitucional fundamental

O Estado de Direito, advindo dos marcos e ideais históricos, teórico-científicos, filosóficos e jurídicos do século XVIII, erige a lei (e, por corolário, a Constituição) à centralidade da organização do Estado. Sob esse contexto, a vontade estatal deve ser manifestada por meio formal, com vistas ao controle da congruência dos atos decorrentes da lei a esse formato de coisas legais. A vontade do Estado passa a ser a vontade da lei, votada e aprovada por representantes eleitos do povo, titular material do poder.[357]

Como imaginar, em um Estado Democrático e de Direito, algum ramo do direito sancionador público, ou mesmo do direito sancionador privado, sem um devido e *prévio* processo legal? As regras do processo, na qualidade de instrumento que dará azo a eventual sanção, devem ser, antecipadamente à ocorrência dos fatos, previstas e públicas, em um sistema de normas que lhe garantam a legitimidade e a efetividade,[358] com nítida função de tipicidade processual e procedimental, refletindo a taxatividade formal da ordem normativa punitiva. Tribunais de Exceção podem muitas vezes ser instalados de forma sub-reptícia e velada, por meio de uma simples mudança procedimental no decorrer do processo.[359]

Daí por que se deve reconhecer a correlação entre os princípios do devido processo legal e da proibição do Tribunal de Exceção. A ofensa ao primeiro princípio jurídico provoca inquestionavelmente a ofensa ao segundo princípio.

A Constituição de 1988 trouxe o preceptivo de que "*ninguém será privado de sua liberdade ou de seus bens sem o devido processo legal*" (art. 5º, LIV). Desse modo, no bojo da Administração Pública (sem embargo de sua observância por qualquer atividade estatal, por entes e órgãos, bem como por pessoas jurídicas de direito privado), qualquer ação do

---

[357] FERRAJOLI, Luigi. *Epistemologia jurídica y garantismo...*, 2004.

[358] CHOUKR, Fausi Hassan. *Garantias constitucionais na investigação criminal*. 2. ed. Rio de Janeiro: Lumen Juris, 2001. LOPES JR, Aury. *Sistemas de investigação preliminar no processo penal*. 2. ed. Rio de Janeiro: Lumen Juris, 2003. SUANNES, Adauto. *Os fundamentos éticos do devido processo penal*. São Paulo: Revista dos Tribunais, 1999. FERNANDES, Antônio Scarance. *Processo penal constitucional*. São Paulo: Revista dos Tribunais, 1999.

[359] Cf. FILHO, Fernando da Costa. *Manual de processo penal*. 9. ed. São Paulo: Saraiva, 2007; e TUCCI, Rogério Lauria. *Devido processo legal e tutela jurisdicional*. São Paulo: Revista dos Tribunais, 1993.

Estado deve estar pautada em procedimentos, ritos, princípios, normas e valores postos pelo ordenamento jurídico.

Não há validade na aplicação de qualquer penalidade com inobservância do processo posto e prejudicial ao suposto acusado.[360] E esse processo empregado tem que ser o *devido*, justo e garantidor da gama de direitos individuais (espectro material, substantivo), servindo, assim, como orientação ao legislador, para que vise à normatização de valores condizentes com a dignidade da pessoa humana e seu atual estágio de evolução da sociedade.

Para além da concepção estrita do princípio do devido processo legal, a sustentar-se sob o aspecto formal e sob o aspecto material, faz-se notar a sua força normativa para fundamentar os também princípios constitucionais fundamentais:

(i) do contraditório;

(ii) da ampla defesa;

(iii) da proibição das provas e dos meios ilícitos no processo;

(iv) da presunção de inocência

(v) da celeridade processual; e

(vi) da razoável duração do processo.

Essas normatividades matizadas pelo devido processo legal exaurem efeitos para a investigação criminal como espectro do processo penal, conquanto considerar-se ela, a investigação de caráter criminal, uma natural e necessária fase do processo penal criminal em sentido lato.[361] Logo, o processo penal em *sentido lato* forma-se por duas fazer: *(a)* a investigação criminal e *(b)* o processo penal em *sentido estrito*.[362] [363]

---

[360] CHOUKR, Fausi Hassan. *Garantias constitucionais na investigação criminal*. 2. ed. Rio de Janeiro: Lumen Juris, 2001. LOPES JR, Aury. *Sistemas de investigação preliminar no processo penal*. 2. ed. Rio de Janeiro: Lumen Juris, 2003. SUANNES, Adauto. *Os fundamentos éticos do devido processo penal*. São Paulo: Revista dos Tribunais, 1999. FERNANDES, Antônio Scarance. *Processo penal constitucional*. São Paulo: Revista dos Tribunais, 1999.

[361] Não se fala aqui em dispensabilidade da investigação criminal para o início do processo penal, na medida em que a experiência nos leva a perceber a importância, para o escopo jurídico, social e político do processo com instrumento dedicado à realização da justiça, de um processo penal em contraditório precedido da aferição formal de elementos e de circunstância que envolveram o contexto fático de repercussão jurídico-criminal.

[362] Sobre o tema, cf.: PEREIRA, Eliomar da Silva. *Saber e poder*: o processo (de investigação) penal. Florianópolis, Tirant Brasil, 2019; PEREIRA, Eliomar da Silva. *Teoria da investigação criminal*: uma introdução jurídico-científica. Lisboa: Almedina, 2010; PEREIRA, Eliomar da Silva. *Investigação, verdade e justiça*: a investigação criminal como ciência na lógica do Estado de Direito. Porto Alegre: Núria Fabris, 2014; PEREIRA, Eliomar da Silva. *Introdução às ciências policiais*: a polícia entre ciência e política. Lisboa: Almedina, 2015; PEREIRA, Eliomar da Silva. *O processo (de investigação) penal*: o "nó górdio" do devido processo.

3.4.1 O princípio do devido processo legal

O princípio jurídico do devido processo legal pode ser considerado fruto da produção jurisprudencial norte-americana, que apreendeu, por *recepção*, dispositivos da Magna Carta inglesa de 1215 (*Great Chater*), onde se encontrava a *law of the land*, que garantia aos barões feudais a inviolabilidade do direito, entre outros, de propriedade, salvo por meio da *lei da terra*.[364]

Os direitos à propriedade, à vida e à liberdade estavam tutelados pela referida cláusula da *lei da terra*, que estipulava determinado proceder para o rei da Inglaterra em assuntos pertinentes aos referidos direitos e um rol específico.

Assim, extraiu-se a essência do due process of law, incorporado à Constituição americana, com essa denominação, pela 5ª Emenda Constitucional e aperfeiçoado pela 14ª Emenda, que "em 1868, vinculou os Estados da Federação à referida cláusula, o que permitiu à Suprema Corte americana, especialmente nos anos 1960, durante o período do Chief Justice Earl Warren, desenvolver jurisprudência de proteção aos direitos civis assegurados no Bill of Rights".[365]

2018, 603 fl. Tese (Doutoramento em Direito) – Escola de Direito de Lisboa, Universidade Católica Portuguesa – UCP, Lisboa, 2018; PEREIRA, Eliomar da Silva. *Introdução ao direito de polícia judiciária*. Belo Horizonte: Fórum, 2019.

[363] Cf. também: PEREIRA, Eliomar da Silva; DEZAN, Sandro Lucio (coord.). *Investigação criminal conduzida por delegado de polícia*: comentários à Lei 12.830/2013. Curitiba: Juruá, 2013; e SANTOS, Célio Jacinto. *Investigação criminal especial*: seu regime no marco do Estado Democrático de Direito. Porto Alegre: Núria Fabris, 2013.

[364] Segundo BRINDEIRO, Geraldo. *O devido processo legal na Constituição de 1988 e o Direito Comparado. Constituição Federal, 15 anos, Mutação e Evolução*. São Paulo: Método, 2003, p. 87, "o princípio do devido processo legal teve sua origem, como se sabe, na Magna Carta de 1215, que se referia inicialmente ao processo by the lawful judgement of his equals or by the law of the land, ou na expressão original em latim per legale judicium parium suorum, vel per legem terrae, que significa que ninguém pode ser processado 'senão mediante um julgamento regular pelos seus pares ou em harmonia com a lei do País". PEREIRA, Ruitemberg Nunes. *In:* O princípio do devido processo legal substantivo. Rio de Janeiro: Renovar, 2005, p. 28, aponta que a origem do princípio em comento não foi propriamente na Inglaterra, mas sim na Alemanha, vez que as "relações políticas e familiares entre Inglaterra e Alemanha foram responsáveis pela transplantação do princípio do devido processo legal, ainda revelado pelas expressões law of the Empire e Judgment of his peers, constantes do Decreto Feudal de Conrado II, para o Direito Inglês, fenômeno que se dá após a conquista normanda do território britânico, em 1066".

[365] BRINDEIRO, Geraldo. *O devido processo legal na Constituição de 1988...*, cit., p. 88.

Não obstante, no Brasil, com a previsão expressa desse princípio,[366] a Constituição de 1988 trouxe ao direito pátrio uma cláusula de *mutação constitucional*, pautada na via empírica, pelo agir não do poder reformador constituinte, mas, sim, do Poder Judiciário.

Ampliaram-se seus efeitos normativos, abarcando não somente o aspecto processual, mas também o aspecto material, dando azo a uma aplicação pautada na razoabilidade e na proporcionalidade, por força do atuar judicial e suas formulações (*judicial review*, da Suprema Corte norte-americana),[367] limitando, assim, o agir dos Poderes Legislativo e Executivo, dentro de parâmetros do razoável, como valor de justiça.

Em sede de inquérito policial[368] e de investigação criminal como fase apuratória dos elementos de autoria e materialidade e suas circunstância no processo penal, a normatividade do princípio apresenta-se como de fundamental importância, em seus dois aspectos (formal e material), para a validade do ato final do processo (do inquérito policial, como fase investigativa do processo penal), implicando ainda orientação ao legislador, com vistas a não produção de normas desarrazoadas, desproporcionais e ofensoras dos direitos e garantias fundamentais do indivíduo que se relaciona material e processualmente com o Estado penal-persecutor.[369]

Desta feita, há de se assinalar a normatividade do princípio do devido processo legal não somente para a fase do processo penal estrito, jurisdicional, mas, também, para a fase da investigação criminal e do inquérito policial, como representante da fase do processo penal apuratório.

---

[366] A nossa Constituição consagra o devido processo legal, como direito fundamental, no art. 5º, LIV, asseverando que "ninguém será privado da liberdade ou de seus bens sem o devido processo legal".

[367] BRINDEIRO, Geraldo. *O devido processo legal na Constituição de 1988...*, cit., p. 88, ensina que "a Suprema Corte dos Estados Unidos, por meio de construção jurisprudencial (construction) e baseando-se em critérios de razoabilidade (reasonableness), passou a promover a proteção dos direitos fundamentais contra ação irrazoável e arbitrária (protection from arbitrary and unreasonable action). Estas são, em síntese, as razões do desenvolvimento da teoria do substantive due process".

[368] GAVIORNO, Gracimeri Vieira Soeiro de Castro. *Garantias constitucionais do indiciado no inquérito policial*: controvérsias históricas e contemporâneas. 165p. Dissertação (Mestrado em Direitos e Garantias Constitucionais Fundamentais). Faculdade de Direito de Vitória – FDV, Vitória, 2006, p. 33 e ss.

[369] SUANNES, Adauto. *Os fundamentos éticos do devido processo penal*. São Paulo: Revista dos Tribunais, 1999. FERNANDES, Antônio Scarance. *Processo penal constitucional*. São Paulo: Revista dos Tribunais, 1999.

3.4.2 O princípio do devido processo legal formal

O que se concebe como devido processo legal formal perfaz o espectro normativo afeto ao dever de observância, pelo *Estado de persecução penal* (formado pelos entes e órgãos que atuam diretamente nas fases processual penal estrita e processual penal ampla, a envolver, nesta última, como instrumentos, o inquérito policial e a investigação criminal), do disposto na lei, para qualquer persecução civil, penal ou sancionatória estrita e, sem embargo, também para a persecução criminal investigativa.

Com efeito, deve aplicar na íntegra o *iter* procedimental prescrito no código de processo penal brasileiro e em legislações processuais penais correlatas,[370] respeitando as fases, medidas e específicos procedimentos postos, atuando os órgãos responsáveis conforme dispuser a lei.[371]

No entanto, os Tribunais Superiores brasileiros vêm entendendo que eventual nulidade decorrente de sua inobservância deve ser alegada com a prévia demonstração do prejuízo experimentado pelo acusado (*pas de nullité sans grief*), não servindo o simples desvio de forma para sustentar tal alegação de nulidade e de ofensa ao princípio em questão.

Assim, as alegações de constrangimentos ilegais na investigação policial devem ser acompanhadas de demonstração do efetivo prejuízo ao investigado.[372] [373]

---

[370] SUANNES, Adauto. *Os fundamentos éticos do devido processo penal*. São Paulo: Revista dos Tribunais, 1999. FERNANDES, Antônio Scarance. *Processo penal constitucional*. São Paulo: Revista dos Tribunais, 1999.

[371] Cf. CARNELUTTI, Francesco. *Lições sobre o processo penal*. Tomo 1. 1. ed. Tradução de Francisco José Galvão Bruno. Campinas: Bookseller, 2004. COELHO, Francisco Pereira; COUTINHO, Manuel Rosado. *Direito criminal*: lições do Prof. Dr. Eduardo Correia ao Curso do IV Ano Jurídico. v. I. Coimbra: Atlântida II Coimbra, 1949. ENTERRÍA, Eduardo García de. *Reflexiones sobre la ley y los principios generales del derecho*. Madrid: Editorial Civitas, 1996. GÖSSEL, Karl Heinz. *El derecho procesal penal en el Estado de Derecho...*, 2007. MOURA, José Souto de. *Inquérito e instrução*: Jornadas de direito processual penal: o novo código de processo penal. Coimbra: Almedina, 1995.

[372] MARQUES, José Frederico. *Elementos do direito processual penal*. Campinas: Bookseller, 1997. TOURINHO FILHO, Fernando da Costa. *Prática do processo penal*. São Paulo: Saraiva, 1988. TORNAGHI, Helio. *Instituições de processo penal*. v. 2. 2. ed. São Paulo: Saraiva, 1977.

[373] SILVA, Roberto Ferreira da. *O indiciado como sujeito de direitos no inquérito policial brasileiro*. 364 f. Dissertação (Mestrado em Direito) – Pontifícia Universidade Católica de São Paulo, São Paulo, 2006.

3.4.3 O princípio do devido processo legal substantivo ou material

O *princípio do devido processo legal substantivo ou material* consubstancia-se no dever de observância, pelo legislador infraconstitucional, de valores condizentes com a dignidade da pessoa humana e, destarte, dos decorrentes direitos humanos vertidos em direitos fundamentais[374] –, obstando a positivação de procedimentos e de ritos, ou mesmo de categorias afetas ao direito material, ofensivas desse *status*, pois nem tudo o que está positivado, erigido à condição de norma, é, de fato, devido, justo, proporcional e razoável. O processo legal, ou seja, aquele previsto em lei, deve ser o *devido* para a necessária proteção contra ofensas aos direitos constitucionais fundamentais.[375]

Desse modo, exprime o aspecto material do processo posto por lei, irradiando efeitos jurídicos que têm o condão de invalidar preceitos que ofendam os demais direitos e garantias fundamentais.[376]

O princípio do devido processo legal substantivo comporta uma cláusula de abertura para a aceitação de *valores axiomáticos*[377] como componente das espécies normativas, em harmonia com os princípios e com as regras jurídicas.

Sob essa óptica, dando força ao princípio da juridicidade no inquérito policial e nas demais investigações criminais, o devido processo legal substantivo amplia a concepção de direito positivo, para também considerar como norma jurídica, juntamente com os princípios e as regras,[378] [379] os valores aceitos como comuns-normativos pelo coletivo social, em determinado momento histórico e local.[380]

---

[374] BARROSO, Luís Roberto. *Interpretação e aplicação da constituição*. 6. ed. São Paulo: 2004.

[375] ALMEIDA, Joaquim Canuto Mendes de Almeida. *Os princípios fundamentais do processo penal*. São Paulo: Revista dos Tribunais, 1973.

[376] SUANNES, Adauto. *Os fundamentos éticos do devido processo penal*. São Paulo: Revista dos Tribunais, 1999. FERNANDES, Antônio Scarance. *Processo penal constitucional*. São Paulo: Revista dos Tribunais, 1999.

[377] Cf. DEZAN, Sandro Lúcio. *Fenomenologia e hermenêutica do direito administrativo*. Curitiba: Juruá, 2018.

[378] Cf. DWORKIN, Ronald. *Justiça para ouriço*. Tradução de Pedro Elói Duarte. Coimbra: Almedina, 2012. Cf. também do mesmo autor e em crítica diretamente a Hart: DWORKIN, Ronald. *Levando os direitos a sério*. 3. ed. São Paulo: Martins Fontes, 2010.

[379] Cf. ALEXY, Robert. *Teoría de los derechos fundamentales*. Madrid: Centro de Estúdios Políticos y Constitucionales, 2002

[380] DWORKIN, Ronald. *Justiça para ouriço*. Tradução de Pedro Elói Duarte. Coimbra: Almedina, 2012.

3.4.4 "Ninguém será privado da liberdade ou de seus bens sem o devido processo legal" (LIV): *o princípio da devida investigação legal*

A privação da liberdade e dos bens, na presença dos pressupostos legais para essas medidas, devem ocorrer por meio do devido processo legal jurisdicional, ou seja, por via de ação judicial adequada.[381]

Todavia, para os casos de crime, a investigação criminal e, notadamente, o inquérito policial, em sua maioria dos casos, precede ao processo judicial de privação de liberdade ou de bens.

Os procedimentos cautelares, *e.g.*, de prisões provisórias, preventivas, decorrentes de flagrante delito, as buscas e apreensões e mesmo o processo penal em sentido estrito dependem, na maioria dos casos, de inquérito policial ou de outros autos de investigação criminal que preparem o conteúdo formal necessário à tomada de decisões de natureza privativa de liberdade e de bens.[382]

Disso decorre o reconhecimento de uma devida investigação legal criminal, precedentemente necessária à tomada jurisdicional de decisão de caráter privativo de liberdade ou de bens.

Afirma-se, com isso, que o inquérito policial – e os autos de outro modelo de investigação criminal – faz parte de um conceito maior de devido processo legal, a abarcar todos os instrumentos previstos em lei que instruem o veículo jurisdicional de tomada de decisão que envolva os direitos de liberdade e de propriedade.[383]

---

[381] SUANNES, Adauto. *Os fundamentos éticos do devido processo penal*. São Paulo: Revista dos Tribunais, 1999. FERNANDES, Antônio Scarance. *Processo penal constitucional*. São Paulo: Revista dos Tribunais, 1999.

[382] MARQUES, José Frederico. *Elementos do direito processual penal*. Campinas: Bookseller, 1997. TOURINHO FILHO, Fernando da Costa. *Prática do processo penal*. São Paulo: Saraiva, 1988. TORNAGHI, Helio. *Instituições de processo penal*. v. 2. 2. ed. São Paulo: Saraiva, 1977.

[383] CHOUKR, Fausi Hassan. *Garantias constitucionais na investigação criminal*. 2. ed. Rio de Janeiro: Lumen Juris, 2001. LOPES JR, Aury. *Sistemas de investigação preliminar no processo penal*. 2. ed. Rio de Janeiro: Lumen Juris, 2003.

3.4.5 "Aos litigantes, em processo judicial ou administrativo, e aos acusados em geral são assegurados o contraditório e ampla defesa, com os meios e recursos a ela inerentes" (LV): os princípios do contraditório e da (ampla) defesa no inquérito policial

É patente em doutrina e jurisprudência que na investigação criminal e no inquérito policial não se pode falar em acusado, ou seja, em processado, no estrito conceito de parte processual, litigante com o Estado-investigador.[384]

Ao investigado, costumam-se referir como objeto de investigação, como se nada tratado no bojo do caderno investigativo pudesse adentrar a esfera de direitos do investigado.[385]

Com efeito, doutrina e jurisprudência deixam a âmbito de incidência dos princípios do contraditório e da ampla defesa para o processo penal em sentido estrito, esquecendo-se da investigação criminal e do inquérito policial.[386]

Todavia, por mais que a indicação formal possa assim se referir ao investigado, como sendo apenas objeto de investigação criminal e em nada lhe sendo devido o Estado quanto ao reconhecimento de direitos constitucionais fundamentais, o concreto é que, para além do formalismo positivista, há *substancia*[387] a ser-lhe atribuída: há, na essência, um dever subjetivo do Estado-investigador de respei-to a direitos constitucionais fundamentais do sujeito investigado,[388]

---

[384] PIERANGELLI, José Henrique. *Processo penal*: evolução histórica e fontes legislativas. São Paulo: Jalovi, 1983.

[385] SILVA, Roberto Ferreira da. *O indiciado como sujeito de direitos no inquérito policial brasileiro*. 364 f. Dissertação (Mestrado em Direito) – Pontifícia Universidade Católica de São Paulo, São Paulo, 2006.

[386] CHOUKR, Fausi Hassan. *Garantias constitucionais na investigação criminal*. 2. ed. Rio de Janeiro: Lumen Juris, 2001. LOPES JR, Aury. *Sistemas de investigação preliminar no processo penal*. 2. ed. Rio de Janeiro: Lumen Juris, 2003.

[387] Cf. FRIEDRICH, Muller. *Métodos de trabalho do direito constitucional*. Rio de Janeiro: Renovar, 2005.

[388] GAVIORNO, Gracimeri Vieira Soeiro de Castro. *Garantias constitucionais do indiciado no inquérito policial*: controvérsias históricas e contemporâneas. 165 p. Dissertação (Mestrado em Direitos e Garantias Constitucionais Fundamentais). Faculdade de Direito de Vitória – FDV, Vitória, 2006.

não lhe sendo legítimo e, mesmo, válido, a simples consideração de sujeito-objeto, ausente de direitos.[389] [390]

A prática jurídico-investigativa tem demonstrado isso, *e.g.*, com o teor das súmulas vinculantes de proibição do uso de algemas, de vistas dos autos da investigação por advogado e de acórdãos que reconhecem a nulidade da investigação à vista de constatação de constrangimento ilegal efetivado pelo Estado-investigador, por excesso de prazo ou por falta de justa causa, a exemplo a atipicidade exordial da conduta.[391]

Esse contexto, assim posto, passa a exigir dos intérpretes e aplicadores do *direito de Polícia Judiciária* um deferimento *initio litis* de contraditório e de defesa nos autos da investigação criminal. Isso se deve operar, com vistas a obstar ofensa a direitos fundamentais do investigado e, com efeito, eivar de nulidade os autos da investigação criminal.[392] [393]

Assim, não só factível, mas plenamente necessário se faz falar em possibilidade constitucional de exercício de contraditório e de defesa na investigação criminal e no inquérito policial, mormente em algumas fases investigativas ou após determinados atos jurídicos editados nos autos da investigação, a exemplo do ato de indiciamento do investigado, como autor, em tese, do fato criminoso.[394]

3.4.5.1 O princípio do contraditório no processo penal estrito e no inquérito policial

O princípio do contraditório, aplicável em toda a extensão do direito punitivo do Estado, a incluir o direito processual penal, o direito sancionador e regulatório e o direito processual disciplinar, encampando

---

[389] Cf. HABERLE, Peter. *Verdade y estado constitucional*. México: Universidad Nacional Autónoma de México, 2006.

[390] SILVA, Roberto Ferreira da. *O indiciado como sujeito de direitos no inquérito policial brasileiro*. 364 f. Dissertação (Mestrado em Direito) – Pontifícia Universidade Católica de São Paulo, São Paulo, 2006.

[391] CHOUKR, Fausi Hassan. *Garantias constitucionais na investigação criminal*. 2. ed. Rio de Janeiro: Lumen Juris, 2001. LOPES JR, Aury. *Sistemas de investigação preliminar no processo penal*. 2. ed. Rio de Janeiro: Lumen Juris, 2003.

[392] HABERLE, Peter. *Verdade y estado constitucional...*, 2006.

[393] SCALIA, Antonin. Teorias contemporâneas da interpretação constitucional: entrevista com o ministro Antonin Scalia, da Suprema Corte dos EUA. *Revista de Direito Administrativo – RDA*, v. 250 (2009), p. 15-25.

[394] Cf. GÖSSEL, Karl Heinz. *El derecho procesal penal en el Estado de Derecho*. Buenos Aires: Rubinzal, 2007.

também o direito público e o direito privado (para este, surge a teoria da eficácia horizontal dos direitos fundamentais[395]), representa uma faceta de materialização de valores de justiça do direito, postos como direitos fundamentais,[396] em nossa Carta Política, declinando, em seu art. 5º, LV, que "aos litigantes, em processo judicial ou administrativo, e aos acusados em geral são assegurados o contraditório e a ampla defesa, com os meios e recursos a ela inerentes".

Desta feita, qualquer acusado, em qualquer procedimento, público ou privado, tem o direito de contrapor-se, antes da decisão final, às imputações que lhe são feitas, podendo peticionar, justificar, requerer e provar posteriormente à acusação e antes da decisão final.[397]

Normatiza que a toda acusação deve ser prevista uma fase para oportunizar o conhecimento de seu teor e a resposta às imputações, de forma antecipada às tomadas de decisões pela autoridade competente.[398] Consubstancia-se, desse modo – para além do direito de *ciência* (direito de conhecimento da acusação) e de *participação* (direito de produção de provas) processual, representado pelo brocado latino *audiatur et altera pars* –, no *(i)* direito de ser ouvido em todos os seus argumentos, ou seja, ter todos os elementos da tese defensiva analisado pelo órgão acusador e ou julgador, e, sem embargo, *(ii)* ter seus argumentos levados em consideração em última análise, com fase específica procedimental para "falar por último".[399]

Busca-se com isso dizer que o princípio do contraditório, como direito de formalmente contra-argumentar, possui duas vertentes: a primeira, *substancial*, que se refere ao direito de o acusado ter os seus argumentos analiticamente averiguados pelo órgão acusador e julgador; e a segunda, *formal-cronológica*, que diz respeito ao momento em que os

---

[395] ALEXY, Robert. *Teoria dos direitos fundamentais*. Tradução de Virgílio Affonso da Silva. São Paulo: Malheiros, 2008; ANDRADE, J. C. Vieira de. *Os direitos fundamentais na Constituição Portuguesa de 1976*. 2. ed. Lisboa: Almedina, 2001; BONAVIDES, Paulo. *Curso de direito constitucional*. 26. ed. São Paulo: Malheiros. 2011; CANOTILHO, José Joaquim Gomes. *Direito Constitucional e teoria da constituição*. 5. ed. Lisboa: Almedina, 2002.

[396] SILVA, Roberto Ferreira da. *O indiciado como sujeito de direitos no inquérito policial brasileiro*. 364 f. Dissertação (Mestrado em Direito) – Pontifícia Universidade Católica de São Paulo, São Paulo, 2006.

[397] SUANNES, Adauto. *Os fundamentos éticos do devido processo penal*. São Paulo: Revista dos Tribunais, 1999. FERNANDES, Antônio Scarance. *Processo penal constitucional*. São Paulo: Revista dos Tribunais, 1999.

[398] FERRAJOLI, Luigi. O estado constitucional de direito de hoje: o modelo e a sua discrepância com a realidade. *Revista do Ministério Público*, Ano 17, n. 67, Lisboa, jul./set. 1996, p. 39-56.

[399] FERRAJOLI, Luigi. *Direito e razão*: teoria do garantismo penal. São Paulo: RT, 2002.

argumentos defensivos são recebidos e sopesados, qual seja, na última oportunidade de fala dialética entre o órgão acusador e o acusado e julgador, consubstanciando o direito de o acusado encerrar o debate com sua versão dos fatos.[400]

Há que se considerar ainda a previsão ou a necessidade lógica de contraditório diferido, e quem realiza as medidas de produção de elementos de prova, naturalmente de caráter cautelar, para esses casos, mas o comum quanto ao direito ao contraditório é a sua realização acontecer de modo antecipado, permitindo ao acusado o exercício de seu direito de resposta às acusações, como forma dialética de solução de conflitos, tendo como *tese* a acusação, arrimada no ato de denúncia do Ministério Público, por vezes amparada no ato de indiciamento da autoridade de Polícia Judiciária, em sede de inquérito policial; como *antítese*, as respostas do acusado, com os atos de reperguntas, pedidos de diligências, formulações de quesitos, defesa pessoal e defesa técnica (sempre em modo de última manifestação entre os atores processuais, em cada fase ou mesmo do processo), por exemplo, para, ao final, se subsidiar e obter a *síntese* processual, com a decisão dada a juiz competente.[401]

3.4.5.2 Princípio da ampla defesa no processo penal estrito e o princípio da (ampla) defesa no inquérito policial

Decorrente também do art. 5º, LV, da CF/88, acima transcrito, apresenta-se como dever de a administração propiciar ao servidor acusado o direito à mais completa defesa, quando submetido à relação jurídica processual em contraditório, devendo este ser intimado de todo e qualquer ato que possa ser prejudicial a sua posição jurídica processual.[402]

Legítima a necessidade de estrita observância das fases processuais e possibilidades de recursos, sendo todo o rito, conforme descrito

---

[400] FERRAJOLI, Luigi. O direito como sistema de garantias. *Revista do Ministério Público*. Ano 16, n. 61, Lisboa, jan/mar. 1995, p. 29-49.

[401] Cf. LOPES JÚNIOR, Aury. *Direito processual penal e sua conformidade constitucional*. 4. ed. Rio de Janeiro: Lúmen Juris, 2009.

[402] Cf. FILHO, Fernando da Costa. *Manual de processo penal*. 9. ed. São Paulo: Saraiva, 2007; e TUCCI, Rogério Lauria. *Devido processo legal e tutela jurisdicional*. São Paulo: Revista dos Tribunais, 1993.

em lei, imprescindível ao interesse defensivo do acusado.[403] [404] Assim, não pode a autoridade presidente do processo penal, o juiz competente, a pretexto de realização do princípio da economia processual ou de ausência de interesse para o deslinde da questão controversa, indeferir, *e.g.*, pedidos de diligências, ou oitiva de testemunhas arroladas, sem a necessária motivação arrimada em fundamentos razoáveis.[405]

Desse modo, o acusado em processo penal tem o direito de ser ouvido no processo, de forma pessoal, por meio de interrogatório, defesa pessoal, e por meio de petição defensiva, defesa técnica escrita, bem como da decisão final, para fins de interposição de recursos e petições diversas.[406]

Não obstante, deve ser notificado tempestivamente para arrolar testemunhas, apresentar quesitos aos exames periciais e a se fazer presente e formular reperguntas, tanto ao denunciante, quanto ao sujeito prejudicado e às testemunhas arroladas pelo colegiado disciplinar ou pelo próprio investigado.[407]

A falta de defesa ou a falta de acompanhamento por advogado anula o processo penal, na medida em que se consubstancia em óbice ao exercício do contraditório ou da ampla defesa, não bastando a defesa pessoal, realizada pelo próprio acusado.[408]

No inquérito policial e nas demais espécies de investigação criminal, a participação de advogado é facultativa, mas não sem efeitos no bojo da investigação. Os efeitos podem ser sentidos de plano, na medida em que direitos fundamentais[409] constitucionalmente

---

[403] SUANNES, Adauto. *Os fundamentos éticos do devido processo penal.* São Paulo: Revista dos Tribunais, 1999. FERNANDES, Antônio Scarance. *Processo penal constitucional.* São Paulo: Revista dos Tribunais, 1999.

[404] CHOUKR, Fausi Hassan. *Garantias constitucionais na investigação criminal.* 2. ed. Rio de Janeiro: Lumen Juris, 2001. LOPES JR, Aury. *Sistemas de investigação preliminar no processo penal.* 2. ed. Rio de Janeiro: Lumen Juris, 2003.

[405] FERRAJOLI, Luigi. O estado constitucional de direito de hoje: o modelo e a sua discrepância com a realidade. *Revista do Ministério Público.* Ano 17, n. 67, Lisboa, jul./set. 1996, p. 39-56.

[406] LOPES JÚNIOR, Aury. *Direito processual penal e sua conformidade constitucional...,* 2009.

[407] MARQUES, José Frederico. *Elementos do direito processual penal.* Campinas: Bookseller, 1997. TOURINHO FILHO, Fernando da Costa. *Prática do processo penal.* São Paulo: Saraiva, 1988. TORNAGHI, Helio. *Instituições de processo penal.* v. 2. 2. ed. São Paulo: Saraiva, 1977.

[408] SILVA, Roberto Ferreira da. *O indiciado como sujeito de direitos no inquérito policial brasileiro.* 364 f. Dissertação (Mestrado em Direito) – Pontifícia Universidade Católica de São Paulo, São Paulo, 2006.

[409] GAVIORNO, Gracimeri Vieira Soeiro de Castro. *Garantias constitucionais do indiciado no inquérito policial:* controvérsias históricas e contemporâneas. 165 p. Dissertação (Mestrado em Direitos e Garantias Constitucionais Fundamentais). Faculdade de Direito de Vitória – FDV, Vitória, 2006.

qualificados passam a ser uma constante nos procedimentos em que os investigados são acompanhados de patrono de seus interesses.

De toda sorte, o que não se deve conceber é a falta do exercício de defesa, de uma ampla defesa, para o processo penal em sentido estrito, a ser obrada pelo acusado, por via de mandatário constituído ou ainda na impossibilidade ou na omissão do interessado, pelo Estado-acusador, com a constituição de defensor que tutele os interesses da parte ré do processo.[410]

Por outro lado, não há essa necessidade de nomeação de advogado ao investigado em sede de investigação criminal e inquérito policial, sem que isso se constitua em constrangimento ilegal.[411]

À vista do exposto, mister se considerar que, embora não se possa falar em ampla defesa na investigação criminal e no inquérito policial, o atual Estado Constitucional de Direito, arrimado em uma democracia mais incisiva requer o reconhecimento de etapas ou momentos defensivos[412] a serem exercitados pelo então sujeito investigado, para a tutela de seus direitos constitucionais fundamentais.[413]

Não se pode alegar que a investigação criminal e o inquérito policial não invadam, de alguma forma, mínima que seja, plexos de direitos subjetivos dos indivíduos a eles submetidos. Portanto, factível se considerar um direito de defesa no inquérito policial e, não obstante, nas demais espécies de investigação criminal.[414]

---

[410] CHOUKR, Fausi Hassan. *Garantias constitucionais na investigação criminal*. 2. ed. Rio de Janeiro: Lumen Juris, 2001. LOPES JR, Aury. *Sistemas de investigação preliminar no processo penal*. 2. ed. Rio de Janeiro: Lumen Juris, 2003.

[411] LOPES JÚNIOR, Aury. *Direito processual penal e sua conformidade constitucional...*, 2009; TOURINHO FILHO, Fernando da Costa. *Manual de processo penal...*, 2007; e TUCCI, Rogério Lauria. *Devido processo legal e tutela jurisdicional...*, 1993.

[412] SILVA, Roberto Ferreira da. *O indiciado como sujeito de direitos no inquérito policial brasileiro*. 364 f. Dissertação (Mestrado em Direito) – Pontifícia Universidade Católica de São Paulo, São Paulo, 2006.

[413] Cf. SCALIA, Antonin. Teorias contemporâneas da interpretação constitucional: entrevista com o ministro Antonin Scalia, da Suprema Corte dos EUA. *Revista de Direito Administrativo – RDA*, v. 250 (2009), p. 15-25.

[414] CHOUKR, Fausi Hassan. *Garantias constitucionais na investigação criminal*. 2. ed. Rio de Janeiro: Lumen Juris, 2001. LOPES JR, Aury. *Sistemas de investigação preliminar no processo penal*. 2. ed. Rio de Janeiro: Lumen Juris, 2003. SUANNES, Adauto. *Os fundamentos éticos do devido processo penal*. São Paulo: Revista dos Tribunais, 1999. FERNANDES, Antônio Scarance. *Processo penal constitucional*. São Paulo: Revista dos Tribunais, 1999.

3.4.6 "São inadmissíveis, no processo, as provas obtidas por meios ilícitos" (LVI): *proibição de meios ilícitos no inquérito policial*

É assente no processo jurisdicional civil e penal a invalidade dos elementos de prova obtidos por meio ilícito, a declinar a impossibilidade de decisão processual que se baseie em provas obtidas com ofensa a regras de direito material e de direito processual. Para o primeiro caso, trata-se da invalidade da prova ilícita em sentido estrito; para o segundo caso, trata-se da invalidade da prova ilegitimidade.

No direito de Polícia Judiciária, em que as etapas processuais ou procedimentais são deveras flexíveis, comumente não se fala em ilegitimidade de elementos de prova, mas, por outro giro, em ilegalidade desses elementos, acaso obtidos com ofensa às regras de direito material de proteção a direitos constitucionais fundamentais do investigado.[415]

Com isso, vejamos os elementos de prova no processo penal estrito e no inquérito policial.

3.4.6.1 Provas (elementos de prova) de interesse do processo penal (investigação e processo estrito)

A prova pode ser entendida como o resultado jurídico (1) decorrente dos atos praticados pelas partes processuais, conforme admitidas pelo ordenamento jurídico, ordinariamente (2) dentro da fase processual apropriada, dando azo a um dos elementos (3) da motivação do decidir administrativo (*meio adequado de convencimento decisório*[416]) e o ato de sua realização; "provar", como bem ensina Moacyr Amaral dos Santos, "é convencer o espírito da verdade respeitante a alguma coisa".[417]

Para se realizar a prova, no ambiente processual de persecução punitiva do Estado, a exemplo do que ocorre em direito processual

---

[415] Cf. NUCCI, Guilherme de Souza. *Manual de processo e execução penal*. São Paulo: Revista dos Tribunais, 2005; NUCCI, Guilherme de Souza. *Código de Processo penal comentado*. São Paulo: Revista dos Tribunais, 2007; PACELLI, Eugênio de Oliveira. *Curso de processo penal*. 10. ed. Rio de Janeiro: Lumen Júris, 2008.

[416] Expressão utilizada por: FRANCO SOBRINHO, Manoel de Oliveira. *A prova administrativa*. São Paulo: Saraiva, 1984.

[417] SANTOS, Moacyr Amaral dos. *Comentários ao Código de Processo Civil*. Rio de Janeiro: Forense, 1976, v. IV, p. 8.

penal e direito processual civil, devem-se identificar o seu *objeto*, a sua *finalidade* e o seu *destinatário*.[418]

O *objeto* é considerado o que se pretende demonstrar, ou seja, a ocorrência ou inocorrência de um fato, a existência ou inexistência de um documento, desde que alinhados com os fundamentos da acusação ou com a tese de defesa, conquanto necessária a pertinência do objeto a ser provado. Para a acusação, ou seja, para a parte autora, no caso do processo penal, o Ministério Público (na maioria dos casos), a prova deve recair em um objeto que se relacione direta ou indiretamente com os fatos narrados na peça exordial do processo, ao passo que para a defesa, o objeto de prova deve ser algo relacionado a fatos que excluam a tipificação, ou a ilicitude, a culpabilidade ou a punibilidade.[419]

No inquérito policial e nas investigações criminais em geral, os elementos de prova devem recair naquilo que possa demonstrar de forma categórica ou por indícios as circunstâncias e as elementares do fato criminosos, a envolver a materialidade e a autoria.[420] Essas questões devem vir demonstradas no indiciamento[421] em sede de inquérito policial e reafirmadas no bojo do processo penal estrito, para, só assim, ensejarem a condenação do acusado.[422]

A *finalidade* da prova investigativa e processual penal é o convencimento de seu destinatário. A prova apresenta o escopo de convencer o destinatário sobre a ocorrência ou inocorrência de fatos, declinando, assim, um viés de demonstração da verdade (possível ou jurídica) sobre algo.

O *destinatário* dos atos de prova na investigação penal é o magistrado, o juiz competente do futuro processo em contraditório, de forma direta, e, indiretamente, o membro do Ministério Público,

---

[418] CHOUKR, Fausi Hassan. *Garantias constitucionais na investigação criminal*. 2. ed. Rio de Janeiro: Lumen Juris, 2001. LOPES JR, Aury. *Sistemas de investigação preliminar no processo penal*. 2. ed. Rio de Janeiro: Lumen Juris, 2003. SUANNES, Adauto. *Os fundamentos éticos do devido processo penal*. São Paulo: Revista dos Tribunais, 1999. FERNANDES, Antônio Scarance. *Processo penal constitucional*. São Paulo: Revista dos Tribunais, 1999.

[419] ARANHA, Adalberto José Queiroz Telles de Camargo. *Da prova no processo penal*. São Paulo: Saraiva, 1994. COSTA, Milton Lopes da. *Manual da polícia judiciária*. Rio de Janeiro: Saraiva, 1996.

[420] *Idem, Ibidem.*

[421] SILVA, Roberto Ferreira da. *O indiciado como sujeito de direitos no inquérito policial brasileiro.* 364 f. Dissertação (Mestrado em Direito) – Pontifícia Universidade Católica de São Paulo, São Paulo, 2006.

[422] ARANHA, Adalberto José Queiroz Telles de Camargo. *Da prova no processo penal*. São Paulo: Saraiva, 1994. COSTA, Milton Lopes da. *Manual da polícia judiciária*. Rio de Janeiro: Saraiva, 1996.

para a formação do seu juízo de convencimento, sem embargo de o investigado, em igual medida, também ser destinatário das provas colhidas em inquérito policial, para os seus interesses defensivos, integrando, assim, direito de contraditório e de defesa já no bojo do inquérito policial.[423]

O juiz competente é o destinatário direto dos atos de prova em razão de ser ele quem se encontra investido na parcela de jurisdição penal, decidindo os efeitos jurídicos decorrentes da dialética processual e do processo probatório. Assim, é quem possui de fato o exercício imediato do dever-poder jurisdicional penal, como competência penal para o caso sob processo, com direito subjetivo estatal em concreto, para a aplicação da sanção ou a absolvição.[424]

O Ministério Público e o investigado e ou o acusado são destinatários indiretos dos atos de prova, conquanto não detentores da palavra final sobre a ocorrência ou não do fato criminoso, em que pese possuírem, cada um ao seu espectro de direito, a atribuição de análise dos elementos de prova produzidos, para realizarem os atos de ofício, os pedidos de diligências e demais atos de interesse do processo.

As provas podem ser classificadas quanto ao objeto, ao sujeito e à forma. *Quanto ao objeto*, são tidas como *provas diretas* e *provas indiretas*. Aquelas são assim consideradas quando o fato a ser provado consista no próprio objeto ou mesmo no próprio fato probante a ser demonstrado, ao passo que as provas indiretas são consideradas as realizadas em fato distinto, mas que possam levar à indução, por raciocínio lógico-dedutivo, da existência ou da ocorrência dos fatos que se deseja provar.[425]

Quanto ao sujeito, são assim entendidas, levando-se em consideração as fontes de onde provêm. São pessoais ou reais. Pessoais são as oitivas de testemunhas, o interrogatório do acusado, etc. São provas reais se decorrentes de análise de uma coisa, um objeto, um bem, a exemplo do exame de lesões corporais ou do dano material decorrente da conduta do sujeito ativo do crime.

---

[423] MARQUES, José Frederico. *Elementos do direito processual penal*. Campinas: Bookseller, 1997. TOURINHO FILHO, Fernando da Costa. *Prática do processo penal*. São Paulo: Saraiva, 1988. TORNAGHI, Helio. *Instituições de processo penal*. v. 2. 2. ed. São Paulo: Saraiva, 1977.

[424] ARANHA, Adalberto José Queiroz Telles de Camargo. *Da prova no processo penal*. São Paulo: Saraiva, 1994. COSTA, Milton Lopes da. *Manual da polícia judiciária*. Rio de Janeiro: Saraiva, 1996.

[425] MARQUES, José Frederico. *Elementos do direito processual penal*. Campinas: Bookseller, 1997. TOURINHO FILHO, Fernando da Costa. *Prática do processo penal*. São Paulo: Saraiva, 1988. TORNAGHI, Helio. *Instituições de processo penal*. v. 2. 2. ed. São Paulo: Saraiva, 1977.

Quanto à *forma*, podem ser testemunhal, documental ou material.

Os *elementos de prova formal-testemunhal* dizem respeito aos depoimentos reduzidos a termo nos autos do processo penal ou do inquérito policial, ou mesmo as declarações de informantes ou dos sujeitos que sofreram prejuízo com a conduta do agente.[426]

Os *elementos formal-documentais* são considerados as afirmações feitas em escritos públicos ou particulares, livros pessoais, cadernos de anotações, fotografias, filmagens, gravações fonoaudiológicas etc.

Os *elementos de forma material* consideram-se as induções que emanam da coisa em si, a exemplo dos exames periciais diretos de corpo de delito, sobre os instrumentos utilizados para o ilícito, grafológicos, documentoscópicos etc.[427]

Afirma-se ser a prova um *resultado jurídico*, pois, em si, não é o fato constatado ou o ato praticado, mas, sim, o seu regular, legal, *ingresso* no processo e sua regular, razoável, legal, *interpretação* como motivo para o julgador chegar a uma conclusão sobre os fatos em apuração e decidir o processo.

Assim, entendemos a prova, não como um ato produzido, mas, sim, como o resultado jurídico obtido desse ato praticado pelas partes, ou mesmo produzida de ofício por via do inquérito policial.

Desta feita, distinguem-se o ato de "produzir elementos de prova" do ato de "interpretar a produção desses elementos" e, por conseguinte, da prova, em si, resultado desse processo de produção e de interpretação.[428]

Os elementos de prova devem ser produzidos, apresentados, ordinariamente dentro da fase processual adequada, qual seja: a investigação criminal, representada pelo inquérito policial para o mais comum dos casos, e, no processo penal em sentido estrito, a fase instrutória, malgrado, em determinados casos, como o desconhecimento

---

[426] CHOUKR, Fausi Hassan. *Garantias constitucionais na investigação criminal.* 2. ed. Rio de Janeiro: Lumen Juris, 2001. LOPES JR, Aury. *Sistemas de investigação preliminar no processo penal.* 2. ed. Rio de Janeiro: Lumen Juris, 2003.

[427] MARQUES, José Frederico. *Elementos do direito processual penal.* Campinas: Bookseller, 1997. TOURINHO FILHO, Fernando da Costa. *Prática do processo penal.* São Paulo: Saraiva, 1988. TORNAGHI, Helio. *Instituições de processo penal.* v. 2. 2. ed. São Paulo: Saraiva, 1977.

[428] José Osterno Campos de Araújo assenta que, no direito penal as partes [e aqui a passível de aplicação ao investigado, em inquérito policial] também exercem atividades valorativas das provas, com vista ao oferecimento de suas alegações, aludindo que há, assim, duas espécies de valorações quais sejam a vinculante e a *"não vinculante e não definitiva, as das partes, mas valoração"* (ARAÚJO José Osterno Campos de. *Verdade Processual Penal.* Curitiba: Juruá, 2010, p. 130).

de sua existência à época de sua produção ou a existência posterior de fatos que possam elucidar determinadas alegações defensivas, ou acusatórias, ou mesmo a juntada de elementos de prova emprestados, oriundos de outros processos cíveis, penais ou administrativos, produzidos não só em outras fases, mas também em outros processos afetos a outro ramo das ciências jurídicas.[429]

Frise-se, como já deixado claro alhures, que o inquérito policial, por mais que seja realizado pelo Estado, não compreende processo acusatório, mas sim processo *investigativo ex officio* dedicado à verdade dos fatos de interesse para a persecução penal contraditorial.

A prova, por força do afastamento do sistema das provas tarifadas (sistema de prova legal) em favor do convencimento motivado (sistema da presunção racional), aplicado também em sede de indiciamento no inquérito policial e no processo penal estrito, consubstancia apenas um dos elementos do ato de decidir, não vinculando a autoridade de Polícia Judiciária e o juiz competente, que pode até mesmo dispensá-la e fundamentar sua decisão em outros elementos indiciários.

Como escreve Manoel de Oliveira Franco Sobrinho, "o valor da prova pelos seus elementos judiciosamente apreciados na relação jurídica, assenta nos princípios básicos dos sistemas jurídicos e legitima o exercício pleno da função jurisdicional, através dos diferentes órgãos e poderes do Estado",[430] levando ao máximo, mormente para o delegado de polícia como autoridade de Polícia Judiciária, o princípio da atuação conforme a lei e o direito, previsto na Lei nº 9.784/99 (art. 2º, parágrafo único, I), na medida em que as regras de hermenêutica aplicáveis em sede de jurisdição (Poder Judiciário), para o convencimento do julgador – convencimento motivado (presunção racional) – aplica-se também ao direito de Polícia Judiciária e aos atos de decisão no inquérito policial, dando uma verdadeira conotação de "poder" à autoridade de Polícia Judiciária de *livre no direito, porém de forma motivada*, dentro dos ditames da interpretação da lei e da ciência do direito, decidir o caso concreto posto em exame na investigação criminal.[431]

---

[429] GAVIORNO, Gracimeri Vieira Soeiro de Castro. *Garantias constitucionais do indiciado no inquérito policial*: controvérsias históricas e contemporâneas. 165 p. Dissertação (Mestrado em Direitos e Garantias Constitucionais Fundamentais). Faculdade de Direito de Vitória – FDV, Vitória, 2006.

[430] FRANCO SOBRINHO, Manoel de Oliveira. *A prova administrativa...*, cit., p. 36.

[431] DEZAN, Sandro Lúcio. Art. 2º, §3º (vetado). O delegado de polícia conduzirá a investigação criminal de acordo com seu livre convencimento técnico-jurídico, com isenção e imparcialidade. *In*: DEZAN, Sandro Lúcio; PEREIRA, Eliomar da Silva (org.). *Investigação*

Mesmo no que diz respeito aos elementos periciais de prova, importante reconhecer a possibilidade de a autoridade de Polícia Judiciária e o juiz criminal competente – e para a autoridade de Polícia Judiciária, a exemplo do que ocorre em sede judicial – posicionarem-se de forma a afastar as conclusões do *expert*, não ficando, assim, adstrita ao laudo ou informação pericial, não havendo mitigação da aplicação do convencimento motivado no regime jurídico de processo penal, tanto para o juiz competente, como já é comum esse entendimento, como para o delegado de polícia presidente da investigação criminal.[432]

Isso se dá uma vez que essas autoridades públicas – o juiz e o delegado – devem-se valer, para o exercício das suas funções, da atuação conforme à lei e ao direito (Lei nº 9.784/99), atraindo o dever de interpretação e aplicação de todo o ordenamento, sistema e regime jurídicos, envolvendo as diversas normas e princípios de direito. Todavia, sem embargo de as decisões do delegado de polícia poderem ser diretamente revisadas pelo Poder Judiciário, quando provocado, assim como não vincularem o Ministério Público, para o oferecimento da denúncia.[433]

E a fundamentação desse raciocínio ainda se ampara no fato de que, se nem o Poder Judiciário (que não fica adstrito às conclusões periciais – pois tem superioridade à análise dos *experts*) pode obrigar a autoridade de Polícia Judiciária na condução da investigação criminal a uma ou outra forma de hermenêutica e conclusões de processos (salvo nos casos de súmulas vinculantes), que se dirá de uma conclusão em sede de laudo pericial (ambiente não judicial ou legal). E esse mesmo raciocínio vale para o Ministério Público, que também não se encontra legitimado, a pretexto de exercício do controle esterno da atividade policial, a determinar a forma de interpretação e de aplicação da constituição Federal e da ordem normativa pela autoridade de Polícia Judiciária, na condução da investigação criminal.[434] [435]

---

criminal conduzida por delegado de polícia: comentários à Lei 12.830/2013. Curitiba: Juruá, 2013.

[432] DEZAN, Sandro Lúcio. Art. 2º, §3º (vetado). O delegado de polícia conduzirá a investigação criminal de acordo com seu livre convencimento técnico-jurídico, com isenção e imparcialidade..., 2013.

[433] *Idem, ibidem.*

[434] DEZAN, Sandro Lúcio. Art. 2º, §3º (vetado). O delegado de polícia conduzirá a investigação criminal de acordo com seu livre convencimento técnico-jurídico, com isenção e imparcialidade..., 2013.

[435] Nesse mesmo sentido, Eliomar da Silva Pereira escreve sobre o tema e a liberdade ou autonomia do delegado de polícia na condução do inquérito polícia. Cf. PEREIRA,

O delegado de polícia, na qualidade de autoridade de Polícia Judiciária e na presidência da investigação criminal, ficará adstrito à conclusão pericial ou a qualquer outro elemento de prova *somente se houver tarifação pela própria lei* ou por outro veículo primário introdutor de normas (*e.g.*, súmulas vinculantes. Todavia, não cabe aqui a adstrição do delegado de polícia por meio de decretos autônomos, pareceres vinculantes e demais atos do poder executivo, conquanto desprovido de competência para legislar sobre material processual penal). Do mesmo modo, não cabe aqui o alargamento da interpretação do conceito de Administração Pública, para abarcar, de um modo restritivo transversal, os deveres-poderes processuais do delegado de polícia; assim, as alterações ocorridas na Lei de Introdução às Normas do Direito Brasileiro (Decreto-Lei nº 4.657/1942, com alterações dada pela Lei nº 12.874/2013), destinadas à Administração Pública, para restringir o uso de valores jurídicos em sede de hermenêutica administrativa, não se aplicam ao delegado de polícia, na qualidade de autoridade de Polícia Judiciária na condução de investigação criminal.[436]

Porém, para que se não aceite o laudo pericial, deve o delegado de polícia decidir motivadamente e amparado em outros elementos de prova produzidos nos autos ou derivados de outros procedimentos e, não obstante, submetidos ao devido processo legal e, sendo o caso de possibilidade fática na investigação criminal, ao contraditório e à defesa.

3.4.6.2   Elementos de prova ilegal

Sob o aspecto da compatibilidade com o sistema normativo e sua aptidão para gerar efeitos jurídicos dentro do processo, as provas podem ser classificadas em provas legais e provas ilegais, sendo que as provas legais são todas aquelas permitidas pelo ordenamento jurídico,

---

Eliomar da Silva. Introdução às ciências policiais: a polícia entre ciência e política. Lisboa: Almedina, 2015. PEREIRA, Eliomar da Silva. Introdução: investigação criminal, inquérito policial e Polícia Judiciária. *In*: PEREIRA, Eliomar da Silva; DEZAN, Sandro Lúcio. *Investigação Criminal conduzida por Delegado de Polícia*: comentários à Lei 12.830/2013. Porto Alegre: Juruá, 2013. DEZAN, Sandro Lúcio. *Investigação, verdade e justiça*: a investigação criminal como ciência na lógica do Estado de Direito. Porto Alegre: Núria Fabris, 2014. DEZAN, Sandro Lúcio. *O processo (de investigação) penal*: o "nó górdio" do devido processo. 2018. 603 f. Tese (Doutoramento em Direito) – Escola de Direito de Lisboa, Universidade Católica Portuguesa (UCP), Lisboa, 2018. PEREIRA, Eliomar da Silva. *Teoria da investigação criminal:* uma introdução jurídicocientífica. Lisboa: Almedina, 2010. PEREIRA, Eliomar da Silva. *Saber e poder*. Florianópolis: Tirant lo Blanch, 2019.

[436] Cf. DEZAN, Sandro Lúcio. *Fenomenologia e hermenêutica do direito administrativo*. Porto: Editorial Juruá, 2018.

obtidas por um processo de exclusão, dado que, se não for proibida, será sempre permitida e, assim, tachada de prova legal.

As provas ilegais, proibidas, são aquelas expressamente vetadas pelo ordenamento jurídico, uma vez que se constituem em ofensoras às normas materiais ou processuais constantes no direito posto. Com efeito, podem ser ilícitas ou ilegítimas.

Deparando-se a autoridade julgadora com elementos de provas ilegais, ilícitas ou ilegítimas, deve reconhecer a sua nulidade e, em caso de ausência de contaminação dos demais atos produzidos, por não apresentarem relação direta com a ilegalidade, dar continuidade à decisão, porém, sem levar em consideração os efeitos jurídicos da prova anulada ou das demais provas validamente produzidas, porém derivadas das provas ilegais. Acaso reconheça a contaminação de todo o processo, deve anulá-lo e dar início a nova instauração, se competente para tal ato, ou remeter para a autoridade com essa função.

O Supremo Tribunal Federal tem aplicado a "teoria dos frutos da árvore envenenada" (*fruits of the poisonous tree*), para considerar nulas as provas validamente produzidas, mas decorrentes das provas ilícitas (ilicitude por derivação), quando apresentada relação causal direta entre elas.[437]

---

[437] Nesse sentido ementa de julgado da Segunda Turma, que pela importância transcrevemos a seguir: "EMENTA: Prova penal. Banimento constitucional das provas ilícitas (CF, art. 5º, LVI) – Ilicitude (originária e por derivação). Inadmissibilidade. Busca e apreensão de materiais e equipamentos realizada, sem mandado judicial, em quarto de hotel ainda ocupado. Impossibilidade. Qualificação jurídica desse espaço privado (quarto de hotel, desde que ocupado) como "casa", para efeito da tutela constitucional da inviolabilidade domiciliar. Garantia que traduz limitação constitucional ao poder do estado em tema de persecução penal, mesmo em sua fase pré-processual. Conceito de "casa" para efeito da proteção constitucional (CF, art. 5º, XI e CP, art. 150, §4º, II). Amplitude dessa noção conceitual, que também compreende os aposentos de habitação coletiva (como, por exemplo, os quartos de hotel, pensão, motel e hospedaria, desde que ocupados): necessidade, em tal hipótese, de mandado judicial (CF, art. 5º, XI). Impossibilidade de utilização, pelo Ministério Público, de prova obtida com transgressão à garantia da inviolabilidade domiciliar. Prova ilícita. Inidoneidade jurídica. Recurso ordinário provido. Busca e apreensão em aposentos ocupados de habitação coletiva (como quartos de hotel). Subsunção desse espaço privado, desde que ocupado, ao conceito de "casa". Consequente necessidade, em tal hipótese, de mandado judicial, ressalvadas as exceções previstas no próprio texto constitucional. "– *Para os fins da proteção jurídica a que se refere o art. 5º, XI, da Constituição da República, o conceito normativo de 'casa' revela-se abrangente e, por estender-se a qualquer aposento de habitação coletiva, desde que ocupado (CP, art. 150, §4º, II), compreende, observada essa específica limitação espacial, os quartos de hotel. Doutrina. Precedentes. – Sem que ocorra qualquer das situações excepcionais taxativamente previstas no texto constitucional (art. 5º, XI), nenhum agente público poderá, contra a vontade de quem de direito (invito domino), ingressar, durante o dia, sem mandado judicial, em aposento ocupado de habitação coletiva, sob pena de a prova resultante dessa diligência de busca e apreensão reputar-se inadmissível, porque impregnada de ilicitude originária. Doutrina. Precedentes (STF). Ilicitude*

3.4.6.3 Elementos ilícitos de prova

Espécie do gênero provas ilegais, ofensora de direito material. São, por força de preceito constitucional (art. 5º, LVI, CF/88), inadmissíveis no processo, seja ele de qualquer ramo do direito. Assim também prescreve o art. 30 da Lei nº 9.784/99, que regula os processos administrativos *lato sensu* no âmbito federal, assentando que "são

---

da Prova. Inadmissibilidade de sua Produção em Juízo (ou perante qualquer instância de poder). Inidoneidade Jurídica da Prova Resultante da Transgressão Estatal ao Regime Constitucional dos Direitos e Garantias Individuais. – A ação persecutória do Estado, qualquer que seja a instância de poder perante a qual se instaure, para revestir-se de legitimidade, não pode apoiar-se em elementos probatórios ilicitamente obtidos, sob pena de ofensa à garantia constitucional do due process of law, que tem, no dogma da inadmissibilidade das provas ilícitas, uma de suas mais expressivas projeções concretizadoras no plano do nosso sistema de direito positivo. – A Constituição da República, em norma revestida de conteúdo vedatório (CF, art. 5º, LVI), desautoriza, por incompatível com os postulados que regem uma sociedade fundada em bases democráticas (CF, art. 1º), qualquer prova cuja obtenção, pelo Poder Público, derive de transgressão a cláusulas de ordem constitucional, repelindo, por isso mesmo, quaisquer elementos probatórios que resultem de violação do direito material (ou, até mesmo, do direito processual), não prevalecendo, em conseqüência, no ordenamento normativo brasileiro, em matéria de atividade probatória, a fórmula autoritária do 'male captum, bene retentum'. Doutrina. Precedentes. A Questão da Doutrina dos Frutos da Árvore Envenenada (Fruits of the Poisonous Tree): a Questão da Ilicitude por Derivação. – Ninguém pode ser investigado, denunciado ou condenado com base, unicamente, em provas ilícitas, quer se trate de ilicitude originária, quer se cuide de ilicitude por derivação. Qualquer novo dado probatório, ainda que produzido, de modo válido, em momento subseqüente, não pode apoiar-se, não pode ter fundamento causal nem derivar de prova comprometida pela mácula da ilicitude originária. – A exclusão da prova originariamente ilícita – ou daquela afetada pelo vício da ilicitude por derivação – representa um dos meios mais expressivos destinados a conferir efetividade à garantia do due process of law e a tornar mais intensa, pelo banimento da prova ilicitamente obtida, a tutela constitucional que preserva os direitos e prerrogativas que assistem a qualquer acusado em sede processual penal. Doutrina. Precedentes. – A doutrina da ilicitude por derivação (teoria dos 'frutos da árvore envenenada') repudia, por constitucionalmente inadmissíveis, os meios probatórios, que, não obstante produzidos, validamente, em momento ulterior, acham-se afetados, no entanto, pelo vício (gravíssimo) da ilicitude originária, que a eles se transmite, contaminando-os, por efeito de repercussão causal. Hipótese em que os novos dados probatórios somente foram conhecidos, pelo Poder Público, em razão de anterior transgressão praticada, originariamente, pelos agentes da persecução penal, que desrespeitaram a garantia constitucional da inviolabilidade domiciliar. – Revelam-se inadmissíveis, desse modo, em decorrência da ilicitude por derivação, os elementos probatórios a que os órgãos da persecução penal somente tiveram acesso em razão da prova originariamente ilícita, obtida como resultado da transgressão, por agentes estatais, de direitos e garantias constitucionais e legais, cuja eficácia condicionante, no plano do ordenamento positivo brasileiro, traduz significativa limitação de ordem jurídica ao poder do Estado em face dos cidadãos. – Se, no entanto, o órgão da persecução penal demonstrar que obteve, legitimamente, novos elementos de informação a partir de uma fonte autônoma de prova – que não guarde qualquer relação de dependência nem decorra da prova originariamente ilícita, com esta não mantendo vinculação causal –, tais dados probatórios revelar-se-ão plenamente admissíveis, porque não contaminados pela mácula da ilicitude originária. – A Questão da Fonte Autônoma de Prova ('an independent source') e a sua Desvinculação Causal da Prova Ilicitamente Obtida. Doutrina. Precedentes do Supremo Tribunal Federal. Jurisprudência Comparada (a Experiência da Suprema Corte Americana): Casos 'Silverthorne Lumber co, v. United States (1920); Segura v. United States (1984); Nix v. Williams (1984); Murray v. United States (1988)'".

inadmissíveis no processo administrativo as provas obtidas por meios ilícitos".

Desse modo, os elementos de prova obtidos com ofensa ao direito material, a exemplo de confissão mediante tortura física ou psicológica, com violação das regras que disciplinam a interceptação das comunicações telefônicas, entre outras, deverão ser desentranhados do processo e inutilizados.

Nesse sentido, a Sexta Turma do Superior Tribunal de Justiça, decidindo o Recurso Ordinário em Habeas Corpus RHC nº 101119/SP – 2018/0189228-9, de relatoria do Ministro Rogerio Schietti Cruz, decidiu, *in verbis*:

> RECURSO EM HABEAS CORPUS. TRÁFICO DE DROGAS. PRISÃO EM FLAGRANTE. ACESSO A DADOS CONTIDOS NO CELULAR DO RÉU. AUSÊNCIA DE PRÉVIA AUTORIZAÇÃO JUDICIAL. ILICITUDE DAS PROVAS OBTIDAS. RECURSO EM HABEAS CORPUS PROVIDO.
>
> 1. Os dados armazenados nos aparelhos celulares – envio e recebimento de mensagens via SMS, programas ou aplicativos de troca de mensagens, fotografias etc. –, por dizerem respeito à intimidade e à vida privada do indivíduo, são invioláveis, nos termos em que previsto no inciso X do art. 5º da Constituição Federal, só podendo, portanto, ser acessados e utilizados mediante prévia autorização judicial, com base em decisão devidamente motivada que evidencie a imprescindibilidade da medida, capaz de justificar a mitigação do direito à intimidade e à privacidade do agente.
>
> 2. No caso, por ocasião da própria prisão em flagrante – sem, portanto, a prévia e necessária autorização judicial –, o celular do réu foi apreendido, desbloqueado e nele verificada a existência de mensagens de texto que indicavam prévia negociação da venda de entorpecentes, sem, portanto, a prévia e necessária autorização judicial. A autorização do juiz deferindo a quebra do sigilo das informações e das comunicações (como aplicativos, fotografias e demais dados armazenados nos aparelhos de telefonia apreendido) somente foi feita em momento posterior, já na audiência de custódia e, mesmo assim, sem nenhuma fundamentação concreta que evidenciasse a imprescindibilidade da medida.
>
> 3. Pelos documentos constantes dos autos, não se verifica nenhum argumento ou situação que pudesse justificar a necessidade e a urgência, em caráter excepcional, de as autoridades policiais poderem acessar, de imediato (e, portanto, sem prévia autorização judicial), os dados armazenados no aparelho celular do recorrente. Ao contrário, pela dinâmica dos fatos, o que se depreende é que não haveria nenhum prejuízo às investigações se os policiais, após a apreensão do telefone celular, houvessem requerido judicialmente a quebra do sigilo dos dados nele armazenados.

4. A denúncia se apoiou em elementos obtidos a partir da apreensão do celular pela autoridade policial, os quais estão reconhecidamente contaminados pela forma ilícita de sua colheita. Não é possível identificar, com precisão, se houve algum elemento informativo produzido por fonte independente ou cuja descoberta seria inevitável, porquanto o contexto da abordagem do ora recorrente aliado à quantidade de drogas apreendidas e aos dados obtidos por meio do acesso ao celular do agente é que formaram a convicção do Parquet pelo oferecimento de denúncia pela possível prática do crime previsto no art. 33, caput, da Lei nº 11.343/2006.

5. A própria narrativa da dinâmica dos fatos coloca sob dúvida o "consentimento" dado pelo réu aos policiais para o acesso aos dados contidos no seu celular, pois é pouco crível que, abordado por policiais, ele fornecesse voluntariamente a senha para o desbloqueio do celular e o acesso aos dados nele contidos.

6. Recurso em habeas corpus provido, para reconhecer a ilicitude das provas obtidas por meio do acesso ao celular do recorrente, bem como de todas as que delas decorreram e, consequentemente, anular o Processo nº 0001516-27.2018 *ab initio*, sem prejuízo de oferecimento de nova denúncia, desde que amparada em elementos informativos regularmente obtidos. Em consequência, fica determinado o relaxamento da prisão cautelar imposta ao réu, por excesso de prazo.

Diante disso, os Tribunais superiores têm reconhecido a existência de uma esfera de direitos individuais, direitos constitucionais fundamentais, ou seja, de cunho notadamente material, intangível diretamente pela atividade investigativa, de modo a carecer de autorização judicial.

A atuação investigativa da Polícia Judiciária, por autoridade própria, ou seja, sem a participação do Poder Judiciário com vistas à autorização por essa instituição, eiva de invalidade as provas assim obtidas, contaminando as demais provas delas racionalmente lógicas e decorrentes. Todas elas, as provas obtidas por meio ilícito, com ofensa a direito material do investigado, e as provas ilícitas por derivação devem ser excluídas dos autos da investigação criminal e, sem embargo disso, não podem, mesmo excluídas dos autos, ser consideradas para qualquer juízo de valor, quer seja já fase de investigação criminal, quer seja na fase de processo penal em sentido estrito.

3.4.6.4 Elementos de prova ilegítimos

Espécie do gênero provas ilegais, ofensor de direito processual. Do mesmo modo que as provas ilícitas e por força do mesmo preceito constitucional (art. 5º, LVI, CF/88), tais elementos são inadmissíveis no processo, sejam eles de qualquer ramo do direito. Assim, também devem ser retirados do processo e inutilizados.

Podem ser entendidas como violação das regras de direito processual as provas emprestadas que ingressem em sede de processo disciplinar sem a necessária autorização judicial, perfazendo um clássico e corriqueiro exemplo de elementos de prova ilegítimos no direito da disciplina interna do serviço público.

3.4.7 "Ninguém será considerado culpado até o trânsito em julgado de sentença penal condenatória" (LVII): a presunção de inocência e o *nemo tenetur se detegere* no inquérito policial, ou o princípio *nemo tenetur se detegere* no inquérito policial

Norma que obsta a administração de obrigar o acusado a fazer prova contra si mesmo. Assim, o processo dialético de elucidação dos fatos e aplicação da norma ao caso concreto disciplinar deve fluir de modo a atribuir o ônus da prova a quem a alega, ou seja, no caso da acusação, à administração. Com efeito, esmera respaldo no princípio da verdade real, e daí decorre a proibição de a lei instituir provas fictícias, de caráter legal, consoante o sistema tarifado de provas.

A inversão do ônus da prova também apresenta derivação reflexa desse princípio ora em análise, pois, se ao acusado não lhe é imposto o dever de produzir provas contra si, resta à parte autora tal incumbência, não se devendo inverter, de qualquer modo o ônus atribuído ao Estado de provar a acusação, malgrado validade de inversão nos casos de alegação, pelo acusado, de fato novo, impeditivo ou modificativo do *jus puniendi* ou mesmo, do *jus persequendi* administrativo.

3.4.8 "A todos, no âmbito judicial e administrativo, são assegurados a razoável duração do processo e os meios que garantam a celeridade de sua tramitação" (LXXVIII): *o princípio da duração razoável do inquérito policial*

De longa data a morosidade do processo – não só em sede de direito disciplinar, mas também nos demais ramos do direito – é tida como sanção por si só. O Direito deve trazer segurança às relações, e não há nada mais tormentoso para o indivíduo, submetido ao processo em contraditório ou mesmo à investigação criminal ou de outra natureza, que a incerteza prolongada no tempo de sua situação jurídico-relacional com o Estado, de ser responsabilizado ou absolvido. Sofre, assim, pelo tempo que perdura a inação ou morosidade do Estado em seu mister penal persecutório, dupla punição, quais sejam *(i)* o martírio da insegurança jurídica e *(ii)* o pré-julgamento perante o coletivo social, que parte da premissa de ser o investigado ou processado culpado pelo fato de se encontrar envolvido formalmente com o Estado, em uma relação jurídica processual investigativa ou processual estrita, por longa data.[438] A morosidade em se decidir o processo é tão odiosa quanto a aplicação da sanção pela *"verdade sabida"*,[439] sem o processo.[440] Ambas ofendem

---

[438] Nesse sentido, todavia para o caso de persecuções *interna corporis* de cunho ético-moral e disciplinar, cujos fundamentos e razões de decidir aplicam-se indistintamente a toda e qualquer forma de procedimento estatal de cunho punitivo – a exemplo do inquérito policial e do processo penal estrito – já decidiu a Terceira Seção do Superior Tribunal de Justiça, onde o Ministro Napoleão Nunes Maia Filho, Relator do Agravo Regimental no Mandado de Segurança nº 14.336, apontou que *"não há como se negar que a simples submissão a Processo Administrativo Disciplinar repercute na esfera moral do Servidor, por possuir carga extremamente negativa, eis que veicula suspeita do cometimento de ato ilícito, que, acaso comprovado, certamente resultará em juízo de severa reprovação proveniente da sociedade e do Estado, afetando sobremodo a subjetividade do indiciado, que, no caso em tela, já se encontra aposentado. Dessa forma, a instauração de PAD deve ser feita com extrema cautela e somente nos casos em que o seu resultado ainda possa ser útil à Administração".*

[439] O tema da *verdade sabida*, em que pese ao fato de ser mais estudada no âmbito do direito administrativo sancionador *interna corporis, e.g.,* no âmbito do direito administrativo disciplinar, pode muito bem ser levada a efeito por meio de investigações criminais e processos penais estritos mal conduzidos. Sobre o tema, todavia para o direito administrativo disciplinar, manifestou-se o Supremo Tribunal Federal, em decisão de 30.10.2014, nos autos da Ação Direta de Inconstitucionalidade nº 2120: EMENTA: "Ação Direta de Inconstitucionalidade. Confederação brasileira de trabalhadores policiais civis (Cobrapol). Entidade sindical investida de legitimidade ativa *ad causam* para instauração de controle normativo abstrato perante o Supremo Tribunal Federal. Pertinência temática. Configuração. Alegada inconstitucionalidade de normas que preveem punição disciplinar antecipada de servidor policial civil. Critério da verdade sabida. Ilegitimidade. Necessidade de respeito à garantia do *due process of law* nos procedimentos administrativos de caráter

CAPÍTULO 3
DIREITOS CONSTITUCIONAIS FUNDAMENTAIS E A INVESTIGAÇÃO CRIMINAL DE POLÍCIA JUDICIÁRIA | 219

em idêntico grau a Constituição, por desrespeito à dignidade da pessoa humana e, assim, por esse motivo, devem ser refutadas.

Recentemente, o Congresso Nacional editou e publicou a Emenda Constitucional nº 45, de 08.12.2004, seguindo uma tendência de economia e efetividade processual, consoante também o art. 8º da Convenção Americana sobre Direitos Humanos, aprovada e promulgada pelo Brasil em 1992, positivando o princípio da celeridade processual ou da razoável duração do processo, inclusive aplicável em sede disciplinar.[441]

---

disciplinar. Direito de defesa. Reconhecimento da inconstitucionalidade material da Lei amazonense 2.271/94 (art. 43, §§2º a 6º). Ação direta julgada procedente. *"Nenhuma penalidade poderá ser imposta, mesmo no campo do direito administrativo, sem que se ofereça ao imputado a possibilidade de se defender previamente. A preterição do direito de defesa torna írrito e nulo o ato punitivo 'Nemo inauditus damnari debet. O direito constitucional à ampla (e prévia) defesa, sob o domínio da Constituição de 1988 (art. 5º, LV), tem como precípuo destinatário o acusado, qualquer acusado, ainda que em sede meramente administrativa. O Supremo Tribunal Federal, ao proclamar a imprescindibilidade da observância desse postulado, essencial e inerente ao due process of law, tem advertido que o exercício do direito de defesa há de ser assegurado, previamente, em todos aqueles procedimentos – notadamente os de caráter administrativo-disciplinar – em que seja possível a imposição de medida de índole punitiva. Mesmo a imposição de sanções disciplinares pelo denominado critério da verdade sabida, ainda que concernentes a ilícitos funcionais desvestidos de maior gravidade, não dispensa a prévia audiência do servidor público interessado, sob pena de vulneração da cláusula constitucional garantidora do direito de defesa. A ordem normativa consubstanciada na Constituição brasileira é hostil a punições administrativas, imponíveis em caráter sumário ou não, que não tenham sido precedidas da possibilidade de o servidor público exercer, em plenitude, o direito de defesa. A exigência de observância do devido processo legal destina-se a garantir a pessoa contra a ação arbitrária do Estado, colocando-a sob a imediata proteção da Constituição e das leis da República. Doutrina. Precedentes. – Revela-se incompatível com o sistema de garantias processuais instituído pela Constituição da República (CF, art. 5º, LV) o diploma normativo que, mediante inversão da fórmula ritual e com apoio no critério da verdade sabida, culmina por autorizar, fora do contexto das medidas meramente cautelares, a própria punição antecipada do servidor público, ainda que a este venha a ser assegurado, em momento ulterior, o exercício do direito de defesa. Doutrina. Precedentes".*

[440] É na lição de CRETELLA JÚNIOR, José, *Direito administrativo do Brasil*: processo administrativo, p. 139, que encontramos exemplo de aplicação de sanção sem o devido processo legal, onde assenta que, sob a luz do antigo estatuto dos servidores civis federais, "a suspensão até 30 dias aplica-se através de simples portaria, indicando-se o fundamento da pena". Importante anotar que essa simples portaria denotava a inexistência de processo, em que o servidor somente tinha contato com o seu ato punitivo e nada mais. Apenas se deparava, sem oportunidade de contraditório e ampla defesa, com um ato punitivo que poderia lhe suspender as atividades por até trinta dias, implicando, ainda, a não percepção dos vencimentos referentes aos dias de suspensão. Frise-se, tudo sem qualquer processo apuratório disciplinar.

[441] "Toda pessoa tem o direito de ser ouvida, com as devidas garantias e dentro de um prazo razoável, por um juiz ou Tribunal competente, independente e imparcial, estabelecido anteriormente por lei, na apuração de qualquer acusação penal formulada contra ela, ou para que se determine seus direitos ou obrigações de natureza civil, trabalhista, fiscal ou de qualquer natureza". (Convenção Americana sobre Direitos Humanos, aprovada pelo Brasil pelo Decreto-Legislativo nº 27, de 25.09.1992 e promulgada pelo Decreto nº 678, de 06 de novembro do mesmo ano)

Assim o art. 5º, LXXIII, da CF/88 assinala que "a todos, no âmbito judicial e administrativo, são assegurados razoável duração do processo e os meios que garantam a celeridade de sua tramitação".

Do enunciado acima se aferem *(i)* que o processo deve perdurar por um tempo razoável, entendendo assim o tempo necessário para o exercício do contraditório e da ampla defesa, sem, contudo, retardar por período superior à necessidade desses misteres e, também, que *(ii)* o legislador e o aplicador das normas processuais devem buscar celeridade na tramitação do processo, aquele, no momento de legislar, deve objetivar a eficiência e celeridade conjuntas, este, o aplicador da norma, deve interpretá-la de forma a atingir o resultado final do processo de forma mais eficiente e célere possível. Ambos, no entanto, não estão autorizados a *abrir mão* dos direitos de contraditório e de ampla defesa do acusado, em prol da celeridade processual.[442]

Como acima apresentado, relaciona-se também com o princípio da economia processual, ao passo que este empresta instrumentalidade para a observância da razoável duração do processo, subsidiando forma de celeridade processual.

Destarte, o *princípio da economia processual* constitui faceta dos princípios da razoável duração do processo e da celeridade processual.

3.4.8.1 O princípio da razoável duração do inquérito policial

Por mais que não existam formalmente partes no inquérito policial e nas investigações de natureza criminal, assim como nas investigações em geral, ou seja, nos processos de investigação não se

---

[442] A Lei nº 12.008, de 29.07.2009, acrescentando o art. 69-A à Lei nº 9.784/99 e em atenção ao princípio ora em comento em sede administrativa, tratou de prescrever rol não taxativo de pessoas que terão prioridade na tramitação dos processos quando figurarem como parte ou interessados, asseverando que *"Terão prioridade na tramitação, em qualquer órgão ou instância, os procedimentos administrativos em que figure como parte ou interessado: I – pessoa com idade igual ou superior a 60 (sessenta) anos; II – pessoa portadora de deficiência, física ou mental; III – (VETADO) IV – pessoa portadora de tuberculose ativa, esclerose múltipla, neoplasia maligna, hanseníase, paralisia irreversível e incapacitante, cardiopatia grave, doença de Parkinson, espondiloartrose anquilosante, nefropatia grave, hepatopatia grave, estados avançados da doença de Paget (osteíte deformante), contaminação por radiação, síndrome de imunodeficiência adquirida, ou outra doença grave, com base em conclusão da medicina especializada, mesmo que a doença tenha sido contraída após o início do processo. §1º A pessoa interessada na obtenção do benefício, juntando prova de sua condição, deverá requerê-lo à autoridade administrativa competente, que determinará as providências a serem cumpridas. §2º Deferida a prioridade, os autos receberão identificação própria que evidencie o regime de tramitação prioritária".*

há de falar em partes componentes de polos de suposta *lide*, há de se assimilarem direitos e deveres, a incluírem-se direitos constitucionais fundamentais.

A razoável duração da investigação criminal e, assim, do inquérito policial e a celeridade desses instrumentos formais investigativos compreendem direitos constitucionais fundamentais hauridos a esse patamar pelo teor do texto constitucional do artigo 5º, inciso LXVIII, ao prescrever que "a todos, no âmbito judicial e administrativo, são assegurados a razoável duração do processo e os meios que garantam a celeridade de sua tramitação".

Essa extensão de aplicação do princípio constitucional em comento se dá pela concepção de ser o inquérito policial uma especial fase investigativa do processo penal, em que este, o processo penal, apresenta-se em duas fases distintas, uma sem jurisdição e, não obstante, realizada pelo Estado com o caráter investigativo e não contraditorial; outra com jurisdição, também realizada pelo Estado, todavia com caráter contraditorial, à vista de uma acusação mais incidente e formal. A primeira compreende a fase de persecução investigativa do processo penal, ao passo que a segunda compreende a fase de contraditório pleno e de defesa plena (ampla), à vista da formalização da acusação, com as descrições do fato e de sua autoria, em que não se pretende mais, em tese, desenvolver novas fases investigativas e ou cautelares.

Com efeito, considerando o inquérito policial fase do processo penal e assinalando a incidência normativa do princípio da razoável duração do processo como face da razoável duração odo inquérito, a Sexta Turma do Superior Tribunal de Justiça, decidindo o HC nº 482141/SP – 2018/0322994-7, de relatoria do Ministro Sebastião Reis Júnior, pautou-se por trancar inquérito policial que investigava a prática dos crimes previstos nos artigos 171, 297, 298 e 304 do Código Penal brasileiro, em razão de excesso não justificado de prazo da investigação. Nesses termos, concluiu haver constrangimento ilegal, *in verbis*:

HABEAS CORPUS. TRANCAMENTO DE INQUÉRITO POLICIAL. INVESTIGAÇÃO DA PRÁTICA DOS CRIMES PREVISTOS NOS ARTS. 171, 297, 298 E 304 DO CP. EXCESSO DE PRAZO. DEZ ANOS DE DURAÇÃO DAS INVESTIGAÇÕES. INEFICIÊNCIA ESTATAL CARACTERIZADA. CONSTRANGIMENTO ILEGAL EVIDENCIADO.

1. Em caso de investigado solto, o prazo para a conclusão do inquérito policial é impróprio, podendo ser prorrogado a depender da complexidade das apurações. Essa fase pré-processual caracteriza-se como procedimento investigatório meramente informativo, não se

submetendo ao crivo do contraditório, nem garantindo ao indiciado o amplo exercício da defesa.

2. Hipótese em que o inquérito policial, iniciado em 28/5/2009, embora seja extremamente complexo (conta com cinco investigados, exigiu o deferimento de mandados de busca e apreensão e requisições ao consulado norte-americano, além de perícias em documentos e nos computadores apreendidos), passou por atrasos também decorrentes das mudanças do Distrito Policial responsável pelas investigações e da esfera do Poder Judiciário competente para o julgamento, e nenhum desses atos pode ser imputado ao investigado. Apesar de a atuação do paciente (que é advogado) ter contribuído para causar certa demora na conclusão das investigações, peticionando dezenas de vezes nos autos e requerendo diversos pedidos distintos, até o momento, passados quase 10 anos, o inquérito não reuniu os elementos probatórios, necessários para formação da *opinio delicti* e não há nenhuma perspectiva de chegar a seu fim.

3. Tampouco se mostra razoável assinalar o prazo de 90 dias, como proposto pelo parecerista para conclusão das investigações, porquanto a autoridade coatora não deu notícias concretas de que o inquérito se encontra em sua parte final, prestes a ser solucionado.

4. Caracterizada a ineficiência estatal, impõe-se o trancamento do inquérito policial por excesso de prazo.

5. Ordem concedida para trancar o referido inquérito policial.

A Quinta Turma do Superior Tribunal de Justiça decidiu no mesmo sentido o nº 444293/DF – 2018/0079394-4, de relatoria do Ministro Ribeiro Dantas, ao alinhavar, *in verbis*:

PROCESSO PENAL. HABEAS CORPUS SUBSTITUTIVO DE RECURSO PRÓPRIO. INADEQUAÇÃO. PECULATO. ASSOCIAÇÃO CRIMINOSA. TRANCAMENTO DO INQUÉRITO. CARÊNCIA DE JUSTA CAUSA NÃO EVIDENCIADA. MOROSIDADE NO DESFECHO DAS INVESTIGAÇÕES. PRAZO PARA ENCERRAMENTO DO INQUÉRITO FIXADO. WRIT NÃO CONHECIDO. ORDEM CONCEDIDA DE OFÍCIO.

1. Esta Corte e o Supremo Tribunal Federal pacificaram orientação no sentido de que não cabe *habeas corpus* substitutivo do recurso legalmente previsto para a hipótese, impondo-se o não conhecimento da impetração, salvo quando constatada a existência de flagrante ilegalidade no ato judicial impugnado.

2. Nos termos do entendimento consolidado desta Corte, o trancamento de inquérito por meio do *habeas corpus* é medida excepcional, que somente deve ser adotada quando houver inequívoca comprovação da atipicidade da conduta, da incidência de causa de extinção da

DIREITOS CONSTITUCIONAIS FUNDAMENTAIS E A INVESTIGAÇÃO CRIMINAL DE POLÍCIA JUDICIÁRIA

punibilidade ou da ausência de indícios de autoria ou de prova sobre a materialidade do delito, o que não se infere não hipótese dos autos.

3. Se as instâncias ordinárias, com fundamento em elementos de convicção colhidos nos autos, reconheceram a presença de justa causa para as investigações, pois existiriam fortes indícios da participação do ora paciente em fraudes e em desvio de valores do Banco do Brasil S/A praticados por funcionários da instituição financeira, para afastar tal conclusão seria necessário revolver o contexto fático-probatório, providência que não se coaduna, a toda evidência, com a via estreita do *habeas corpus*.

4. O reconhecimento da falta de justa causa para que seja dada continuidade às investigações, ao argumento de inexistência dos fatos e de atipicidade das condutas, exige profundo exame do contexto probatório dos autos, o que é inviável na via estreita do *writ*. Por certo, não parece razoável admitir que o Judiciário termine por cercear as atividades investigativas da polícia e o exercício do o *jus accusationis* pelo Ministério Público, ainda na fase pré-processual, salvo se manifestamente demonstrada a presença de constrangimento ilegal.

5. A jurisprudência desta Corte é no sentido da autonomia e independência das esferas civil, penal e administrativa, razão por que eventual improcedência de demanda ajuizada na esfera civil não vincula a ação penal instaurada em desfavor do paciente. Deveras, mesmo que o julgador cível tenha julgado improcedente a ação indenizatória ajuizada pelo Posto Parque Industrial BSB Derivados de Petróleo LTDA, favorecido do empréstimo autorizado pelo ora paciente, em desfavor do Banco do Brasil S/A, por ter reconhecido a regularidade da operação bancária, tal conclusão não afasta o prosseguimento das investigações sobre eventuais crimes dela decorrentes, não sendo possível concluir pela atipicidade das condutas.

6. Os autos revelam que após o encerramento de auditoria realizada para a apuração de possíveis infrações disciplinares, o Banco do Brasil S/A demitiu, por justa causa, o ora paciente e os demais funcionários envolvidos nas irregularidades. Ora, caso houvesse sido reconhecida a ausência de desvio de conduta nas operações sob suspeita ou de prejuízo causado à sociedade de economia mista, o investigado não teria sido demitido pela prática de "ato de improbidade"; por "incontinência de conduta ou mau procedimento; e "por ato de indisciplina ou insubordinação", nos moldes do art. 482, alíneas "a", "b" e "h", da Consolidação das Leis do Trabalho.

7. Embora o relatório da auditoria não tenha sido imediatamente entregue pela instituição bancária por estar sob sigilo, a autoridade policial foi aconselhada a promover a sua juntada na via judicial, em 15/4/2014, não sendo possível concluir que os autos ainda não tenham sido instruídos com cópia de tal documento.

8. Conquanto a Constituição Federal consagre a garantia da duração razoável do processo, o excesso de prazo na conclusão do inquérito policial somente poderá ser reconhecido caso venha a ser demonstrado que as investigações se prolongam de forma desarrazoada, sem que a complexidade dos fatos sob apuração justifiquem tal morosidade. Por outro lado, ainda que não tenha sido decretada a sua custódia preventiva ou a qualquer outra medida cautelar, inegável reconhecer que o prosseguimento do inquérito por prazo indefinido traz inegável constrangimento ao investigado, máxime se ele houver sido formalmente indiciada.

9. No caso, conforme o reconhecido pela Corte de origem, os fatos são complexos, pois versam sobre a atuação de quadrilha composta por múltiplos agentes, os quais estariam envolvidos em quatros esquemas criminosos distintos, que guardariam relação de interdependência, tendo sido necessário executar inúmeras medidas cautelares e diligências. Ainda, segundo o afirmado pelas instâncias ordinárias, o *dominus litis* ainda não formou seu convencimento acerca da materialidade e autoria delitivas, o que ensejou pedido de novas diligências, que ainda estariam pendentes de realização. Demais disso, das informações prestadas pelo Juízo de 10ª Vara Federal da Seção Judiciária do Distrito Federal, verifica-se ter sido proferida decisão nos autos, em 18/10/2018, transferindo o do inquérito da Delegacia de Combate do Crime Organizado do Distrito Federal para Polícia Federal.

10. Segundo as informações prestadas pela 10ª Vara Federal da Seção Judiciária do Distrito Federal, foi determinando o desbloqueio dos bens, valores e das contas bancárias pertencentes ao paciente e à sua esposa, cuja restrição havia sido decretada nos autos. Além disso, em pesquisa realizada no sítio eletrônico do Tribunal Regional Federal da 1ª Região, verificou-se a baixa definitiva dos autos ao Departamento de Polícia Federal, em 10/9/2019.

11. Conforme o reconhecido em recente julgado desta Quinta Turma, "afigura-se prudente fixar prazo para conclusão do inquérito policial, com o objetivo de evitar o perecimento de toda a investigação já realizada, pois o prazo transcorrido até aqui indica a iminência de que seja ultrapassada a fronteira da razoabilidade, que poderia caracterizar, de forma superveniente, constrangimento ilegal. Assim, impõe-se a limitação do prazo para o encerramento das diligências em curso, que devem ser concluídas no prazo máximo de 30 (trinta) dias" (AgRg no HC 491.639/MA, Rel. Ministro FELIX FISCHER, QUINTA TURMA, julgado em 30/05/2019, DJe 04/06/2019).

12. Writ não conhecido. Ordem concedida, de ofício, tão somente para fixar o prazo improrrogável de 30 dias para o desfecho do inquérito policial, a contar a publicação do acórdão.

Para os casos gravíssimos e complexos, a investigação criminal legitima-se por um período maior que para crimes menos graves e cujos fatos sejam caracterizados por circunstâncias elementares simples. Com isso, à luz do caso concreto a demonstrar a razoabilidade da prolongação no tempo do inquérito policial, não se reconhece a carência superveniente de justa causa para a investigação. Nesse sentido, decidiu o RHC nº 74078/MG – Recurso Ordinário em Habeas Corpus – 2016/0200947-8, de relatoria do Ministro Sebastião Reis Júnior, *in verbis*:

> RECURSO EM HABEAS CORPUS. SEQUESTRO E HOMICÍDIO QUALIFICADO. EXCESSO DE PRAZO PARA A CONCLUSÃO DO PROCEDIMENTO INVESTIGATÓRIO. NÃO OCORRÊNCIA. RECURSO NÃO PROVIDO. 1. É entendimento consolidado nos tribunais que os prazos indicados na legislação processual penal para a conclusão dos atos processuais não são peremptórios, de modo que eventual demora no julgamento do recurso de apelação deve ser aferida levando-se em conta as peculiaridades do caso concreto. 2. Embora se identifique o decurso de mais de oito anos desde a instauração do inquérito policial, noto que os crimes apurados são gravíssimos e complexos, cuja apuração demora, é bem verdade, mas não a ponto de impor a cessação da atividade investigatória do Estado, sobretudo porque não houve restrição à liberdade do recorrente e o prazo prescricional está longe de ser alcançado. 3. Recurso não provido.

E, no mesmo sentido, *in verbis*:

> PROCESSUAL PENAL. HABEAS CORPUS SUBSTITUTIVO DE RECURSO ESPECIAL, ORDINÁRIO OU DE REVISÃO CRIMINAL. NÃO CABIMENTO. INQUÉRITO POLICIAL. INVESTIGAÇÃO DE CRIMES DE LAVAGEM DE DINHEIRO, VALORIZAÇÃO ARTIFICIAL DE BENS E SIMULAÇÃO DE VENDA DE COMBUSTÍVEIS E DE NASCIMENTO DE GADO. ALEGAÇÕES DE EXCESSO DE PRAZO E DE AUSÊNCIA DE JUSTA CAUSA. INVESTIGAÇÕES QUE PERDURAM POR MAIS DE 6 ANOS SEM O SURGIMENTO DE INDÍCIOS DE AUTORIA E MATERIALIDADE CAPAZES DE LASTREAR UMA DENÚNCIA. CONSTRANGIMENTO ILEGAL EVIDENCIADO. HABEAS CORPUS NÃO CONHECIDO. ORDEM CONCEDIDA DE OFÍCIO. 1. Ressalvada pessoal compreensão diversa, uniformizou o Superior Tribunal de Justiça ser inadequado o writ em substituição a recursos especial e ordinário, ou de revisão criminal, admitindo-se, de ofício, a concessão da ordem ante a constatação de ilegalidade flagrante, abuso de poder ou teratologia. 2. Embora possível admitir-se prorrogação casuística dos prazos de duração da persecução criminal, notadamente do inquérito policial, são a celeridade

e a eficiência princípios necessários ao desenvolvimento do devido processo legal. 3. A tramitação de inquérito policial por mais de seis anos eterniza investigação que deveria ser sumária – apenas para fundamento de seriedade da acusação penal (certeza da materialidade e tão somente indícios de autoria) –, traz gravosos danos pessoais e transmuta a investigação de fato para a investigação da pessoa. 4. Situação de prejuízos diretos inclusive financeiros, pela mantença por longo tempo do bloqueio de bens do paciente. 5. Condição atual de inércia da investigação, o que, somado ao tempo decorrido, configura clara mora estatal e prejuízo concretizado. 6. Habeas corpus não conhecido, porém, concedida a ordem de ofício para trancamento do inquérito policial e desbloqueio dos bens apreendidos. (HC nº 345.349/ TO, Ministro Nefi Cordeiro, Sexta Turma, DJe 10/6/2016).

Há, assim, de se reconhecer a possibilidade de ocorrência de falta superveniente de justa causa para o inquérito policial e para toda e qualquer espécie de investigação criminal, a dependente, entretanto, da complexidade concretamente sopesada dos fatos em apuração.

Com efeito, perfeitamente factível falar-se em *falta de justa causa superveniente* do inquérito policial (ou *carência superveniente de justa causa*) – espécie de constrangimento ilegal superveniente –, por decurso de prazo sem conclusão, conquanto ferir o princípio da razoável duração do processo, *in caso,* o inquérito policial.

3.4.8.2   O princípio da celeridade do inquérito policial

Razoável duração não é celeridade e isso repercute na concepção de serem princípios distintos a razoável duração do processo e a celeridade processual. A celeridade diz respeito à prática dos atos processuais, sem dilações de fases não necessárias.

Assim, também se aplica ao inquérito policial, para se fazer denotar a necessidade de encadeamento rápido de todas as diligências e medidas cautelares no inquérito policial, em uma linha racional e eficiente, com vistas à elucidação da autoria e da materialidade do fato tido como criminoso.

Nesse sentido, aponta o HC nº 522034/SP – 2019/0209352-7, de relatoria do Ministro Reynaldo Soares da Fonseca, assinalando, *in verbis*:

PENAL E PROCESSO PENAL. *HABEAS CORPUS.* IMPETRAÇÃO SUBSTITUTIVA DO RECURSO PRÓPRIO. NÃO CABIMENTO. LA-VAGEM DE DINHEIRO. ORGANIZAÇÃO CRIMINOSA. EXPLO-RAÇÃO DE JOGOS DE AZAR. REVOGAÇÃO DAS MEDIDAS

CAUTELARES ALTERNATIVAS À PRISÃO. EXCESSO DE PRAZO. INQUÉRITO POLICIAL. DILAÇÃO RAZOÁVEL. INVESTIGADOS SOLTOS. PRAZO IMPRÓPRIO. DURAÇÃO RAZOÁVEL. *HABEAS CORPUS* NÃO CONHECIDO. RECOMENDAÇÃO DE CELERIDADE. 1. O Supremo Tribunal Federal e o Superior Tribunal de Justiça, diante da utilização crescente e sucessiva do *habeas corpus*, passaram a restringir sua admissibilidade quando o ato ilegal for passível de impugnação pela via recursal própria, sem olvidar a possibilidade de concessão da ordem, de ofício, nos casos de flagrante ilegalidade. 2. A constatação de eventual excesso de prazo para conclusão do inquérito ou mesmo do processo não resulta de mera operação matemática. Neste caso, o procedimento de investigação se destina a apuração de fatos complexos e que podem envolver agentes públicos e a prática de outros crimes, além dos relatados, justificando-se, assim, a necessidade de mais prazo para a conclusão das diligências.

3. Não se pode descurar, outrossim, que o prazo para conclusão do inquérito policial, em caso de investigado solto, é impróprio, podendo, portanto, ser prorrogado a depender da complexidade das investigações, não havendo se falar em violação ao princípio da razoável duração do processo.

4. O trancamento de inquérito pela via mandamental depende da constatação, de plano, da atipicidade da conduta ou da existência de excludente de ilicitude ou de culpabilidade, ou, ainda, que se constate causa extintiva da punibilidade. Nenhuma dessas situações se constata na hipótese vertente, pois os fatos narrados apontam para a materialidade das condutas delitivas e oferecem subsídios mínimos indicativos da autoria, de modo que não se pode afirmar ser descabido o indiciamento dos ora pacientes, frustrando, assim, o prosseguimento da investigação.

5. *Habeas corpus* não conhecido. Recomenda-se, no entanto, sejam concluídas as diligências com a maior brevidade possível, evitando que o prazo de conclusão do inquérito policial desborde os limites da razoabilidade.

3.5 Os direitos constitucionais fundamentais específicos em caso de prisão

Não somente os investigados e os processados possuem direitos constitucionais fundamentais, mas também os presos, cautelares e de sentenças definitivas condenatórias transitadas em julgado, por prática de crime.

Para os presos, a Constituição Federal brasileira de 1988 assegura-lhes a) a necessidade de ordem judicial ou de flagrância do delito para a realização da prisão; b) a comunicação de prisão e do local em que se encontra o preso ao juiz competente e à família do preso ou à pessoa por ele indicada; c) ser o preso informado de seus direitos, entre os quais o de permanecer calado, sendo-lhe assegurada a assistência da família e de advogado; d) ser o preso informado sobre a identidade dos responsáveis por sua prisão ou por seu interrogatório policial; e) o imediato relaxamento da prisão ilegal pela autoridade judiciária; e f) impedimento de prisão ou de manutenção da prisão, quando a lei admitir a liberdade provisória, com ou sem fiança.

Esses dispositivos encontram-se todos previstos no art. 5º, incisos LXI, LXII, LXIII, LXIV, LXV e LXVI, da Constituição Federal de 1988, *in verbis*:

> LXI – ninguém será preso senão em flagrante delito ou por ordem escrita e fundamentada de autoridade judiciária competente, salvo nos casos de transgressão militar ou crime propriamente militar, definidos em lei;
>
> LXII – a prisão de qualquer pessoa e o local onde se encontre serão comunicados imediatamente ao juiz competente e à família do preso ou à pessoa por ele indicada;
>
> LXIII – o preso será informado de seus direitos, entre os quais o de permanecer calado, sendo-lhe assegurada a assistência da família e de advogado;
>
> LXIV – o preso tem direito à identificação dos responsáveis por sua prisão ou por seu interrogatório policial;
>
> LXV – a prisão ilegal será imediatamente relaxada pela autoridade judiciária;
>
> LXVI – ninguém será levado à prisão ou nela mantido, quando a lei admitir a liberdade provisória, com ou sem fiança;

São, de fato, princípios civilizatórios que se encontram também previstos na Declaração de Direitos do Homem e do Cidadão de 1789, na Declaração Universal dos Direitos Humanos (da ONU, de 1948) e, *e.g.*, na Convenção Americana de Direitos Humanos (Pacto de São José da Costa Rica, de 1969).

Os arts. 7º e 9º da Declaração de Direitos do Homem e do Cidadão de 1789, assinalam, *in verbis*:

> Art. 7º. Ninguém pode ser acusado, preso ou detido senão nos casos determinados pela lei e de acordo com as formas por esta prescritas.

Os que solicitam, expedem, executam ou mandam executar ordens arbitrárias devem ser punidos; mas qualquer cidadão convocado ou detido em virtude da lei deve obedecer imediatamente, caso contrário torna-se culpado de resistência.

(...)

Art. 9º. Todo acusado é considerado inocente até ser declarado culpado e, se julgar indispensável prendê-lo, todo o rigor desnecessário à guarda da sua pessoa deverá ser severamente reprimido pela lei.

O art. 9º da Declaração Universal dos Direitos Humanos (da ONU, de 1948) assevera que "Ninguém será arbitrariamente preso, detido ou exilado".

O art. 7º, Itens 1 a 7, da Convenção Americana de Direitos Humanos (Pacto de São José da Costa Rica, de 1969), trata do direito à liberdade pessoal e assinala, *in verbis*:

1. Toda pessoa tem direito à liberdade e à segurança pessoais.

2. Ninguém pode ser privado de sua liberdade física, salvo pelas causas e nas condições previamente fixadas pelas constituições políticas dos Estados Partes ou pelas leis de acordo com elas promulgadas.

3. Ninguém pode ser submetido a detenção ou encarceramento arbitrários.

4. Toda pessoa detida ou retida deve ser informada das razões da sua detenção e notificada, sem demora, da acusação ou acusações formuladas contra ela.

5. Toda pessoa detida ou retida deve ser conduzida, sem demora, à presença de um juiz ou outra autoridade autorizada pela lei a exercer funções judiciais e tem direito a ser julgada dentro de um prazo razoável ou a ser posta em liberdade, sem prejuízo de que prossiga o processo. Sua liberdade pode ser condicionada a garantias que assegurem o seu comparecimento em juízo.

6. Toda pessoa privada da liberdade tem direito a recorrer a um juiz ou tribunal competente, a fim de que este decida, sem demora, sobre a legalidade de sua prisão ou detenção e ordene sua soltura se a prisão ou a detenção forem ilegais. Nos Estados Partes cujas leis preveem que toda pessoa que se vir ameaçada de ser privada de sua liberdade tem direito a recorrer a um juiz ou tribunal competente a fim de que este decida sobre a legalidade de tal ameaça, tal recurso não pode ser restringido nem abolido. O recurso pode ser interposto pela própria pessoa ou por outra pessoa.

7. Ninguém deve ser detido por dívidas. Este princípio não limita os mandados de autoridade judiciária competente expedidos em virtude de inadimplemento de obrigação alimentar.

Anote-se que a nova lei de combate ao abuso de autoridade, Lei nº 13.869, de 05 de setembro de 2019 (que revogou a Lei nº 4.898/1965), com *vacatio legis* de 120 dias e em vigor desde 03 de janeiro de 2020, tipificou como crime de abuso de autoridade, nos artigos 9º a 38, condutas de delegados de polícia e de magistrados (e de algumas outras autoridades) que dizem respeito a violações de direitos constitucionais fundamentais do investigado e ou do preso.

Apenas a título de exemplo e para ilustrar o que ora nos detemos à explanação, citamos o artigo 12 da referida Lei nº 13.869/2019, *in verbis*:

> Art. 12. Deixar injustificadamente de comunicar prisão em flagrante à autoridade judiciária no prazo legal:
>
> Pena – detenção, de 6 (seis) meses a 2 (dois) anos, e multa.
>
> Parágrafo único. Incorre na mesma pena quem:
>
> I – deixa de comunicar, imediatamente, a execução de prisão temporária ou preventiva à autoridade judiciária que a decretou;
>
> II – deixa de comunicar, imediatamente, a prisão de qualquer pessoa e o local onde se encontra à sua família ou à pessoa por ela indicada;
>
> III – deixa de entregar ao preso, no prazo de 24 (vinte e quatro) horas, a nota de culpa, assinada pela autoridade, com o motivo da prisão e os nomes do condutor e das testemunhas;
>
> IV – prolonga a execução de pena privativa de liberdade, de prisão temporária, de prisão preventiva, de medida de segurança ou de internação, deixando, sem motivo justo e excepcionalíssimo, de executar o alvará de soltura imediatamente após recebido ou de promover a soltura do preso quando esgotado o prazo judicial ou legal.

Vejamos, destarte, os direitos fundamentais do preso, insculpidos na Constituição Federal de 1988.

3.5.1 "Ninguém será preso senão em flagrante delito ou por ordem escrita e fundamentada de autoridade judiciária competente, salvo nos casos de transgressão militar ou crime propriamente militar, definidos em lei" (LXI)

Quanto à prescrição constitucional do art. 5º, LXI, da Constituição Federal de 1988, que assinala que "ninguém será preso senão em flagrante delito ou por ordem escrita e fundamentada de autoridade judiciária competente, salvo nos casos de transgressão militar ou

CAPÍTULO 3
DIREITOS CONSTITUCIONAIS FUNDAMENTAIS E A INVESTIGAÇÃO CRIMINAL DE POLÍCIA JUDICIÁRIA | 231

crime propriamente militar, definidos em lei", os tribunais pátrios vêm decidindo que a ordem judicial deve ser, substancialmente, fundamentada.

A Quinta Turma do Superior Tribunal de Justiça, decidindo o Recurso Ordinário em *Habeas Corpus* RHC nº 122848/SP, prescreveu, *in verbis*:

> PROCESSUAL PENAL. RECURSO ORDINÁRIO EM HABEAS CORPUS. TRÁFICO DE DROGAS. PRISÃO PREVENTIVA. AUSÊNCIA DE FUNDAMENTAÇÃO IDÔNEA DO DECRETO PRISIONAL. RECURSO ORDINÁRIO EM HABEAS CORPUS PROVIDO.
>
> I – A segregação cautelar deve ser considerada exceção, já que tal medida constritiva só se justifica caso demonstrada sua real indispensabilidade para assegurar a ordem pública, a instrução criminal ou a aplicação da lei penal, ex vi do artigo 312 do Código de Processo Penal.
>
> II – No caso dos autos, os fundamentos do decreto que impôs a prisão preventiva ao recorrente (preso em flagrante com 25,5 g de maconha e 3,6 g de cocaína), não se ajustam à orientação jurisprudencial desta Corte, porquanto a simples invocação da gravidade genérica do delito não se revela suficiente para autorizar a segregação cautelar com fundamento na garantia da ordem pública. (Precedentes). Recurso ordinário provido para revogar a prisão preventiva decretada em desfavor do recorrente, salvo se por outro motivo estiver preso, e sem prejuízo da decretação de nova prisão, desde que concretamente fundamentada, ou da imposição de medidas cautelares diversas da prisão, previstas no art. 319 do Código de Processo Penal.

Ainda, no mesmo sentido, a mesma Quinta Turma do Superior Tribunal de Justiça assinalou também em sede de Recurso Ordinário em *Habeas Corpus* (RHC 122697/MG), *in verbis*:

> PROCESSO PENAL. RECURSO ORDINÁRIO EM HABEAS CORPUS. COLABORAÇÃO, COMO INFORMANTE, COM ORGANIZAÇÃO VOLTADA PARA A PRÁTICA DE TRÁFICO DE ENTORPECENTES, MAJORADA PELA PARTICIPAÇÃO DE ADOLESCENTE. FLAGRANTE CONVERTIDO EM PRISÃO PREVENTIVA. FUNDAMENTAÇÃO IDÔNEA. PERICULOSIDADE DO AGENTE. CIRCUNSTÂNCIAS DO DELITO. REITERAÇÃO DELITIVA. RISCO AO MEIO SOCIAL. NECESSIDADE DE GARANTIR A ORDEM PÚBLICA. CONDIÇÕES PESSOAIS FAVORÁVEIS. IRRELEVÂNCIA. MEDIDAS CAUTELARES ALTERNATIVAS. INSUFICIÊNCIA. DESPROPORCIONALIDADE DA CUSTÓDIA PREVENTIVA E EVENTUAL PENA E REGIME A SEREM IMPOSTOS. SUPRESSÃO DE INSTÂNCIA. FLAGRANTE ILEGALIDADE NÃO EVIDENCIADA. RECURSO DESPROVIDO.

1. Em vista da natureza excepcional da prisão preventiva, somente se verifica a possibilidade da sua imposição quando evidenciado, de forma fundamentada e com base em dados concretos, o preenchimento dos pressupostos e requisitos previstos no art. 312 do Código de Processo Penal – CPP. Deve, ainda, ser mantida a prisão antecipada apenas quando não for possível a aplicação de medida cautelar diversa, nos termos previstos no art. 319 do CPP. No caso dos autos, verifico que a prisão preventiva foi adequadamente motivada, tendo sido demonstrada pelas instâncias ordinárias, com base em elementos extraídos dos autos, a gravidade concreta da conduta e a periculosidade do recorrente, evidenciadas pela quantidade e variedade de droga apreendida – 180g (cento e oitenta gramas) de cocaína, 615g (seiscentos e quinze gramas) de maconha e 25g (vinte e cinco gramas) de cocaína, totalizando 820g (oitocentos e vinte gramas) de entorpecentes (fl. 85) –, somada ao fato de que o crime foi praticado mediante a participação de um menor. Ademais, o Magistrado de primeiro grau destacou que o recorrente responde a outro processo por situação semelhante, o que reforça a necessidade de manter a custódia cautelar para evitar a reiteração na prática delitiva. Nesse contexto, a prisão processual está devidamente fundamentada na garantia da ordem pública, não havendo falar, portanto, em existência de evidente flagrante ilegalidade capaz de justificar a sua revogação.

2. É entendimento do Superior Tribunal de Justiça – STJ que as condições favoráveis do paciente, por si sós, não impedem a manutenção da prisão cautelar quando devidamente fundamentada.

3. Inaplicável medida cautelar alternativa quando as circunstâncias evidenciam que as providências menos gravosas seriam insuficientes para a manutenção da ordem pública.

4. A alegação concernente à desproporcionalidade da custódia preventiva e eventual pena e regime a serem impostos, não foi objeto de exame no acórdão impugnado, o que obsta o exame por este Tribunal Superior, sob pena de se incorrer em indevida supressão de instância.

5. Recurso ordinário em habeas corpus desprovido.

3.5.2 "A prisão de qualquer pessoa e o local onde se encontre serão comunicados imediatamente ao juiz competente e à família do preso ou à pessoa por ele indicada" (LXII)

A não comunicação imediata de prisão e o local em que ela se encontra ao juiz competente e à família do preso ou à pessoa por ela indicada leva ao constrangimento ilegal e ao relaxamento da prisão cautelar ou flagrancial.

CAPÍTULO 3
DIREITOS CONSTITUCIONAIS FUNDAMENTAIS E A INVESTIGAÇÃO CRIMINAL DE POLÍCIA JUDICIÁRIA | 233

Todavia, os tribunais pátrios têm sido reticentes em reconhecer o constrangimento ilegal, decorrente do atraso da comunicação ou mesmo da não comunicação da prisão ao juiz competente. A Quinta Turma do Superior Tribunal de Justiça, decidindo o HC nº 498638/SP, assinalou, *in verbis*:

> AGRAVO REGIMENTAL NO *HABEAS CORPUS*. NOVOS ARGUMENTOS HÁBEIS A DESCONSTITUIR A DECISÃO IMPUGNADA. INEXISTÊNCIA. HOMICÍDIO. NULIDADE. AUDIÊNCIA. RÉU FORAGIDO. ALEGADA SUPERVENIÊNCIA DE PRISÃO. AUSÊNCIA DE COMUNICAÇÃO AO JUÍZO DE ORIGEM. DEFESA CONSTITUÍDA PRESENTE. CONHECIMENTO E OMISSÃO. VEDAÇÃO À PRÓPRIA TORPEZA. DEVER, LEALDADE E BOA-FÉ. NULIDADE RELATIVA. PREJUÍZOS. NÃO DEMONSTRADOS. *PAS DE NULLITÉ SANS GRIEF.* PRISÃO PREVENTIVA. AUSÊNCIA DE REQUISITOS. ILEGALIDADE. INOCORRÊNCIA. RÉU FORAGIDO. AGRAVO DESPROVIDO.
>
> I – É assente nesta Corte Superior de Justiça que o agravo regimental deve trazer novos argumentos capazes de alterar o entendimento anteriormente firmado, sob pena de ser mantida a r. decisão vergastada pelos próprios fundamentos.
>
> II – A iterativa jurisprudência desta Corte de Justiça segue no sentido de que a ausência do réu foragido à audiência de instrução e julgamento não constitui nulidade, máxime quando seu advogado constituído se fazia presente ao ato processual.
>
> III – É dever dos sujeitos processuais agir com lealdade processual, não podendo querer beneficiar-se de sua própria torpeza, e, assim agindo, cumpre ao Poder Judiciário coibir o "abuso desvirtuado da defesa", em atenção ao princípio do *nemo auditur propriam turpitudinem allegans*.
>
> IV – É remansosa a jurisprudência no sentido de que o reconhecimento de nulidade exige a demonstração de ocorrência de efetivo e cabal prejuízo ao direito de defesa, o que, *in casu*, não ocorre, posto que o advogado constituído pelo paciente estava presente na audiência do dia 26/11/2018, bem como teve oportunidade de se manifestar e fazer requerimentos.
>
> V – A simples afirmação de ocorrência de prejuízos à defesa, só por si, dissociada de outros argumentos que os provem, não é suficiente para o reconhecimento da nulidade, em homenagem ao princípio *pas de nullité sans grief*, o que ocorre na hipótese, ficando impedida a declaração de ilegalidade.
>
> VI – A prisão do agravante encontra-se assentada em fundamentos concretos que autorizam a sua segregação cautelar consistentes na garantia da ordem pública, considerando tratar-se de, em tese, homicídio qualificado exercido com emprego de arma branca, em concurso de agentes, por motivo de vingança e sem qualquer chance de defesa da

vítima, a revelar a gravidade concreta da conduta, bem como porque se evadiu do distrito da culpa e, conforme informações do d. Juízo de primeiro grau, está foragido, fato que justifica a imposição da medida extrema na hipótese, além de demonstrar sua indispensabilidade para assegurar a aplicação da lei penal. Agravo regimental desprovido.

No mesmo sentido, decidiu a Sexta Turma do Superior Tribunal de Justiça, no Recurso Ordinário em *Habeas Corpus* RHC nº 114270/ MG, *in verbis*:

RECURSO ORDINÁRIO EM *HABEAS CORPUS*. PRISÃO PREVENTIVA. TRÁFICO DE DROGAS. COMUNICAÇÃO DE FLAGRANTE. AUSÊNCIA DE NULIDADE. FUNDAMENTAÇÃO. SIGNIFICATIVA QUANTIDADE DE DROGAS APREENDIDAS. NECESSIDADE DE GARANTIA DA ORDEM PÚBLICA. MEDIDAS CAUTELARES DIVERSAS DA PRISÃO. INADEQUAÇÃO. CONSTRANGIMENTO ILEGAL. INEXISTÊNCIA.

1. O entendimento firmado pelo Tribunal de origem está em conformidade com a jurisprudência da Sexta Turma desta Corte segundo a qual "não configura nulidade a decretação, de ofício, da preventiva quando fruto da conversão da prisão em flagrante, haja vista o expresso permissivo do inciso II do art. 310 do Código de Processo Penal" (RHC nº 71.360/RS, relator Ministro NEFI CORDEIRO, SEXTA TURMA, julgado em 28/6/2016, DJe 1º/8/2016).

2. Comprovada a materialidade, havendo indícios de autoria e estando demonstrada, com elementos concretos, a necessidade da prisão preventiva para garantia da ordem pública, afasta-se a alegação de constrangimento ilegal.

3. Na espécie, a custódia cautelar do recorrente está fundamentada na real gravidade da conduta imputada a ele, qual seja, a apreensão de 1,393kg (um quilo e trezentos e noventa e três gramas) de maconha, motivação capaz de justificar a imposição do cárcere.

4. Nesse contexto, afigura-se como indevida a aplicação de medidas cautelares alternativas ao cárcere, porque insuficiente para resguardar a ordem pública.

5. Ademais, a existência de condições pessoais favoráveis não é garantidora de eventual direito subjetivo à liberdade provisória quando a necessidade da segregação provisória é concretamente demonstrada, como no caso.

6. Recurso ordinário em habeas corpus desprovido.

CAPÍTULO 3
DIREITOS CONSTITUCIONAIS FUNDAMENTAIS E A INVESTIGAÇÃO CRIMINAL DE POLÍCIA JUDICIÁRIA | 235

3.5.3 "O preso será informado de seus direitos, entre os quais o de permanecer calado, sendo-lhe assegurada a assistência da família e de advogado" (LXIII)

No contexto da investigação policial, notadamente no âmbito do inquérito policial, a autoridade policial deve informar ao interrogado, quer seja ele preso ou em liberdade, sobre os seus direitos constitucionais fundamentais, entre eles, um de grande relevância, qual seja, o direito de permanecer calado ou direito ao silêncio. Esse dever da autoridade policia e direito constitucional fundamental do preso e ou do investigado corresponde a faceta do princípio *nemo tenetur se detegere* que permeia o processo penal, quer seja ele na fase do processo penal em sentido estrito, quer seja na investigação criminal e no inquérito policial.

Isso significa que ao interrogado não lhe é obrigatório responder a perguntas formuladas pelo delegado de polícia, podendo o interrogado até mesmo omitir parte da verdade sobre os fatos, ou, mesmo, mentir. Com efeito, o direito de permanecer calado estende efeitos para permitir a enunciação de mentiras ou a omissão parcial dos fatos que lhe são inquiridos, sem que, com isso, incorra em novo fato criminoso.

Reconhecendo, em sede de ação constitucional de Agravo Regimental em *Habeas Corpus* Substitutivo de Recurso Especial (HC nº 471979/ES), a ocorrência de nulidade relativa à vista da necessidade de demonstração do prejuízo ao investigado (*pas de nullité sans grief*), em razão de ausência de informação de direito de permanecer calado, ou seja, de direito ao silêncio em interrogatório no bojo de inquérito policial, a Quinta turma do Superior Tribunal de Justiça esclareceu, *in verbis*:

AGRAVO REGIMENTAL NO HABEAS CORPUS SUBSTITUTIVO DE RECURSO ESPECIAL. INTERROGATÓRIO EM SEDE POLICIAL. PLEITO DE DECLARAÇÃO DE NULIDADE. AUSÊNCIA DE INFORMAÇÃO DO DIREITO AO SILÊNCIO. INOCORRÊNCIA. NULIDADE RELATIVA. NECESSIDADE DE COMPROVAÇÃO DO PREJUÍZO. *PAS DE NULLITE SANS GRIEF*. NECESSIDADE DE ARGUIÇÃO EM MOMENTO OPORTUNO. PRISÃO PREVENTIVA. ILEGALIDADE. INOCORRÊNCIA. GARANTIA DA ORDEM PÚBLICA. CONVENIÊNCIA DA INSTRUÇÃO CRIMINAL. FUNDAMENTAÇÃO CONCRETA E IDÔNEA. AGRAVO REGIMENTAL DESPROVIDO.

I – A jurisprudência do col. Supremo Tribunal Federal e desta Corte Superior de Justiça firmou-se no sentido de que a ausência de informação quanto ao direito ao silêncio constitui nulidade apenas relativa, devendo ser suscitada em momento oportuno e dependendo de comprovação de efetivo prejuízo, consoante o princípio do *pas de nullité sans grief*.

II – No presente caso, conforme observado no v. acórdão guerreado, não se apontam a contento que efeitos danosos à situação jurídica do agravante teriam decorrido da sua audiência durante o inquérito policial supostamente sem advertência do direito ao silêncio. Logo, não demonstrado o prejuízo e não suscitada a nulidade relativa em momento oportuno, inviável o seu reconhecimento.

III – A segregação cautelar do agravante está devidamente fundamentada em dados concretos extraídos dos autos, que evidenciam de maneira incontestável a necessidade da prisão para garantia da ordem pública, notadamente em razão da gravidade concreta da conduta, tratando-se de homicídio qualificado pela utilização de recurso que dificultou a defesa da vítima.

IV – Além disso, a prisão também está calcada na conveniência da instrução penal, considerando a comprovação de existência de temor das testemunhas em participar das investigações (havendo notícia de que algumas mudaram do estado receando represálias), mostrando-se a prisão a única medida apta a assegurar a busca da verdade real. Agravo regimental desprovido.

Por outro lado, diante da ausência de informação ao interrogado de seu direito constitucional de permanecer calado e demonstrado o prejuízo jurídico à defesa, ou seja, ao seu direito de defesa em sede mesma de investigação policial, há de se reconhecer a nulidade absoluta, exarando efeitos aos atos dela decorrentes. É de se notar que a nulidade absoluta de ato específico na investigação criminal – assim como no processo penal estrito – anula esse referido ato e os atos dele decorrentes, podendo, contudo, manter válida a investigação criminal e ou o processo penal estrito, desde que a contaminação da ilicitude não se estenda a todos os atos estruturantes do procedimento.

A Sexta Turma do Superior Tribunal de Justiça reconheceu a nulidade de processo penal estrito (jurisdicional) – cuja *ratio decidendi* se aplica plenamente à investigação criminal, como fase processual investigativa –, para, no HC nº 330559/SC, prescrever, *in verbis*:

HABEAS CORPUS. TRÁFICO DE DROGAS. NULIDADE DA SEN-TENÇA. DEPOIMENTO TESTEMUNHAL. DIREITO AO SILÊNCIO. AMPLITUDE. ADVERTÊNCIA JUDICIAL. REFLEXOS NA VOLUN-TARIEDADE DO DEPOIMENTO. PROVA ILÍCITA. PREJUÍZO AO ACUSADO. ANULAÇÃO DA SENTENÇA. ORDEM CONCEDIDA EM PARTE.

CAPÍTULO 3
DIREITOS CONSTITUCIONAIS FUNDAMENTAIS E A INVESTIGAÇÃO CRIMINAL DE POLÍCIA JUDICIÁRIA | 237

1. A busca da verdade no processo penal sujeita-se a limitações e regras precisas, que assegurem às partes um maior controle sobre a atividade jurisdicional, cujo objetivo maior é a descoberta da verdade processual e constitucionalmente válida, a partir da qual se possa ou aplicar uma sanção àquele que se comprovou culpado e responsável pela prática de um delito, ou declarar sua inocência quando as evidências não autorizarem o julgamento favorável à pretensão punitiva.

2. Uma dessas limitações, de feição ética, ao poder-dever de investigar a verdade dos fatos é, precisamente, a impossibilidade de obrigar ou induzir o réu a colaborar com sua própria condenação, por meio de declarações ou fornecimento de provas que contribuam para comprovar a acusação que pesa em seu desfavor. Daí por que a Constituição assegura ao preso o "direito de permanecer calado" (art. 5º, LXIII), cuja leitura meramente literal poderia levar à conclusão de que somente o acusado, e mais ainda o preso, é titular do direito a não produzir prova contra si.

3. Na verdade, qualquer pessoa, ao confrontar-se com o Estado em sua atividade persecutória, deve ter a proteção jurídica contra eventual tentativa de induzir-lhe a produção de prova favorável ao interesse punitivo estatal, especialmente se do silêncio puder decorrer responsabilização penal do próprio depoente.

4. A moldura fática delineada no acórdão impugnado explicita que o Magistrado, antes de iniciar o depoimento do adolescente, advertiu-o, após externado seu desejo de permanecer em silêncio, de que poderia "ser novamente apreendido se não falasse a verdade".

5. A hipótese retrata situação em que o destinatário da advertência foi chamado a depor, como testemunha de acusação, e era o adolescente que acompanhava o paciente quando este foi autuado em flagrante, por estar supostamente transportando expressiva quantidade de maconha dentro do automóvel por ele conduzido.

6. Desde o início da persecução penal, a controvérsia central cingiu-se à definição sobre a propriedade dessa droga, pois nenhum dos dois ocupantes do automóvel – o paciente e o seu carona, o referido adolescente – assumiu a posse da embalagem encontrada no interior do veículo.

7. Assim, e mais ainda por tal circunstância, a advertência da autoridade judiciária feita ao depoente viciou o ato de vontade e direcionou o teor das declarações.

8. É ilícita, portanto, a prova produzida e, por ter sido desfavorável ao réu e ter-lhe causado notório e inquestionável prejuízo, há de ser afastada, com a consequente anulação da sentença condenatória, de modo a que seja refeito o ato decisório, sem que conste, do seu teor e da argumentação judicial, esse depoimento. Isso porque se nota, sem dúvida alguma, que a sentença faz alusão a outras evidências e a provas

produzidas em juízo, de sorte a não se autorizar a acolhida do pedido principal formulado na impetração, de absolvição do paciente. 9. Ordem concedida em parte, a fim de anular o processo a partir, inclusive, da sentença. Deve o juiz desentranhar dos autos o depoimento do adolescente M. S. da C, colhido judicialmente, e proferir nova sentença, com o conjunto das provas restantes.

Todavia, a par da necessidade de demonstração do prejuízo jurídico à defesa do investigado, previamente a isso há se se demonstrar a própria coação e ou o constrangimento ilegal do ato de interrogatório em sede de inquérito policial, com ofensa a direitos fundamentais do investigado. A simples ausência da formalização de informação de direito ao silêncio do interrogado e ou do preso não gera a presunção absoluta de ofensa ao direito constitucional fundamental em questão e, não obstante, compreende demonstração cujo ônus *probandi* pertence ao próprio interrogado ou preso (ou por seu defensor) Nesse sentido, a Sexta Turma do Superior Tribunal de Justiça decidiu o Recurso Ordinário em *Habeas Corpus* RHC nº 64128/MS, *in verbis*:

RECURSO EM HABEAS CORPUS. CORRUPÇÃO PASSIVA E ORGANIZAÇÃO CRIMINOSA. INQUÉRITO POLICIAL. REIN-QUIRIÇÃO DO ACUSADO. ILEGALIDADE. COAÇÃO MORAL E PSICOLÓGICA. DESCONHECIMENTO DO DIREITO AO SILÊNCIO. AUSÊNCIA DO DEFENSOR AO ATO. ASSERTIVAS GENÉRICAS. NÃO COMPROVAÇÃO DO ALEGADO. NULIDADE NÃO RECONHECIDA.

1. Não há nos autos suporte probatório mínimo a confirmar a arguição de ilegalidade do ato de reinquirição do investigado, ocorrido no curso do inquérito policial.

2. Segundo o termo de reinquirição, devidamente assinado, o recorrente concordou expressamente em ser novamente ouvido, mesmo sem a presença do advogado, oportunidade em que apresentou narrativa em sua defesa.

3. Tendo o investigado se manifestado no sentido de que (...) desejava revelar fatos do seu conhecimento (...), soa como mero sofisma a assertiva de que não foi advertido do direito ao silêncio, notadamente porque ciente do direito constitucional (art. 5º, LXIII, da CF) desde o primeiro interrogatório, consoante auto de qualificação e interrogatório.

4. Recurso em *habeas corpus* improvido.

CAPÍTULO 4

CONTROLE EXTERNO DA POLÍCIA JUDICIÁRIA

A Polícia Judiciária submete-se a controle interno e externo.

O controle interno é exercido pela Corregedoria de cada instituição policial, que se encarrega de avaliar as dimensões de mérito e de forma das investigações criminais, com maior ênfase nos inquéritos policiais. Nesse aspecto, a Corregedoria de Polícia possui um calendário anual de correições, podendo, todavia e a depender de substancial necessidade, levar a efeito correições extraordinárias, em unidades específicas de Polícia Judiciária (delegacias e ou superintendências), ou no âmbito geral do órgão.

Por outro lado, concomitantemente com o controle *interna corporis*, o Ministério Público encarrega-se do controle externo da atividade de Polícia Judiciária.

A Constituição Federal de 1988 assinala, no artigo 129, VII, que "são funções institucionais do Ministério Público: (...) exercer o controle externo da atividade policial, na forma da lei complementar mencionada no artigo anterior".

Por exemplo, para a Polícia Federal, a Lei Complementar nº 75/1993, que dispõe sobre a organização, as atribuições e o estatuto do Ministério Público da União, prescreve no Título I, ao tratar das disposições gerais da instituição ministerial, no "Capítulo I – Da Definição, dos Princípios e das Funções Institucionais", em seu art. 3º, alíneas "a" a "e", a finalidade do controle externo da atividade de Polícia Judiciária, *in verbis*:

> Art. 3º O Ministério Público da União exercerá o controle externo da atividade policial tendo em vista:

a) o respeito aos fundamentos do Estado Democrático de Direito, aos objetivos fundamentais da República Federativa do Brasil, aos princípios informadores das relações internacionais, bem como aos direitos assegurados na Constituição Federal e na lei;

b) a preservação da ordem pública, da incolumidade das pessoas e do patrimônio público;

c) a prevenção e a correção de ilegalidade ou de abuso de poder;

d) a indisponibilidade da persecução penal;

e) a competência dos órgãos incumbidos da segurança pública.

E, por oportuno, apresenta um capítulo exclusivo (Capítulo III do mesmo Título I) para tratar do controle externo da atividade policial, elencando nos artigos 9º e 10 o modo de exercício desse controle e a sua abrangência. Prescreve, assim:

Art. 9º O Ministério Público da União exercerá o controle externo da atividade policial por meio de medidas judiciais e extrajudiciais podendo:

I – ter livre ingresso em estabelecimentos policiais ou prisionais;

II – ter acesso a quaisquer documentos relativos à atividade-fim policial;

III – representar à autoridade competente pela adoção de providências para sanar a omissão indevida, ou para prevenir ou corrigir ilegalidade ou abuso de poder;

IV – requisitar à autoridade competente para instauração de inquérito policial sobre a omissão ou fato ilícito ocorrido no exercício da atividade policial;

V – promover a ação penal por abuso de poder.

Art. 10. A prisão de qualquer pessoa, por parte de autoridade federal ou do Distrito Federal e Territórios, deverá ser comunicada imediatamente ao Ministério Público competente, com indicação do lugar onde se encontra o preso e cópia dos documentos comprobatórios da legalidade da prisão.

Ao amparo dessas balizas, serão analisadas a origem e a dimensão do controle externo, a criação dos Conselhos, os principais problemas do controle, perpassando pelo excesso de controle, seletividade de investigações e afastamento do controle judicial.

4.1 A dimensão do controle externo da Polícia Judiciária

A dimensão do controle institucional é identificada no conjunto de intervenções, positivas e negativas, acionadas por cada sociedade, grupo social, indivíduo ou instituição, com a finalidade de influir nas ações de determinado grupo ou instituição, com o fim de prevenir e impedir o desvio de conduta e, assim, adotar medidas destinadas ao reestabelecimento das condições de conformação com as normas, obedecendo a um caráter propositivo e regenerador das ações do Estado e da sua capacidade de resolução dos conflitos de forma transparente e igualitária, garantindo assim a segurança jurídica e a estabilidade social.

A dimensão do controle das atividades públicas pode ser expressa de duas formas distintas:

a) prestação de contas (*accountability*): conceito da Ciência Política que expressa a ideia de controle e configura-se na obrigação dos integrantes dos órgãos públicos e representantes políticos de prestarem contas às instâncias controladoras, bem como à população, das suas atividades, dando a necessária transparência impositiva da responsabilidade democrática de informar as decisões e ações, passadas e futuras, com a consequente responsabilização por eventual desvio de conduta, sendo uma resposta substantiva apresentada não apenas para os detentores do poder, mas também para todos os seus representantes.[443] Atualmente, o tema guarda conexão com o direito de acesso à informação, o que denota a inclusão da noção de que a comunicação entre o Estado e seus cidadãos deve ocorrer de forma clara e acessível a permitir que o cidadão possa conferir os dados e utilizá-los para análises e propostas de melhoramento do sistema, possibilitando, assim, a formação de um sistema constante de participação e retroalimentação (*input e output*), servindo, inclusive, de crítica ao modelo proposto por Schumpeter;[444]

b) capacidade de resposta (*responsiveness*): refere-se à habilidade específica de atendimento às demandas formuladas e as propostas estabelecidas na agenda política, não apenas por meio de respostas retóricas feitas descritas nos programas políticos, mas também na forma efetiva e eficaz em definir as

---

[443] MELO, 2007, p. 11-29 e SCHEDLER, 1999, p. 13-28.
[444] HABERMAS, 1996, p. 330-334.

prioridades orçamentárias; **é** a resposta democrática no tocante à forma como políticos priorizam as diferentes agendas e o grau de correspondência destas com as preferências públicas.[445] Ambas compõem o essencial mecanismo democrático de participação popular, em que os representantes do povo participam diretamente da condução do país, influindo no desenho das políticas públicas, na formulação de suas preferências manifestas livremente e fundadas na garantia do acesso a diversidade das fontes de informação confiáveis, claras e transparentes.[446]

As instituições de governo em uma democracia não podem ser consideradas como neutras ou indeterminadas, muito menos genéricas; devem estar inseridas em um sistema que possibilite às avaliações e controles do seu desempenho de forma a possibilitar a aferição do grau de eficiência no cumprimento da missão constitucionalmente prescrita, sendo a expressão da garantia da liberdade e igualdade entre os cidadãos bases fundamentais do direito e da cidadania, e assim assegurar a universalidade, impessoalidade, probidade e justiça das suas ações.[447]

A democracia é o exercício do justo equilíbrio entre os legítimos valores a ela concernentes, na qual a polícia se encontra inserida na mesma dinâmica de equilíbrio com outras instituições governamentais ao desempenhar suas competências e atribuições em conformidade com as normas constitucionais e legais, em um ambiente onde a competência funcional proíbe a sobreposição do exercício das atribuições de uma instituição sobre a outra.

4.2 A origem do controle externo

O debate político da Assembleia Constituinte de 1986/88 estabeleceu o controle externo das atividades de determinados entes estatais por outros como expressão do equilíbrio entre os poderes, assim o Município pelo Poder Legislativo municipal (art. 31), as entidades da administração direta e indireta pelo Congresso Nacional e Tribunal de Contas (arts. 70 e 74), sendo tal controle exercido em todos os níveis, até o Presidente da República no cumprimento das leis orçamentárias

---

[445] PETERSON, GERARD E GUIDO, 1997, p. 1163-1165.

[446] DHAL, 1997, p. 08-09.

[447] OFFE, 2001, p. 73-76.

CAPÍTULO 4
CONTROLE EXTERNO DA POLÍCIA JUDICIÁRIA | 243

(art. 85 VI), exemplos de um sistema onde quem exerce a competência é fiscalizado por outro que não a exerce.

Ainda que o ponto central do debate político tenha gravitado ao redor da necessidade de superação do regime de exceção posto pelo governo militar (1964/1985), o Constituinte também trabalhava influenciado pela retórica da justificativa de se evitar o arbítrio ocorrido por parte dos órgãos de segurança pública, e neste contexto, foi criado o controle externo da atividade de Polícia Judiciária a cargo Ministério Público, anteriormente órgão da composição do Poder Judiciário (Constituição Federal de 1967) e reposicionado como função essencial à justiça, ladeado pela advocacia pública e privada e a defensoria pública, apesar desse conjunto, apenas ao ente ministerial foi dado o exercício de tal controle.

A agenda política da época também contemplava a reforma das estruturas do Poder Judiciário, tendo por pano de fundo a necessidade da democratização no acesso à justiça e na superação da morosidade das decisões judiciais, algo historicamente observado desde a célebre frase de Rui Barbosa em 1921: "justiça atrasada não é justiça, senão injustiça qualificada e manifesta. Porque a dilação ilegal nas mãos do julgador contraria o direito das partes, e, assim, as lesa no patrimônio, honra e liberdade",[448] uma crítica aberta às estruturas herdadas do Brasil Império, tendo o debate, entretanto, perdido fôlego diante dos questionamentos postos pela abertura política fundada no receio do retrocesso nas questões referentes a anistia aos crimes políticos.

4.3   A criação dos Conselhos

Não se foge da história. Assim, não tardou para o modelo constitucional proposto entrar em crise e a questão da reforma institucional e do judiciário retorna ao centro do debate político na forma da Proposta a Emenda Constitucional PEC nº 96/1992[449] ao estabelecer os

---

[448] A Constituição Federal estabelece como função institucional do Ministério Público o exercício do controle externo da atividade policial, na forma da lei complementar no âmbito da União e dos Estados, cuja iniciativa é facultada aos respectivos Procuradores-Gerais na forma da organização, atribuição e estatuto de cada Ministério Público (Art. 129 VII c/c 128 §5º CF/1988).

[449] Neste sentido a Exposição de Motivos da Reforma do Poder Judiciário (PEC nº 96/1992) de autoria do Deputado Federal Hélio Bicudo traz o apanhado histórico dos problemas e mazelas do Poder Judiciário. Disponível em: http://www.camara.gov.br/proposicoesWeb/fichadetramitacao?idProposicao=14373. Acesso em: 10 ago. 2016.

fundamentos da democratização do acesso a justiça, sendo seguida em um curto espaço de tempo de dois anos pela PEC nº 173/1995 destinada à reforma da administração pública como um todo, tendo por pano de fundo revigorar a capacidade de gestão e retomada do desenvolvimento econômico com a superação da crise fiscal, raiz da estagnação do país dos últimos quinze anos, ou seja, desde 1980 já estavam postos os problemas ainda atuais e que a Assembleia Constituinte de 1986/88 não enfrentou ou não teve a vontade de enfrentar.[450]

A proposta da reforma administrativa foi a primeira a ser convertido na Emenda Constitucional nº 19 no ano de 1998, entretanto, apenas após a mudança da conjuntura econômica global e das pressões internacionais de órgãos como o Banco Mundial,[451] advertindo da necessidade da reforma do judiciário, dotando-o de instrumentos de transparência e controle (*accountability*), com o objetivo de possibilitar a pronta resolução dos conflitos de forma igualitária tanto para os cidadãos, quanto para os agentes econômicos (*responsiveness*), com o escopo de garantir a segurança e estabilidade jurídica, é que a proposta foi convertida na Emenda Constitucional nº 45, no ano de 2004.

Nesse contexto político nasceram os Conselhos Nacionais da Justiça (CNJ) e do Ministério Público (CNMP), instituições de inspiração nórdico-europeu[452] de controle institucional com composição colegiada e participação democrática de diversos ramos da sociedade, cujas decisões proferidas não apresentam um caráter jurisdicional tampouco normativo,[453] apenas limitando-se ao plano interno institucional de

---

[450] A exposição de motivos contida na Proposta de Emenda Constitucional nº 49/1995 de reforma administrativa é clara em apontar que os problemas da administração pública encontram-se fundados no "enfoque equivocado que levou ao *desmonte do aparelho estatal e ao desprestígio de sua burocracia*". Disponível em: http://www.camara.gov.br/proposicoesWeb/prop_mostrarintegra;jsessionid=5C81D5A7A6C6C112DEC999BCCDEC5E96.proposicoesWeb2?codteor=1242603&filename=Dossie+-PEC+173/1995. Acesso em: 10 jul. 2016.

[451] O Banco Mundial em 1996 publicou o Documento Técnico nº 319 indicando os elementos necessários a uma reforma do setor judiciário na América Latina e Caribe. Disponível em: http://w1.cejamericas.org/index.php/biblioteca/biblioteca-virtual/doc_view/4487-the-judicial-sector-in-latin-america-and-the-caribbean-elements-of-reform-pdf,-5-2-mb.html. Acesso em: 10 jul. 2016.

[452] A matriz do Conselho Nacional de Justiça segue uma tendência internacional iniciada na Itália e França e países do norte da Europa, neste sentido José Adércio Leite Sampaio. *O Conselho Nacional de Justiça e a independência do Poder Judiciário*. Belo Horizonte: Del Rey, 2007.

[453] O Supremo Tribunal Federal decidiu neste sentido conforme Ação Direta de inconstitucionalidade ADIN nº 3.367-DF disponível em: http://stf.jusbrasil.com.br/jurisprudencia/765314/acao-direta-de-inconstitucionalidade-adi-3367-df. Acesso em: 10 jul. 2017.

observância e ao cumprimento dos deveres e obrigações legais, na ordem administrativo-funcional, prevendo inclusive a possibilidade do recebimento de reclamações e denúncias relativas aos seus integrantes com previsão de pronto encaminhamento ao controle interno dos órgãos exercido pelas respectivas corregedorias.

Cabe destacar que a composição colegiada se demonstrou na prática pouco representativa, na proporção de um ¼ (um quarto) dos integrantes pertencentes aos quadros da Ordem dos Advogados e da sociedade civil e, o restante da própria instituição ou a instituição correlata de controle.[454 455] Mesmo com tal distorção, é possível identificar uma importante medida adotada pela Resolução de nº 07/2005 do CNJ, que proíbe a contratação de parentes, até o terceiro grau, para cargos de chefia, direção e assessoramento, vedando a prática do nepotismo e nepotismo cruzado.[456]

Importante destacar que passou despercebido na Emenda Constitucional nº 19/1998 a supressão do artigo 241 das Disposições Constitucionais Gerais que determinava expressamente que "aos delegados de polícia de carreira aplica-se o princípio do art. 39, §1º, (isonomia de vencimentos) correspondente às carreiras disciplinadas no art. 135 (funções essenciais à Justiça) desta Constituição", e sua substituição por outro que trata de matéria completamente diversa, ("art. 241. A União, os Estados, o Distrito Federal e os Municípios

---

[454] O Conselho Nacional de Justiça CNJ, apesar de ser composto por quinze membros eleitos por dois anos, permitida apenas uma recondução, salvo o Presidente, nove escolhidos entre os representantes da própria instituição nas esferas Federal e Estatual, observados critérios específicos de designação dos seis demais escolhidos dois são oriundos dos Ministérios Públicos, e o restante, ou seja, apenas quatro da sociedade civil, sendo dois advogados indicados pelo Conselho Federal da Ordem dos Advogados e dois cidadãos de notável saber jurídico e reputação ilibada, indicados um pela Câmara dos Deputados e outro pelo Senado Federal (art. 103-B CF/1988 com redação dada pela Emenda Constitucional nº 45/2004 com modificações efetuadas pela Emenda Constitucional nº 61/2009).

[455] O Conselho Nacional do Ministério Público CNMP apresenta uma composição de quatorze membros eleitos por dois anos, permitida apenas uma recondução, sendo oito escolhidos entre os representantes da própria instituição nas esferas Federal e Estatual, observados critérios específicos de designação dos seis demais membros escolhidos em pares entre os integrantes do Poder Judiciário, restando apenas quatro, sendo dois advogados indicados pelo Conselho Federal da Ordem dos Advogados e dois cidadãos de notável saber jurídico e reputação ilibada, indicados um pela Câmara dos Deputados e outro pelo Senado Federal (art. 130-A CF/1988 com redação dada pela Emenda Constitucional nº 45/2004).

[456] A Resolução nº 07/2005 de 18 de outubro estabelece: "Art. 1º É vedada a prática de nepotismo no âmbito de todos os órgãos do Poder Judiciário, sendo nulos os atos assim caracterizados". Disponível em: http://www.cnj.jus.br/images/stories/docs_cnj/resolucao/rescnj_07.pdf. Acesso em: 10.07.2017.

disciplinarão por meio de lei os consórcios públicos e os convênios de cooperação entre os entes federados, autorizando a gestão associada de serviços públicos, bem como a transferência total ou parcial de encargos, serviços, pessoal e bens essenciais à continuidade dos serviços transferidos"), o que gerou a distorção nos vencimentos da carreira jurídica de delegado de polícia que perduram até hoje, mesmo com o advento da Lei nº 12.830/2013 art. 2º.

4.4 Problemas do controle feito pelo Ministério Público

O manto justificador do controle externo da atividade policial, especificamente das atividades das Polícias Judiciárias,[457] teve uma interpretação peculiar adotada e sistematicamente aplicada pelos Ministérios Públicos Estaduais e da União com graves consequências à investigação criminal, uma vez que: *a)* fortaleceram a ingerência do Poder Executivo; *b)* afastaram a apreciação da matéria do Poder Judiciário em toda a sua dimensão; *c)* invadiu competência expressa constitucionalmente[458] e, assim, criou-se um sistema seletivo onde os

---

[457] A atribuição para o exercício dos atos de Polícia Judiciária é clara e explícita no texto da Constituição Federal ao tratar do Departamento de Polícia Federal lhe garante exclusividade, nas funções de polícia judiciária da União (art. 144 §1º, inciso IV, CF/1988) assim a constituição ao atribuir funções institucionais delimita seu exercício à forma exclusiva e privativa, aquela indelegável e está delegável, sendo exclusiva a atividade que somente pode ser realizada ou praticada pelo detentor da autoridade ou competência para fazê-lo, em detrimento das demais instituições (ALMEIDA 2013: 62-64).

[458] A Constituição Federal de 1988, desde a sua promulgação, prevê que compete à Polícia Federal exercer com exclusividade as funções de Polícia Judiciária da União (art. 144, I, §1º, IV – CF/1988), neste sentido, é a manifestação da Advocacia Geral da União, na Ação Direta de Inconstitucionalidade nº 4.220, assim: "O Poder Constituinte, ao tempo que concedeu atribuição institucional ao Ministério Público na promoção de procedimentos investigatórios e inquisitórios na proteção de direitos difusos e coletivos – todos de natureza civil e outorgou às Polícias Federal e Civil a competência para o exercício das atividades de polícia judiciária". (...) É conhecida nas letras jurídicas a tese – geralmente defendida por membros do Ministério Público – segundo a qual a função investigatória criminal seria um "poder implícito" outorgado pela Lei Magna ao órgão ministerial, uma vez que a ele foi conferida a competência de requisitar diligências investigatórias e a instauração de inquérito policial, bem como a atribuição de exercer o controle externo da atividade policial, abrindo-lhe espaço, implicitamente, para a realização direta de tais atividades. No entanto, tal interpretação revela-se em descompasso com a literalidade dos dispositivos constitucionais referidos. Em verdade, sabe-se que a interpretação literal não é suficiente para a total apreensão do fenômeno normativo, sendo certo que Savigny já alertava sobre a necessidade de que tal método fosse conjugado com outros meios interpretativos (interpretação sistemática, histórica, teleológica, dentre outras). Sabe-se, ademais, que a moderna hermenêutica assevera que a norma não é pressuposto do labor interpretativo, mas o seu resultado. Consoante Friedrich Müller, autor da teoria estruturante do Direito, o texto da Constituição ou da lei é "apenas a ponta do iceberg normativo".

fatos a serem apurados são selecionados e tratados por resoluções expedidas pelos Conselhos Nacionais de forma a limitar as atividades das Polícias Judiciárias.

4.4.1 Ingerência do Poder Executivo

A atual forma de controle externo da Polícia Judiciária exercida apenas pelo Ministério Público sofre a influência direta do Poder Executivo, tratando-se de um indesejável retrocesso histórico, uma vez que, apesar da expressa vedação constitucional dotada de eficácia plena e aplicabilidade imediata imposta aos seus integrantes de *exercer, ainda que em disponibilidade, qualquer outra função pública,* (artigo 128, §5º, II, "d", da CF/1988) a norma não vem sendo cumprida desde sua promulgação, é comum observar membros dos Ministérios Públicos ocupando cargos indicados pelos chefes do executivo, mormente de Secretário de Segurança Pública em diversos Estado da Federação com possibilidade de patente intervenção nas atividades policiais sem a devida isenção.

Ao exercer cargo no Poder Executivo, o membro do Ministério Público passa a atuar:

> como subordinado ao Chefe da Administração, o que fragiliza a ins-tituição, Ministério Público, tornando-a potencial alvo de captação por interesses políticos e de submissão dos interesses institucionais a projetos pessoais de seus próprios membros.[459]

O controle externo assim exercido fortalece a ingerência do Poder Executivo e serve como instrumento de manutenção do modelo econômico brasileiro de interdependência das relações público-privadas, fundada na matriz patrimonialista originária durante o período colonial e aprimorada no imperial, dispunha ao detentor do poder (monarca ou soberano) a disposição legítima e divina dos bens públicos como próprios, sendo a matriz mantida com o advento da república no modelo neopatrimonialista, em que os detentores do poder (latifundiários, coronéis, oligarcas ou empreiteiros) se apoderam das

---

[459] Nesse sentido é o voto do E. Relator Ministro Gilmar Mendes na Medida Cautelar na Arguição de Descumprimento de Preceito Fundamental nº 388 /DF. Disponível em: http://www.stf.jus.br/portal/processo/verProcessoAndamento.asp?numero=388&classe=ADPF &origem=AP&recurso=0&tipoJulgamento=M. Acesso em: 10 jul. 2016.

instituições policiais, judiciais e eleitorais como garantia do poder e da impunidade em substituição ao monarca.[460]

A Polícia Judiciária tem sua origem no Brasil Império, criada pela Lei 15/1827, em que as funções de investigação estavam atribuídas aos magistrados (Juízes de Paz). Entretanto, não tardou para, em 1841, com a reforma do Código de Processo Criminal, subordinar as ações judiciárias e policiais ao Governo-Geral e assim possibilitar o controle da fiscalização das atividades econômicas de forma seletiva, ao facilitar a ação dos traficantes e atravessadores no comércio negreiro e restringir as demais atividades econômicas, reforçando a matriz patrimonialista do Estado brasileiro fundada na necessidade de se manter impenetrável e impermeável o círculo de comando do núcleo dirigente na conformação das políticas públicas e na ação dos partidos políticos ao redor do clientelismo a características mais marcantes do Brasil arcaico, uma vez que "o clientelismo se manteve forte no decorrer de períodos democráticos, não definhou durante o período de autoritarismo, não foi extinto pela industrialização e não demonstrou sinais de fraqueza no decorrer da abertura política" (NUNES, 2003: 33-34)

A manutenção do jogo do poder atualmente encontra-se lastreada, de forma mais retórica, em argumento interpretativo onde o "princípio mais importante de interpretação *é* o da unidade da Constituição enquanto unidade de um conjunto com sentido teleológico, já que a essência da Constituição consiste em ser uma ordem unitária da vida política e social da comunidade estatal",[461] sendo possível identificar o movimento pendular de maior ou menor subordinação ao Poder Executivo conforme se observa:

1ª (1988/2006): desde a promulgação da Constituição Federal em 5 de outubro de 1988, havia o entendimento doutrinário que que todos os ingressantes em data anterior poderiam exercer cargos no executivo, tese que ganha reforço na Resolução nº 5/2006 – CNMP (art. 2º parágrafo único).

---

[460] A evolução das matrizes do patrimonialismo ao neopatrimonialismo e o conceito de *apoderamento* das instituições de Estado é desenvolvida no texto Isenção Política na Polícia Federal: a autonomia em suas dimensões administrativa, funcional e orçamentaria. *Revista Brasileira de Ciências Policiais Edição Especial*. v. 6, n. 2, jul./dez. 2015. Disponível em: https://periodicos.pf.gov.br/index.php/RBCP/article/viewFile/383/247. Acesso em: 10 jul. 2016.

[461] Conforme indicado por Luís Roberto Barroso em *Interpretação e aplicação da Constituição*: fundamentos de uma dogmática constitucional transformadora. São Paulo: Saraiva, 1999, p. 147.

CAPÍTULO 4
CONTROLE EXTERNO DA POLÍCIA JUDICIÁRIA | **249**

2ª (2006/2016): a possibilidade já utilizada doutrinariamente é estendida a todos os integrantes dos Ministérios Públicos indistintamente, à vista de interpretação sistêmica da disposição constitucional do exercício de outras funções que lhe forem conferidas, desde que compatíveis com sua finalidade institucional (artigos 128, §5º, II, "d", e 129, IX CF/1988), firmada com a Resolução nº 72, de 15 de junho de 2011, que revogou a Resolução nº 5/2006 – CNMP.[462]

3ª (2016-...): a Arguição de Descumprimento de Preceito Fundamental nº 388/2016 STF estabelece a inconstitucionalidade da intepretação conjugada dos artigos 128, §5º, II, "d", e 129, IX, CF/1988, e declara a inconstitucionalidade da Resolução nº 72/2011 CNMP, entretanto, de imediato foi editada a Resolução nº 114/2016 CNMP, que revogou a mesma e restaurou expressamente a vigência da Resolução nº 05/2006, possibilitando o entendimento inicial.[463]

A reinterpretação de norma constitucional expressa e o afastamento da sua aplicabilidade por força de Resolução editada por Conselho Nacional possibilita aos membros do parquet ministerial o exercício de cargos na administração pública, dando margem aos detentores do poder por via oblíqua interferirem no andamento e conteúdo das investigações das Polícias Judiciárias tanto da União quanto dos Estados federativos, através dos seus secretários e ministros, e assim determinar o que pode, o que não pode e o que será investigado, tudo sob a égide do clientelismo subserviente.

4.4.2 Seletividade na investigação

A seletividade das investigações é possível uma vez que a capacidade de investigar, ou seja, realizar atos de Polícia Judiciária foi indevidamente apropriada por integrantes dos Ministérios Públicos

---

[462] No mesmo sentido, no Procedimento de Controle Administrativo (PCA) nº 381/2013-50, durante a 3ª Sessão Ordinária do CNMP, o conselheiro relator Cláudio Portela considerou possível, em tese, o afastamento do membro do MP para exercício de função pública em órgão diverso do MP "*à vista de interpretação sistêmica da Constituição, particularmente da conjugação dos artigos 128, §5º, II, "d", e 129, IX*", que dispõem sobre a disponibilidade de membros do MP exercerem outras funções que lhe forem conferidas, desde que compatíveis com sua finalidade.

[463] Disponível em: http://www.cnmp.mp.br/portal_2015/images/Normas/Resolucoes/Resoluo_144.pdf. Acesso em: 10 jul. 2016.

em patente ruptura com o texto constitucional, que estabelece a competência e a atribuição específica da Polícia Federal, *instituída por lei como órgão permanente, organizado e mantido pela União e estruturado em carreira*, e destinada entre outras atividades a *exercer, com exclusividade, as funções de Polícia Judiciária da União*, (art. 144, I, §1º, IV – CF/1988), de simples interpretação literal.

A invasão de competência constitucional é instituída por meio da Resolução nº 13/2006 – CNMP, que disciplina o Procedimento Investigatório Criminal PIC dotado da "finalidade apurar a ocorrência de infrações penais de natureza pública, servindo como preparação e embasamento para o juízo de propositura, ou não, da respectiva ação penal" (art. 1º), e reproduz o preceito da Resolução nº 77/2004 do Conselho Superior do Ministério Público Federal (CSMPF), que regulamenta o Estatuto do Ministério Público da União (Lei Complementar nº 75/1993) ao dispor neste que no "exercício de suas atribuições, o Ministério Público da União poderá, nos procedimentos de sua competência" (art. 8º) realizar tais atos.

A falta de transparência é observada em todos os momentos de condução do Procedimento Investigatório Criminal PIC, em seus vários aspectos de legalidade, assim:

a) Prazo: apesar de estabelecer o prazo para a conclusão das investigações de 90 (noventa) dias, a própria resolução permite ao membro do Ministério Público responsável pela sua condução a possibilidade de sucessivas prorrogações, por igual período, determinando apenas que a decisão seja fundamentada (art. 12), sem, entretanto, prever qualquer forma de fiscalização direta do mesmo;

b) Controle: não existe qualquer obrigatoriedade de controle permanente, apenas prevê que os registros sejam mantidos atualizados para eventual conhecimento dos órgãos superiores, efetuado de forma restrita, com obrigatoriedade de justificativa (art. 12 §1º e 2º). Inexiste um controle ou acompanhamento periódico das investigações;

c) Arquivamento: "se o membro do Ministério Público responsável pelo procedimento investigatório criminal se convencer da inexistência de fundamento para a propositura de ação penal pública, promoverá o arquivamento dos autos ou das peças de informação, fazendo-o fundamentadamente" (art. 15), estando o controle do arquivamento adstrito à estancia superior ou câmara de coordenação da própria instituição.

CAPÍTULO 4
CONTROLE EXTERNO DA POLÍCIA JUDICIÁRIA | 251

Trata-se na verdade de um procedimento de investigação criminal preliminar sem a instauração de Inquérito Policial, o que a jurisprudência majoritária já reconheceu como incompatível com a norma legal.[464] Nesse sentido, o próprio Ministério Público Federal tem entendimento consolidado, expresso de forma definitiva através da 2ª Câmara Criminal MPF/DF, com a seguinte ementa, *in verbis*:

> EMENTA: Investigações Policiais Preliminares – (IPP), realizadas pela Polícia Federal. I – Ausência de embasamento legal. Procedimento contrário à lei e ao estado de direito. II – As investigações policiais devem ser instrumentalizadas em inquéritos policiais, conforme previsto em lei. III – Cabe ao Ministério Público o controle externo da atividade policial (art. 129, inciso VII CF c/c art. 9º e 10º da Lei Complementar nº 75, de 20 de maio de 1993) devendo este proceder à sistemática verificação dos livros de registros e documentos policiais. IV – Parecer pela recomendação à Polícia Federal, para que esta proceda à revogação dos dispositivos regulamentadores das investigações policiais preliminares.[465]

A seletividade da investigação criminal encontra-se explicitamente prevista na resolução disciplinadora do Procedimento de Investigação Criminal e franqueia aos membros dos Ministérios Públicos a possibilidade de *apurar a ocorrência de infrações penais de natureza pública,* sem qualquer controle, podendo investigar o que lhe aprouver ou interessar, em um cenário onde se representa pela instauração de Inquérito Policial para investigar uma nota falsa de

---

[464] A jurisprudência já consolidou tal entendimento em diverso julgados, como TJ-DF – RMO: 1306237620068070001 DF 0130623-76.2006.807.0001 Ementa: PROCEDIMENTO DE INVESTIGAÇÃO PRELIMINAR POLICIAL. ILEGALIDADE. INCOMPATIBILIDADE COM A NORMA LEGAL. NECESSIDADE DE INSTAURAÇÃO DE INQUÉRITO POLICIAL. Disponível em: http://www.jusbrasil.com.br/jurisprudencia/busca?q=PROCE DIMENTO+DE+INVESTIGA%C3%87%C3%83O+PRELIMINAR+POLICIAL. Acesso em: 10 jul. 2016. Nesse sentido também TJ-DF: RMO nº 20060111306232 DF.

[465] A matéria foi tratada no Processo nº 3917/95-39 (Protocolo nº 015864/95-61 Oficio nº 482/95) da 2ª Câmara – MPF Brasília/DF e publicada no Diário da Justiça de 09 de outubro de 1995 e trata da investigação preliminar, objeto de análise inclusive da Corregedoria-Geral da Polícia Federal, nos Pareceres nº 003/1996 e 005/1995 – SELP/DPJ/CCJ, que concluíram pela revogação da Instrução Normativa nº 001/DG/DPF de 30 de Outubro de 1992, mesmo prevendo que a Investigação Policial Preliminar – IPP era instrumento excepcional destinado a verificar a procedência de notícias de infração penal levadas ao conhecimento da autoridade policial, mas que, pela escassez de indícios, não justifiquem, de imediato, a instauração de inquérito, prevendo inclusive sua forma de instauração e controle pelo chefe da delegacia (interna) e pelos representantes do Ministério Público (externa) no livro de registro próprio, sendo editada a Instrução Normativa nº 11/2001 – DG/DPF, de 27 de junho de 2001, define e consolida as normas operacionais para execução da atividade de Polícia Judiciária no âmbito do Departamento de Polícia Federal.

pequeno valor, esta destinada à Polícia Judiciária da União e detém para si a investigação de desvio de verbas públicas envolvendo chefe da administração ou agente político ao qual esteja vinculado, e, ao final, possa arquivar tal procedimento, com embasamento no *juízo de propositura, ou não, da respectiva ação penal.*

4.4.3 Afastamento do controle do Poder Judiciário

O problema central de tal concentração de poder gravita na possibilidade de se afastar do controle jurisdicional as atividades de investigação efetuadas por membros do Ministério Público em patente ruptura a todo o ordenamento jurídico fundado em garantias constitucionais especificamente equilibradas, em que *a lei não excluirá da apreciação do Poder Judiciário, lesão ou ameaça a direito* (art. 5º, XXXV, CF/1988), consagrado no plano internacional pela Declaração Universal dos Direitos do Homem (1948; art. 10), Convenção Europeia para a Salvaguarda dos Direitos do Homem e das Liberdades Fundamentais (1950; art. 6º, inciso I) e Pacto Internacional de Direitos Civis e Políticos (1966; art. 14, inciso I), bem como no plano regional, por meio da Convenção Interamericana sobre Direitos Humanos (1969; art. 8º, inciso I).

O ordenamento jurídico pátrio, regrado por resoluções inconstitucionais, cria distorções lastreadas nas premissas de o Ministério Público ser o detentor do *dominus litis* na ação penal pública, destinatário final das investigações levadas a cabo pela Polícia Judiciária da União e deter o controle externo da atividade policial (art. 129, incisos I c/c VII, CF/1988), o que seria viável no modelo constitucional inicial sem as distorções anteriores de subordinação ao Poder Executivo e capacidade investigativa, ambas coroadas com o afastamento do controle do Poder Judiciário por meio do:

a) travamento: as normas previstas na Resolução nº 63/2009 – CNJ, cujo teor é repetido na Resolução nº 107/2010 do Conselho Superior de Ministério Público Federal, colidem com a expressa disposição legal do Código de Processo Penal que determina o pronto encaminhamento ao Poder Judiciário das investigações criminais contidas na determinação processual de que *encerradas após a Autoridade Policial elaborar minucioso relatório,* (art. 10 §1º), entretanto, a combinação dos dispositivos da Resolução nº 63/2009 criam uma situação ilegal, uma vez que concluído o Inquérito Policial, e se este

CAPÍTULO 4
CONTROLE EXTERNO DA POLÍCIA JUDICIÁRIA | 253

já houver sido devidamente registrado nas Varas Federais competentes, será encaminhada para a apreciação do membro do Ministério Público Federal (art. 1º c/c 2º), possibilitando a este a eternização das investigações por intermédio de pedidos sucessivos de novas diligências, escudados na alegação de serem as mesmas imprescindíveis ao oferecimento da denúncia (art. 16 – CPP), ainda que em face da necessária fundamentação constitucional das requisições ministeriais (art. 129 VIII – CF/1988), a matéria nunca seria apreciada pelo Poder Judiciário.

b) arquivamento: conforme anteriormente apontado, seus membros estão sujeitos ao controle da estância superior ou câmara de coordenação da própria instituição, e quando o arquivamento é proposto pelo Procurador-Geral de Justiça ou da República, nas ações penais originárias, não estará sujeito a nenhuma forma de controle, conforme jurisprudência consolidada do Suprem Tribunal Federal: "Ação penal originária – Pertencendo ela ao Procurador-Geral da República, e não existindo acima dele outro membro do Ministério Público, uma vez que a suprema chefia deste lhe cabe, não depende, a rigor, de deliberação do Tribunal o arquivamento requerido". (STF – Inq. – Rel. Min. Cordeiro Guerra – RTJ 73/1)[466]

As medidas apontadas possibilitam que parte dos integrantes dos Ministérios Públicos possam eternizar as investigações, com cotas sucessivas ou mesmo no arquivamento prematuro, prescindindo do Inquérito Policial e da investigação da Polícia Judiciária, sob o manto da

---

[466] O Supremo Tribunal Federal apresenta um conjunto jurisprudencial consolidado: *Pertencendo a ação penal originária ao Procurador-Geral da República, e não existindo acima dele outro membro do Ministério Público, uma vez que a suprema chefia deste lhe cabe, não depende, a rigor, de deliberação do Tribunal o arquivamento requerido.* (STF – Inq. – Rel. Min. Luiz Gallotti – RT 479/395); *Ação penal originária – Pertencendo ela ao Procurador-Geral da República, e não existindo acima dele outro membro do Ministério Público, uma vez que a suprema chefia deste lhe cabe, não depende, a rigor, de deliberação do Tribunal o arquivamento requerido.* (STF – Inq. – Rel. Min. Cordeiro Guerra – RTJ 73/1) e *Inquérito – Arquivamento. Requerido o arquivamento do processo pelo Procurador-Geral da República, não cabe ao STF examinar o mérito das razões em que o titular único e último do dominus litis apóia seu pedido.* (STF – Inq. – Rel. Min. Francisco Rezek – j. 26/06/85 – RT 608/447), destacando-se que nada pode ser feito conforme se observa do seguinte julgado: *Admite-se a ação penal privada subsidiária em casos de desídia ou inércia do representante do Ministério Público, que não pode ser considerada como ocorrida no caso de arquivamento da representação determinado pelo Procurador-Geral da Justiça, por entender inexistir justa causa para a ação.* (RT 613/431).

ausência de justa causa para o prosseguimento, gerando a insegurança jurídica. Nesse sentido destaco a Promoção de Arquivamento do Procurador-Geral da Justiça na Notícia de Fato nº 1.00.000.004878/2014-72 destinada a apurar suposta irregularidade na operação de compra pela Petrobras da refinaria de petróleo "Pasadena Refining System Inc", localizada no Texas (EUA), de propriedade da companhia belga Astra Oil Trading Inc, de 22 de junho de 2014, nos seguintes termos:

> Portanto, ainda que esteja diante de uma avença mal sucedida e que importou, aparentemente, em prejuízos à companhia, não é possível imputar o cometimento de delito de nenhuma espécie aos membros do Conselho de Administração, mormente quando comprovado que todas as etapas e procedimentos referentes ao perfazimento do negócio foram seguidos.

Destacando que tal entendimento foi proferido sem a devida investigação e instauração do Inquérito Policial, presidido por delegado de polícia, objetivando a reunião dos elementos necessários à elucidação dos fatos.[467]

Com efeito, o controle externo da atividade de Polícia Judiciária efetuado pelos representantes dos Ministérios Públicos Estaduais e da União, nos moldes como vem sendo desenvolvido, não atende aos preceitos constitucionais originariamente concebidos, uma vez que a própria instituição incumbida de tal tarefa deturpou e desvirtuou tal possibilidade, impossibilitando-a sob o ponto de vista ético-legislativo uma vez que:

1. no âmbito interno, ao exercer atividade de Polícia Judiciária, o Ministério Público estaria exercendo tal função livre de qualquer controle, não se submeteria à Corregedoria-Geral da Polícia no âmbito da fiscalização funcional e técnica das suas atividades;

2. no âmbito externo, tal controle não mais existiria por ser o próprio Ministério Público Federal órgão responsável pelo mesmo, inviabilizando, assim, qualquer ato de imparcialidade, pois o autocontrole não é nem moral, tampouco, eticamente atingível;

---

[467] A matéria encontra-se disciplinada no Regimento Interno do Supremo Tribunal Federal em seu Art. 230-c estabelece *in verbis: "Instaurado o inquérito, a autoridade policial deverá em sessenta dias reunir os elementos necessários à conclusão das investigações, efetuando as inquirições e realizando as demais diligências necessárias à elucidação dos fatos, apresentando, ao final, peça informativa".* Atualizado pela Emenda Regimental nº 44/2011.

CAPÍTULO 4
CONTROLE EXTERNO DA POLÍCIA JUDICIÁRIA | 255

3. o arquivamento irrecorrível ou recorrível ao próprio chefe da instituição ministerial sem a intervenção do judiciário é medida que possibilita, de um lado, o arbítrio, e de outro, poderá fomentar a impunidade;
4. a ingerência do Poder Executivo como subordinado ao Chefe da Administração, conforme apontado, fragiliza a instituição, Ministério Público, tornando-a potencial alvo de captação por interesses políticos e de submissão dos interesses institucionais a projetos pessoais ou a serviço da impunidade e da corrupção;
5. a investigação por Procedimento de Investigação Diverso propicia uma seletividade que pode afastar a efetiva investigação de problemas sérios afetos à administração pública, como a corrupção, para ataques a interesses partidários ou do administrador público de ocasião;
6. as normas contidas nas resoluções analisadas afrontam expressamente a Constituição Federal por colidir com as normas de Direito Processual Penal ao tratar de matéria de competência privativa da União (art. 22, inciso I, CF/1988), independentemente do debate da natureza do Inquérito Policial,[468] uma vez que a norma afrontada encontra-se inserida em dispositivo processual, bem como os Conselhos Nacionais não têm poder de atuação para fora de suas instituições, não sendo, portanto, dotados de capacidade legislativa (art. CF/1988).

Assim, a tramitação direta, a investigação por Procedimento de Investigação Diverso com seletividade de escolha e capacidade de arquivamento, a possibilidade de ingerência do Poder Executivo face a seus membros ocuparem cargos na administração pública e o afastamento do controle jurisdicional do Poder Judiciário impossibilitam e retiram a legitimidade do Ministério Público para o exercício imparcial do controle externo das atividades de Polícia Judiciária e o transfora em

---

[468] Inquérito Policial tem natureza processual: (a) Interpretação Teleológica: a Exposição de Motivos do Código de Processo Penal (Decreto-Lei nº 3.689/1914) manteve o Inquérito Policial como *processo preliminar e preparatório da ação penal, ..., garantia contra apressados e errôneos juízos, formados quando ainda persiste a trepidação moral causada pelo crime, ou antes, que seja possível uma exata visão do conjunto dos fatos, nas suas circunstâncias objetivas e subjetivas,* em um sistema que *assegura uma justiça menos aleatória, mais prudente e serena;* (b) Interpretação Sistemática e Literal: iniciado com o Auto de Prisão em Flagrante (art. 5º inciso I c/c 304 CPP) a própria Constituição Federal atribui este caráter de processo legal ao estabelecer no artigo 5º inciso LXI *"ninguém será preso senão em flagrante delito"* e inciso LIV *"ninguém será privado da liberdade sem o devido processo legal",* logo, o preso está privado de sua liberdade, entretanto, nos casos previstos, a Autoridade Policial poderá arbitrar fiança.

uma instituição opaca à luz e ao controle externo de toda a sociedade e refratária ao primado da transparência pública e prestação de contas (*accountability*).

A Polícia Judiciária é uma das instituições com o maior monitoramento de suas atividades uma vez que conta:

(*i*) o controle interno: das Corregedorias de Polícia no âmbito da fiscalização funcional e técnica das suas atividades típicas;

(*ii*) o controle externo: efetuado pelo Poder Judiciário no plano procedimental e jurisdicional e da Ordem dos Advogados face ao caráter contraditório do Inquérito Policial,[469] além dos controles exercidos pelo Tribunal de Contas da União e da Controladoria-Geral da União na administração do orçamento institucional,

Portanto, a melhor solução para um efetivo controle externo seria a criação de um Conselho Nacional de Polícia,[470] bem como, em razão da natureza jurisdicional e contraditória das suas atividades de investigação criminal, melhor seria incluir a Polícia Judiciária como Funções Essenciais à Justiça.[471]

---

[469] A Constituição Federal de 1988 não apenas recepcionou como fortaleceu as características processual, jurisdicional e contraditória do Inquérito Policial, o que desde então vem sendo reafirmado expressamente com a nova redação ao artigo 306 do Código de Processo Penal estabelecido pela Lei nº 11.449/2007, que determina a comunicação da prisão em flagrante de indiciado hipossuficiente à Defensoria Pública, na edição da Súmula Vinculante nº 15/2009 – É direito do defensor, no interesse do representado, ter acesso amplo aos elementos de prova que, já documentados em procedimento investigatório realizado por órgão com competência de polícia judiciária, digam respeito ao exercício do direito de defesa, e na recente reforma do Estatuto da Advocacia e a Ordem dos Advogados do Brasil (OAB) promovida pela Lei nº 13.245/2016.

[470] Tramita no Congresso Nacional a Proposta de Emenda Constitucional PEC nº 381/2009 destinada à criação do Conselho Nacional de Polícia com a participação difusa de diversos órgão e a sociedade civil, tratando-se de um verdadeiro instrumento de controle institucional das atividades de Polícia Judiciária: http://www.camara.gov.br/proposicoesWeb/fichadetramitacao?idProposicao=439700. Acesso em: 7 ago. 2015.

[471] Nesse sentido destaco o estudo de Eliomar da Silva Pereira em *Introdução às ciências policiais*: a polícia entre a ciência e política, editora Almedina. (2015, p. 70) e a posição de Jacinto Nelson de Miranda em parecer do Conselho Federal da Ordem, disponível em http://www.oab.org.br/editora/revista/users/revista/1211292337174218181901.pdf. Acesso em: 7 ago. 2015.

CONSIDERAÇÕES FINAIS

A investigação criminal e o seu principal instrumento de apuração de crimes, o inquérito policial, apesar de epistemologicamente pertencerem ao direito processual penal, recebem *inputs*, para a complementação dos efeitos jurídicos do sistema de persecução penal, de outros ramos do direito.

O direito constitucional exerce papel central nesse contexto, ou melhor, em um contexto em que se pretende firmar as bases de um Estado não apenas de Direito e, também, não apenas Democrático de Direito, mas de um Estado Constitucional de Direito, em que a democracia e a ordem normativa direcionam-se à concreção de direitos fundamentais. Com isso, afirma-se a existência de um *regime jurídico-constitucional da Polícia Judiciária*, que se compõe, conjuntamente, *(i)* por uma óptica orgânica, pela relação de autonomia e de interdependência sistêmica da Polícia Judiciária e os demais órgãos e instituição de Estado dedicados à persecução criminal, e, *(ii)* por uma óptica substancial, pela submissão da Polícia Judiciária ao dever de deferência à centralidade dos direitos constitucionais fundamentais na ordem normativa.

A persecução penal investigativa e contraditorial, em suas duas fases processuais, quais sejam, a investigação criminal e o processo penal estrito, constroem suas estruturas normativas de coerção em função do dever constitucional de concretização de direitos fundamentais que constringe os poderes do Estado.

Isso implica aceitar que os direitos constitucionais fundamentais, em uma ideia de constitucionalização do direito penal e de seu processo – *como imprescindibilidade de justificação por via da teoria da constituição, a engendrar uma fuga para o direito constitucional* –, erigem-se a uma posição de centralidade, para não só se fazer inferir pressuposta a validade, mas, de igual modo, a legitimidade do exercício do *jus puniendi* e do *jus persequendi*. Não se permite falar, em um atual Estado Constitucional de Direito e, assim, que dê deferência à pessoa, sem esses pressupostos de respeito aos direitos fundamentais e à dignidade da pessoa humana.

Não mais se concebem ramos do Direito substancialmente válidos em confronto implícito com normas constitucionais e, diga-se, em confronto com valores que dão os fundamentos desses princípios e regras que formam o texto constitucional. A validade ao amparo da Constituição e de seus direitos fundamentais, perfaz, assim, verdadeira legitimidade de exercício do poder pelo Estado.

O Direito como sistema de normas formadora das instituições e regulatório do adequando – conquanto *constitucional* (constitucional aqui empregado também com o significado de *formador* do Estado e de seus parâmetros de sociedade) –, convívio social, não ignora, em suas faces autopoiética epistemológicas, a fonte normativa do Estado Democrático de Direito contemporâneo: o Estado Constitucional de Direito.

Nesse atual contexto normativo de legitimidade e de validade se insere o direito processual penal, para dar efetividade às normas punitivas de direito penal, todavia, à chancela das normas constitucionais. Assim, não se há de falar em persecução penal, investigativa ou contraditorial estrita, sem que sejam suscitados os alcances – e a deferência no caso concreto –, *e.g.*, dos princípios do contraditório e da ampla, da celeridade processual, da razoável duração do processo, do direito de petição e de informação, de liberdade, de não culpabilidade, de comunicação aos interessados e às instituições de persecução e de fiscalização, para os casos de prisões cautelares, etc., todos compondo o devido processo legal da persecução criminal e, sem embargo, da sua fase investigativa, mormente, o inquérito policial.

Muito se tem criticado quanto à efetividade da investigação criminal no Brasil, notadamente à vista de estatísticas descontextualizadas de seus resultados. O fato é que o modelo de investigação criminal no Brasil é técnico, metódico e científico, propiciando material observância das normas de garantias dos indivíduos, sem se descurar da eficiência, requerida pela Constituição Federal, e da efetividade, requerida pela sociedade. Há efetividade não somente nos números de condenações, como também nos números de absolvições e de não indiciamento no inquérito policial.

A investigação policial e criminal como um todo busca a verdade dos fatos, o que não necessariamente leva à conclusão de existência de crime e, destarte, à condenação de alguém.

Nisso se faz necessária a previsão de nulidades processuais como sanção normativa às ofensas estatais, pela via do instrumento legal a cargo do Estado para a investigação, de direitos fundamentais dos investigados. Isso também é eficiência e, não obstante, efetividade.

Porém, efetividade esta das normas constitucionais que se verte em efetividade do próprio Estado, investigador e juiz.

REFERÊNCIAS

ALEXY, Robert. *Teoría de los derechos fundamentales*. Madrid: Centro de Estudios Políticos y Constitucionales, 2002.

ALEXY, Robert. *Teoria dos direitos fundamentais*. Tradução de Virgílio Affonso da Silva. São Paulo: Malheiros, 2008.

ALMEIDA, Fernanda Dias Menezes de. *Competências nas Constituições de 1988*. 6. ed. São Paulo. Atlas. 2013.

ALMEIDA, Joaquim Canuto Mendes de Almeida. *Os princípios fundamentais do processo penal*. São Paulo: Revista dos Tribunais, 1973.

ALMEIDA, Joaquim Canuto Mendes de. *A contrariedade na instrução criminal*. São Paulo: Dissertação para concurso de livre docência de Direito Judiciário Penal, da Faculdade de Direito da Universidade de São Paulo, 1937.

ALVES, Léo da Silva. *Ajustamento de conduta e poder disciplinar*: controle da disciplina sem sindicância e sem processo. Brasília: CEBRAD, 2008. v. 2.

ALVES, Léo da Silva. *Curso de processo disciplinar*. Brasília: CEBRAD, 2008. v. 3.

ALVES, Léo da Silva. *Interrogatório e confissão no processo administrativo disciplinar*. Brasília: Brasília Jurídica, 2000.

ALVES, Léo da Silva. *Questões relevantes do processo administrativo disciplinar*. Apostila, Parte I. Brasília: CEBRAD, 1998.

Allen Schick Why Most Developing Countries Should Not Try New Zeeland Reforms. *World Bank Research Observer* 123, n. 8, 1998 p. 1123-1131.

ANDRADE, J. C. Vieira de. *Os direitos fundamentais na Constituição Portuguesa de 1976*. 2. ed. Lisboa: Almedina, 2001.

ARANHA, Adalberto José Queiroz Telles de Camargo. *Da prova no processo penal*. São Paulo: Saraiva, 1994.

ARAÚJO José Osterno Campos de. *Verdade Processual Penal*. Curitiba: Juruá, 2010.

ARAÚJO, Edmir Netto de. *O ilícito administrativo e seu processo*. São Paulo: Revista dos Tribunais, 1994.

ARENDT, Hannah. *A condição humana*. Tradução Roberto Raposo. 6. ed. Rio de Janeiro: Forense Universitária, 1993.

ARENDT, Hannah. *Origens do totalitarismo*. Tradução Roberto Raposo. São Paulo: Cia. das Letras, 1997.

BAPTISTA, Patrícia. Os limites constitucionais à autotutela administrativa: o dever de observância do contraditório e da ampla defesa antes da anulação de um ato administrativo ilegal e seus parâmetros. *Revista da Procuradoria-Geral do Município de Juiz de Fora – RPGMJF*, Belo Horizonte, ano 1, n. 1, p. 195-217, jan./dez. 2011.

BARBOSA, Adriano Mendes. *Curso de investigação criminal*. Porto Alegre: Núria Fábris, 2013.

BARBOSA, Ruchester Marreiros. A Função Judicial do delegado de polícia na Decisão Cautelar do Flagrante Delito. *Revista de Direito de Polícia Judiciária*. Brasília, Ano 1, n. 2, p. 157-1958, Jul-Dez 2017. Disponível em: https://periodicos.pf.gov.br/index.php/RDPJ/article/view/512.

BARROS, Caio Sérgio Paz de. *Contraditório na CPI e no inquérito policial*. São Paulo: Thomson, 2005.

BARROS, Francisco Dirceu. Direito Processual Eleitoral. Rio de Janeiro: Elsevier, 2010.

BARROSO, Luís Roberto. *Direito Constitucional Contemporâneo*. São Paulo: Saraiva, 2018.

BARROSO, Luís Roberto. *Interpretação e aplicação da constituição*. 6. ed. São Paulo: 2004.

BARROSO, Luís Roberto. *Interpretação e aplicação da Constituição*: fundamentos de uma dogmática constitucional transformadora. São Paulo: Saraiva, 1999.

BARROSO, Luís Roberto. Neoconstitucionalismo e constitucionalização do Direito (O triunfo tardio do direito constitucional no Brasil). *Revista de Direito Administrativo*, Rio de Janeiro, 240: 1-42, Abr./Jun. 2005.

BASTOS, Celso Ribeiro. Curso de Direito Administrativo. 5. ed. São Paulo: Saraiva, 2001.

BAUMANN, Jürgen, *Derecho penal*. Conceptos fundamentales y sistema. Introducción a la sistemática sobre la base de casos. Buenos Aires: Ediciones Depalma, 1973.

BENESSIANO, William. *Légalité pénale et droits fondamentaux*. Marseille: Universitaires D'aix-Marseille, 2011.

BERGEL, Jean-Louis. *Théorie générale du droit*. Paris: Dalloz, 2003.

BETTIOL, Giuseppe. *Instituições de direito e de processo penal*. Tradução Manuel da Costa Andrade. Coimbra: Coimbra, 1974.

BINENBOJM, Gustavo. A constitucionalização do direito administrativo no Brasil: um inventário de avanços e retrocessos. *Revista Brasileira de direito Público (RBDP)*, Belo horizonte, Ano 4, n. 14, p. 9-53, jul./set. 2006.

BITENCOURT NETO, Eurico. Transformações do Estado e da Administração Pública no século XXI. *Revista de Investigações Constitucionais*, Curitiba, v. 4, n. 1, p. 207-225, jan./abr. 2017.

BITENCOURT, Cezar Roberto. *Tratado de direito penal*. Parte geral. São Paulo: Saraiva, 2007. v. 1.

BOBBIO, Noberto, MATTEUCCI, Nicola; PASQUINO, Gianfranco. *Dicionário de política*. 12. ed. Brasília: Editora Universidade de Brasília, 2004.

REFERÊNCIAS | 263

BONAVIDES, Paulo. *Curso de direito constitucional.* 26. ed. São Paulo: Malheiros. 2011.

BRANDÃO, Cláudio. *Tipicidade penal*: dos elementos da dogmática ao giro conceitual do método entimemático. 2. ed. Lisboa: Almedina, 2014.

BRINDEIRO, Geraldo. *O devido processo legal na Constituição de 1988 e o Direito Comparado*: Constituição Federal, 15 anos, Mutação e Evolução. São Paulo: Método, 2003.

CABRAL, Bruno Fontenele; SOUZA, Rafael Pinto Marques de. *Manual prático de polícia judiciária.* 2. ed. Salvador: Juspodivm, 2013.

CADEMARTORI, Luiz Henrique Urquhart; OLIVEIRA, Vitória Cristina. Constitucionalização do direito administrativo e a sindicabilidade do ato discricionário. *Revista Estudos Institucionais*, v. 2, 1, 2016.

CAETANO, Marcello. *Manual de direito administrativo.* 10. ed. Coimbra: Almedina, 2004.

CANOTILHO, José Joaquim Gomes. *Curso de direito constitucional.* Coimbra: Coimbra, 2002.

CANOTILHO, José Joaquim Gomes. Direito *Constitucional e teoria da constituição.* 5. ed. Lisboa: Almedina, 2002.

CANOTILHO, José Joaquim Gomes. *Direito constitucional e teoria da constituição.* 7. ed. Portugal: Almedina, 2007.

CANOTILHO, José Joaquim Gomes; MOREIRA, Vital. *Constituição da República Portuguesa Anotada.* Coimbra: Coimbra, 2014. v. I.

CAPITALISM, SOCIALISM AND DEMOCRACY. New York: Routledge Schumpeter, 2003.

CARNELUTTI, Francesco. *Lições sobre o processo penal.* 1. ed. Tradução de Francisco José Galvão Bruno. Campinas: Bookseller, 2004. t. 1.

CARVALHO, Antonio Carlos Alencar. *Manual de processo administrativo disciplinar à luz da jurisprudência e da casuística da administração pública.* 2. ed. Belo Horizonte: Fórum, 2011.

CARVALHO, José Murilo de. *A Cidadania no Brasil*: o longo caminho. 18. ed. Rio de Janeiro: Civilização Brasileira. 2014.

CARVALHO, José Murilo de. *Os bestializados*: o Rio de Janeiro e a república que não foi. São Paulo: Companhia das Letras. 2016.

CARVALHO, Matheus. *Manual de Direito Administrativo.* ed. Salvado: Juspodivm, 2017.

CASADO, Belén Casado. *El derecho sancionador civil*: consideraciones generales y supuestos. Madrid: Universidade de Málaga, 2009.

CASTANHEIRA NEVES, António. A unidade do sistema jurídico: o seu problema e o seu sentido (diálogo com Kelsen). *Boletim da Faculdade de Direito da Universidade de Coimbra.* 2, 1979.

CASTANHEIRA NEVES, António. Entre o "legislador", a "sociedade" e o "juiz", ou entre "sistema", "função" e "problema" – os modelos actualmente alternativos da realização jurisdicional do Direito. *Boletim da Faculdade de Direito da Universidade de Coimbra.* 74, 1998.

CASTANHEIRA NEVES, António. Os "Elementos do Direito Natural" de Vicente Ferrer Neto Paiva. *Boletim da Faculdade de Direito da Universidade de Coimbra*. 52, 1976.

CASTRO, Carlos Roberto de Siqueira. *O devido processo legal e a razoabilidade das leis na nova Constituição do Brasil*. Rio de Janeiro: Forense, 1989.

CAVALCANTE, Themistocles Brandão. *Curso de direito administrativo*. Rio de Janeiro: Livraria Freitas Bastos, 1961.

CAVALCANTE, Themistocles Brandão. *Tratado de direito administrativo*. 5. ed. Rio de Janeiro: Revista dos Tribunais, 1964. v. IV.

CAVALCANTE, Themistocles Brandão. *Tratado de direito administrativo*. Suplemento. Rio de Janeiro: Revista dos Tribunais, 1964. v. V.

CLAPHAM, Christopher. *The Third World Politics*. Ed. Taylor & Francis e-Library. 1997.

COELHO, Francisco Pereira; COUTINHO, Manuel Rosado. *Direito criminal*: lições do Prof. Dr. Eduardo Correia ao Curso do IV Ano Jurídico. Coimbra: Atlantida II Coimbra, 1949. v. I.

COELHO, Inocêncio Mártires. *Da hermenêutica filosófica à hermenêutica jurídica*: fragmentos. São Paulo: Saraiva, 2010.

CORTÊS, António. *Jurisprudência dos princípios*: ensaio sobre os fundamentos da decisão jurisdicional. Lisboa: Universidade Católica Editora, 2010.

COSTA, José Armando da. *Direito administrativo disciplinar*. 2. ed. São Paulo: Método, 2009.

COSTA, José Armando da. *Direito disciplinar*: temas substantivos e processuais. Belo Horizonte: Fórum, 2008.

COSTA, José Armando da. *Incidência aparente de infrações disciplinares*. Belo Horizonte: Fórum, 2004.

COSTA, José Armando da. *Processo administrativo disciplinar*: Teoria e prática. 6. ed. Rio de Janeiro: Forense, 2010.

COSTA, José Armando da. *Teoria e prática do processo administrativo disciplinar*. 3. ed. Brasília: Brasília Jurídica, 1999.

COSTA, Milton Lopes da. *Manual da polícia judiciária*. Rio de Janeiro: Saraiva, 1996.

COSTA, Milton Lopes da. *Manual da polícia judiciária*. Rio de Janeiro: Saraiva, 1996.

COSTALDELLO, Angela Cassia. A supremacia do interesse público e a cidade – a aproximação essencial para a efetividade dos direitos fundamentais. *In*: BACELLAR FILHO, Romeu Felipe; HACHEM, Daniel Wunder. *Direito Administrativo e Interesse Público*: estudos em homenagem ao professor Celso Antônio Bandeira de Mello. Belo Horizonte, Fórum, 2010.

CRETELLA JÚNIOR, José. *Direito administrativo do Brasil*: processo administrativo. São Paulo: Revista dos Tribunais, 1962.

CRETELLA JUNIOR, José. *Manual de direito administrativo*: curso moderno de graduação. 2. ed. Rio de Janeiro: Forense, 1979.

CRETELLA JUNIOR, José. *Tratado de direito administrativo*: teoria do direito administrativo. Rio de Janeiro: Forense, 1966. v. I.

CHAINAIS, Cécile; FENOUILLET, Dominique; GUERLIN, Gaëtan. *Les sanctions en droit contemporain*: la sanction, entre techinique et politique. Paris: Dallos, 2012. v. 1.

CHAINAIS, Cécile; FENOUILLET, Dominique; GUERLIN, Gaëtan. *Les sanctions en droit contemporain*: la motivation des sanctions prononcées en justice. Paris: Dallos, 2013. v. 2.

CHOUKR, Fausi Hassan. *Garantias constitucionais na investigação criminal*. 2. ed. Rio de Janeiro: Lumen Juris, 2001.

DAHL, Robert A. *Poliarquia*: participação e oposição. São Paulo: Edusp. 1997.

DAURA, Anderson de Souza; MELO, Cesar Pereira. O Inquérito Policial como Instrumento de Segurança Jurídica: um olhar sobre suas características e finalidades. *Segurança Pública e Cidadania*. Brasília, v. 4, n. 2, p. 111-139, jul./dez. 2011.

DE LEÓN VILLALBA, Francisco Javier. *Acumulación de sanciones penales y administrativas*: sentido y alcance del principio "ne bis in idem". Bosch. Barcelona, España, 1998.

DE PLÁCIDO E SILVA. *Vocabulário Jurídico*. 27. ed. Rio de Janeiro: Forense, 2008.

DELMANTO, Celso. *Código penal comentado*. 3.ed. São Paulo: Renovar, 1991.

DELLIS, Georges. *Droit penal et droit administratif*: l'influense des príncipes du droit pénal sur droit administratif répressif. Paris: Librarie Générale de Droit et Jurisprudence, E.J.A, 1997.

DEZAN, Sandro Lúcio. Art. 2º, §3º (vetado). O delegado de polícia conduzirá a investigação criminal de acordo com seu livre convencimento técnico-jurídico, com isenção e imparcialidade. *In*: DEZAN, Sandro Lúcio; PEREIRA, Eliomar da Silva (org.). *Investigação criminal conduzida por delegado de polícia*: comentários à Lei 12.830/2013. Curitiba: Juruá, 2013.

DEZAN, Sandro Lúcio. *Direito administrativo de polícia judiciária*. Belo Horizonte: Fórum, 2019.

DEZAN, Sandro Lúcio. *Direito administrativo disciplinar*: direito material. Curitiba: Juruá, 2013.

DEZAN, Sandro Lúcio. *Direito administrativo disciplinar*: direito processual. Curitiba: Juruá, 2013.

DEZAN, Sandro Lúcio. *Direito administrativo disciplinar*: princípios fundamentais. Curitiba: Juruá, 2013.

DEZAN, Sandro Lúcio. *Fenomenologia e hermenêutica do direito administrativo*. Curitiba: Juruá, 2018.

DEZAN, Sandro Lúcio. *Fenomenologia e hermenêutica do direito administrativo*. Porto: Juruá, 2018.

DEZAN, Sandro Lúcio. *Fundamentos de direito administrativo disciplinar*. 4. ed. Curitiba: Juruá, 2019.

DEZAN, Sandro Lúcio. *ilícito Administrativo Disciplinar*: da atipicidade ao devido processo legal substantivo. Curitiba: Juruá, 2009.

DEZAN, Sandro Lúcio. O regime jurídico-administrativo da Polícia Federal e do cargo de delegado de polícia federal à luz da nova redação da Lei nº 9.266/96. *Revista de Direito de Polícia Judiciária Revista da Escola Superior de Polícia (ANP)*, Brasília, Ano 1, n. 1, p. 1-259 p., jan./jun. 2017.

DEZAN, Sandro Lúcio. Prólogo sobre a investigação criminal e sua teoria comum: o inquérito policial como fase do processo criminal. *In:* ZANOTTI, Bruno Taufner; SANTOS, Cleopas Isaías (org.). *Temas avançados de polícia judiciária*. Salvador: Juspodivm, 2015. p. 21-34.

DEZAN, Sandro Lúcio; PEREIRA, Eliomar da Silva (org.). *Investigação criminal conduzida por delegado de polícia*: comentários à Lei 12.830/2013. Curitiba: Juruá, 2013.

DI PIETRO, Maria Sylvia Zanella. *Direito administrativo*. 18. ed. São Paulo: Atlas, 2004.

DIAMOND, Larry; MORLINO, Lenonardo. Introduction. *Assessing the Quality of Democracy*. New York: The John Hopkins University Press 2005.

DIAS, Jorge de Figueiredo. *Direito penal*: questões fundamentais: a doutrina geral do crime. t. I. 2. ed. Coimbra: Coimbra, 2007.

DREYA, Luis Carlos. *A constitucionalização do direito entre o público e o privado*. Dissertação (Mestrado em direito) 165f. Ciências Jurídicas, Universidade do Vale do Rio dos Sinos. São Leopoldo, 2007.

DUTRA, Luiz Henrique de Araújo. *Introdução à epistemologia*. São Paulo: Editora UNESP, 2010.

DWORKIN, Ronald *Justiça para ouriço*. Tradução de Pedro Elói Duarte. Coimbra: Almedina, 2012.

DWORKIN, Ronald *Levando os direitos a sério*. 3. ed. São Paulo: Martins Fontes, 2010.

DWORKIN, Ronald *O império do direito*. São Paulo: Marins Fontes, 2007.

DWORKIN, Ronald. *Uma questão de princípios*. 2. ed. São Paulo: Martins Fontes, 2005.

ENTERRÍA, Eduardo García de. *Reflexiones sobre la ley y los principios generales del derecho*. Madrid: Editorial Civitas, 1996.

ENTERRÍA, Eduardo García de; FERNÁNDEZ, Tomás-Ramón. *Curso de derecho administrativo*. 16. Ed. Madrid: Civitas, 2013. v. II.

ENTERRÍA, Eduardo García, FERNÁNDEZ, Tomás-Ramón. *Curso de derecho administrativo*. 16. ed. Madrid: Civitas, 2013. v. I.

FALLA, Fernando Garrido. La administración y la ley. *Revista de Administración Pública*. n. 6, Septiembre/Deciembre, 1951.

REFERÊNCIAS | 267

FARIA COSTA, José de. Beccaria e a legitimação do direito penal: entre a ética das virtudes e a ética das consequências. *Revista Portuguesa de Ciência Criminal*. Ano 24. n. 2, abr./jun. 2014, p. 205-224.

FARIA, José Eduardo. *Eficácia jurídica e violência simbólica*: o direito como instrumento de transformação social. São Paulo: Editora da Universidade de São Paulo, 1988.

FERNANDES, André Dias. A constitucionalização do direito administrativo e o controle judicial do mérito do ato administrativo. *Revista de Informação Legislativa (RIL)*, Ano 51, n. 203, jul./set. 2014, p. 143-164.

FERNANDES, Antônio Scarance. *Processo penal constitucional*. São Paulo: Revista dos Tribunais, 1999.

FERRAJOLI, Luigi. *Direito e razão*. 4. ed. São Paulo: Revista dos tribunais, 2014.

FERRAJOLI, Luigi. *Direito e razão*: teoria do garantismo penal. São Paulo: RT, 2002.

FERRAJOLI, Luigi. *Epistemologia juridica y garantismo*. México: Pontamara 2004.

FERRAJOLI, Luigi. O direito como sistema de garantias. *Revista do Ministério Público*. Ano 16, n. 61, Lisboa, jan./mar. 1995.

FERRAJOLI, Luigi. O estado constitucional de direito de hoje: o modelo e a sua discrepância com a realidade. *Revista do Ministério Público*. Ano 17, n. 67, Lisboa, jul/set. 1996, p. 39-56.

FERRAJOLI, Luigi. *Princípio iuris*: teoria del derecho e de la política: teoria del diritto. Bologna: Trotta, 2011. v. 1.

FERRAZ JR., Tercio Sampaio. *A ciência do direito*. São Paulo: Atlas, 2010.

FILHO, Fernando da Costa. *Manual de processo penal*. 9. ed. São Paulo: Saraiva, 2007.

FIORAVANTI, Maurizio. *Constituición*: de la antigüedad a nuestros días. Traducción de Manuel Martínez Neira. Madrid: editorial Trotta, 2001.

FRANCO SOBRINHO, Manoel de Oliveira. *A prova administrativa*. São Paulo: Saraiva, 1984.

FRANCO SOBRINHO, Manoel de Oliveira. *Comentários à reforma administrativa federal*. São Paulo: Saraiva, 1983.

FRIEDRICH, Muller. *Métodos de trabalho do direito constitucional*. Rio de Janeiro: Renovar, 2005.

GABARDO, Emerson. Interesse público e *subsidiariedade*: o Estado e a Sociedade Civil para além do bem e do mal. Belo Horizonte: Fórum, 2009.

GABARDO, Emerson; REZENDE, Maurício Corrêa de Moura. *Revista Brasileira de Estudos Políticos*. Belo Horizonte, n. 115, p. 267-318, jul./dez. 2017.

GADAMER, Hans-Georg. *O problema da consciência histórica*. Rio de janeiro: FGV, 1998.

GADAMER, Hans-Georg. *Verdade e método*. Petrópolis: Vozes, 2002. v. I.

GADAMER, Hans-Georg. *Verdade e método*. Petrópolis: Vozes, 2002. v. II.

GAVIORNO, Gracimeri Vieira Soeiro de Castro. *Garantias constitucionais do indiciado no inquérito policial*: controvérsias históricas e contemporâneas. 165 f. Dissertação (Mestrado em Direitos e Garantias Constitucionais Fundamentais). Faculdade de Direito de Vitória – FDV, Vitória, 2006.

GODOY Arnaldo Sampaio de Moraes. *Domesticando o Leviatã*: Litigância Intragovernamental e Presidencialismo de Articulação Institucional, São Paulo: USP, 2012.

GÖSSEL, Karl Heinz. *El derecho procesal penal en el Estado de Derecho*. Buenos Aires: Rubinzal, 2007.

GRAU, Eros Roberto. *O direito posto e o direito pressuposto*. São Paulo: Malheiros, 2008.

HABERLE, Peter. *Verdad y estado constitucional*. México: Universidad Nacional Autónoma de México, 2006.

HABERMAS, Jüngen. *Between Facts and Norms: Contributions to a Discourse Theory of Law and Democracy*. EUA: MIT Press. 1996.

HAEBERLIN, Mártin. *Uma teoria do interesse público*: fundamentos do estado meritocrático de direito. Porto Alegre: Livraria do Advogado, 2017.

HESSE, Konrad. *A força normativa da constituição*. Porto Alegre: Sérgio Antônio Fabris Editor, 1991.

HUNGRIA, Nelson; FRAGOSO, Heleno Claudio. *Comentários ao código penal*. 6. ed. Rio de Janeiro: Forense, 1981. v. V.

JACQUES, Paulino. *Curso de direito constitucional*. 8. ed. São Paulo: Forense, 1977.

JUSTEN FILHO, Marçal. Conceito de interesse público e a "personalização" do Direito Administrativo. *Revista Trimestral de Direito Público*, São Paulo, n. 26, n. 26, p. 115-135, 1999.

JUSTEN FILHO, Marçal. Direito administrativo do espetáculo. *In*: ARAGÃO, Alexandre Santos de; MARQUES NETO, Floriano de Azevedo (coord.). *Direito administrativo e seus novos paradigmas*. Belo Horizonte: Fórum, 2008.

KESEN, Hans. *A democracia*. São Paulo: Martins Fontes. 1993.

KESEN, Hans. *O que é justiça?*. 3. ed. São Paulo: Martins Fontes, 2001.

KESEN, Hans. *Teoria oura do direito*. 7. ed. São Paulo: Martins Fontes, 2006.

LAFER, Celso. O significado de república. *Revista de Estudos Históricos*. Rio de Janeiro: FGV, 1989. v. 2, n.4, p. 214-224.

LEITE, Inês Ferreira. *Ne (idem) bis in idem*: proibição de dupla punição e de duplo julgamento: contributos para a racionalidade do poder punitivo público. Lisboa: AAFDL – Almedina Universitária, 2016. v. I.

LIMA, Ruy Cirne. *Princípios de direito administrativo*. São Paulo: Malheiros, 2007.

REFERÊNCIAS | 269

LIPSET, Seymour M. *Some Social Requisites of Democracy*: Economic Development and Political Legitimacy. *American Political Science Review*, (1959) 53: p. 69-105.

LOPES JR, Aury. *Direito processual penal e sua conformidade constitucional*. 4. ed. Rio de Janeiro: Lúmen Juris, 2009.

LOPES JR, Aury. *Fundamentos do processo penal*: introdução crítica. 2. ed. São Paulo: Saraiva, 2016.

LOPES JR, Aury. *Sistemas de investigação preliminar no processo penal*. 2. ed. Rio de Janeiro: Lumen Juris, 2003.

LOPES, José Reinaldo de Lima. *Naturalismo jurídico brasileiro*. São Paulo: Saraiva, 2014.

LUHMANN, Niklas. A posição dos tribunais no sistema jurídico. *Revista da Associação dos Juízes do Rio Grande do Sul*. Porto Alegre, n. 49, p. 149-168, jul. 1990.

LUHMANN, Niklas. Law as a social system. *Northwestern University Law Review*, v. 83, n. 1/2, p. 136-150, 1989.

LUHMANN, Niklas. Operational closure and structural coupling: the differentiation of the legal system. *Cardoso Law Review*, v. 13, n. 5, p. 1419-1441, mar. 1992.

LUHMANN, Niklas. *Sistema juridico y dogmatica juridica*. Madrid: Centro de Estudios constitucionales, 1974.

LUHMANN, Niklas. *Sistemas sociales*: lineamientos para una teoría general. Tradução de Silvia Pappe y Brunhilde Erker; coord. Javier Torres Nafarrate. Rubí (Barcelona): Anthropos; México: Universidad Iberoamericana; Santafé de Bogotá: CEJA, Pontifícia Universidad Javeriana, 1998.

LUHMANN, Niklas. Sociologia do Direito I. Trad. Gustavo Bayer. Rio de Janeiro: Edições Tempo Brasileiro, 1983.

LLOBREGAT, José Garberí. *Derecho administrativo sancionador prático*. Comentarios, jurisprudencia y normativa reguladora. Volume II. Los derechos fundamentales del inculpado en el procedimiento administrativo sancionador. Barcelona: Editorial Bosch, 2012.

MAQUIAVELLI, Niccolò. Machiavelli: Tutte Le Opere Firenze: Sassoni. 1971.

MARQUES, José Frederico. *Elementos do direito processual penal*. Campinas: Bookseller, 1997.

MATTOS, Mauro Roberto Gomes de. *Tratado de direito administrativo disciplinar*. Rio de Janeiro: América Jurídica, 2008.

MAURER, Hartmut. *Direito administrativo geral*. Tradução de Luiz Afonso Heck. 14. ed. São Paulo: Manole, 2006.

MAURER, Hartmut. *Direito do estado*: fundamentos, órgãos constitucionais e funções estatais. 6. ed. Tradução Luís Afonso Heck. Porto Alegre: Sergio Antonio Fabris Editor, 2018.

MAURER, Hartmut. *Elementos de direito administrativo alemão*. São Paulo: Sergio Antonio Fabris Editor, 2000.

MAYER, Otto. *Derecho administrativo alemán*. t. I. Parte Geral. Traducción Horacio H. Heredia y Ernesto Krotoschin. Buenos Aires: Editorial Depalma, 1949.

MEDAUAR, Odete. *O direito administrativo em evolução*. 3. ed. Brasília: Gazeta Jurídica, 2017.

MEHMERI, Adilson. *Inquérito policial. Dinâmica*. São Paulo; Saraiva, 1992.

MEIRELLES, Hely Lopes. *Direito administrativo brasileiro*. 24. ed. São Paulo: Malheiros Editores, 1999.

MEIRELLES, Hely Lopes. *Mandado de segurança*. 18. ed. São Paulo: Malheiros, 1987.

MELO, Marcus André. O viés majoritário na política comparada: responsabilização, desenho institucional e qualidade democrática. *Revista Brasileira de Ciências Sociais*, 22(63), 11-29, 2006.

MELLO, Celso Antônio Bandeira de. *Grandes temas de direito administrativo*. São Paulo: Malheiros, 2009.

MELLO, Oswaldo Aranha Bandeira de. *Princípios de direito administrativo*. 3. ed. São Paulo: Malheiros, 2007.

MELLO, Oswaldo Aranha Bandeira de. *Princípios gerais de direito administrativo*. Rio de Janeiro: Forense, 1979. v. 2.

MENDES, Gilmar Ferreira; CANOTILHO, José Gomes; SARLET, Ingo Wolfgang; STRECK, Lenio Luiz. *Comentários à Constituição do Brasil*. 2. ed. São Paulo: Saraiva, 2018.

MONET, Jean-Claude. *Polícias e sociedade na Europa*: polícia e sociedade. São Paulo: Edusp. 1998. v. 3.

MONET, Jean-Claude. *Polícias e sociedade na Europa*: polícia e sociedade. v. 3. São Paulo: Edusp. 2003.

MONTESQUIEU, Charles de Secondat Baron de. *O espírito das leis*. São Paulo: Marins Fontes, 1993.

MORAES, Rafael Francisco Marcondes. *Prisão em Flagrante Delito Constitucional*. Salvador: Editora Juspodivm, 2014.

MORIN, Edgar. *Introdução ao pensamento complexo*. Tradução de Eliane Lisboa. 5. ed. Porto Alegre: Sulina, 2015.

MOURA, José Souto de. *Inquérito e instrução*: jornadas de direito processual penal: o novo código de processo penal. Coimbra: Almedina, 1995.

MÜLLER, Friedrich. Teoria moderna e interpretação dos direitos fundamentais: especialmente com base na teoria estruturante do direito. *Anuario Iberoamericano de Justicia Constitucional*, n. 7, p. 315-327, 2003.

REFERÊNCIAS | **271**

NETO, Francisco Sannini; HOFFMANM Henrique. Independência funcional do delegado de polícia. *Temas Avançados de Polícia Judiciária*. Salvador: Juspodivm. 2017.

NIETO, Alejandro. *Derecho administrativo sancionador*. 5. ed. Madrid: Tecnos, 2012.

NORONHA, Edgard Magalhães. *Direito penal*. 24. ed. São Paulo: Saraiva, 1990. v. 2.

NUCCI, Guilherme de Souza. *Código de Processo penal comentado*. São Paulo: Revista dos Tribunais, 2007.

NUCCI, Guilherme de Souza. *Manual de processo e execução penal*. São Paulo: Revista dos Tribunais, 2005.

OLIVEIRA, Miguel Tassinari de. *Bem jurídico-penal e Constituição*. 2010, 169 fl. Dissertação (Mestrado em Direito) – Direito das Relações Sociais, Pontífica Universidade Católica de São Paulo – PUC, São Paulo, 2010.

OSÓRIO, Fábio Medina. *Direito administrativo sancionador*. 2. ed. São Paulo: Revista dos Tribunais, 2005.

OTERO, Paulo. *A democracia totalitária*: do estado totalitário à sociedade totalitária. Lisboa: Principia. 2001.

PACELLI, Eugênio de Oliveira. *Curso de processo penal*. 10. ed. Rio de Janeiro: Lumen Júris, 2008.

PASCUAL, Gabriel Doménech. Es compatible con el principio ne bis in idem reabrir un procedimiento sancionador caducado?. *Revista Española de Derecho Administrativo*. Madrid, n. 136, p. 727-755, oct./dic. 2007.

PASCHOAL, Janaina. *Primeiras notas sobre a resolução 181/17 do CNMP*: esqueceram que há Constituição Federal e leis no Brasil? Disponível em: https://www.migalhas.com.br/Quentes/17,MI265066,51045Janaina+Paschoal+critica+resolucao+que+amplia+poderes+do+MP+em. Acesso em: 12 out. 2018.

PEREIRA, Eliomar da Silva. Direito de polícia judiciária: introdução às questões fundamentais. *Revista de Direito de Polícia Judiciária*. Brasília, Ano 1, n. 1, p. 47-48, jul./dez 2017. Disponível em: https://periodicos.pf.gov.br/index.php/RDPJ/article/view/470/278.

PEREIRA, Eliomar da Silva. *Introdução ao direito de polícia judiciária*. Belo Horizonte: Fórum, 2019.

PEREIRA, Eliomar da Silva. *Introdução às ciências policiais*: a polícia entre ciência e política. Lisboa: Almedina, 2015.

PEREIRA, Eliomar da Silva. Introdução: investigação criminal, inquérito policial e Polícia Judiciária. *In:* PEREIRA, Eliomar da Silva; DEZAN, Sandro Lúcio. Investigação Criminal conduzida por Delegado de Polícia: comentários à Lei 12.830/2013. Porto Alegre: Juruá, 2013.

PEREIRA, Eliomar da Silva. *Investigação, verdade e justiça*: a investigação criminal como ciência na lógica do Estado de Direito. Porto Alegre: Núria Fabris, 2014.

PEREIRA, Eliomar da Silva. *O processo (de investigação) penal*: o "nó górdio" do devido processo. 2018, 603 fl. Tese (Doutoramento em Direito) – Escola de Direito de Lisboa, Universidade Católica Portuguesa – UCP, Lisboa, 2018.

PEREIRA, Eliomar da Silva. *Saber e poder*: o processo (de investigação) criminal. Florianópolis: Tirant lo Blanch, 2019.

PEREIRA, Eliomar da Silva. *Teoria da investigação criminal*. Lisboa: Almedina, 2011.

PEREIRA, Eliomar da Silva. *Teoria da investigação criminal*: uma introdução jurídico-científica. Lisboa: Almedina, 2010.

PEREIRA, Eliomar da Silva; DEZAN, Sandro Lucio (coord.). *Investigação criminal conduzida por delegado de polícia*: comentários à Lei 12.830/2013. Curitiba: Juruá, 2013.

PEREIRA, Ruitemberg Nunes. *O princípio do devido processo legal substantivo*. Rio de Janeiro: Renovar, 2005.

PERSSON, Torsten. GERARD, Roland; GUIDO, Tabellini. Separation of Powers and Political Accountability. *Quarterly Journal of Economics* 112: 1163-1165, 1997.

PIERANGELLI, José Henrique. *Processo penal*: evolução histórica e fontes legislativas. São Paulo: Jalovi, 1983.

PITOMBO, Sérgio Marcos de Moraes. *Inquérito Policial*: novas tendências. Belém: CEJUSP, 1987.

PITOMBO, Sérgio Moraes. *Breves notas em torno da coação processual penal*.

PRADO, Luiz Regis. *Bem jurídico e Constituição*. 7. ed. São Paulo: Revista dos Tribunais, 2015.

QUEIRÓ, Afonso Rodrigues. *Reflexões sobre a teoria do desvio de poder em direito administrativo*. Coimbra: Coimbra Editora, 1940.

RANGEL, Paulo. *Direito Processual Penal*. Rio de Janeiro: Lumen Juris, 2001.

RANHA, Adalberto José Queiroz Telles de Camargo. *Da prova no processo penal*. São Paulo: Saraiva, 1994.

REALE JÚNIOR, Miguel. *Instituições de direito penal*: parte geral. Rio de Janeiro: Forense, 2006. v. I.

REBOLLO PUIG, Manuel *et alli*. Derecho administrativo sancionador. *Revista española de Derecho administrativo*, Madrid, n. 173, p. 155-179, noviembre 2015.

SAAD, Marta Cristina Cury. *O direito de defesa no inquérito policial*. São Paulo: Revista dos Tribunais. 2004.

SAINT-SERNIN, Bertrans. *A razão no século XX*. Brasília: EdUNB, 1998.

SALINAS, Henrique. *Os limites objectivos do ne bis in idem e a estrutura acusatória no processo penal português*. Lisboa: Universidade Católica Editora, 2014.

SANDULLI, Aldo M. *Manuale di direitto amministrativo*. XV Edizione. Napoli: Casa Editrice Dott. Eugenio Joveni, 1989. v. 2.

SANTOS, Célio Jacinto. A Polícia Judiciária no Estado Democrático de Direito. *Revista de Direito de Polícia Judiciária*. Brasília: ANP, Ano 1, n. 1, p. 81-128, jul./dez. 2017. Disponível em: https://periodicos.pf.gov.br/index.php/RDPJ/article/view/472.

SANTOS, Célio Jacinto. *Investigação criminal especial:* seu regime no Estado Democrático de Direito. Porto Alegre: Núria Fabris, 2013, p. 118.

SANTOS, Célio Jacinto. *Investigação criminal especial*: seu regime no marco do Estado Democrático de Direito. Porto Alegre: Núria Fabris, 2013.

SANTOS, Isaías Cleopas; ZANOTTI, Bruno Taufner. *O delegado de polícia em ação*. 2. ed. Salvador: Juspodivm, 2014.

SANTOS, Moacyr Amaral dos. *Comentários ao Código de Processo Civil*. Rio de Janeiro: Forense, 1976. v. IV.

SARLET, Ingo Wolfgang. *A eficácia dos direitos fundamentais*. 9. ed. Porto Alegre: Livraria do Advogado, 2007.

SARLET, Ingo Wolfgang. *A eficácia dos direitos fundamentais*: uma teoria dos direitos fundamentais na perspectiva constitucional. 13. ed. Porto Alegre, 2018.

SARTORI, Giovanni, em sua obra. *A teoria da democracia revisitada*. São Paulo: Ática, 1994.

SAUVY, Alfred. 1956: 128 *La bureaucratie*. Paris: PUF apud Gélédan e Brémond. 1988.

SCALIA, Antonin. Teorias contemporâneas da interpretação constitucional: entrevista com o ministro Antonin Scalia, da Suprema Corte dos EUA. *Revista de Direito Administrativo – RDA*, v. 250, p. 15-25, 2009.

SCHEDLER, Andreas. *In:* SCHEDLER, Andreas; DIAMOND, Larry; PLATTNER, Marc F. *The Self-Restraining State*: Power and Accountability in New Democracies. London: Lynne Rienner Publishers, 1999.

SCHMITTER, Philippe C.; KARL, Terry L. O que a democracia é... e não é. *In*: DIAMOND, Larry (org.) *Para entender a democracia*. Curitiba, PR: Atuação, 2017.

SEABRA FAGUNDES, Miguel. Voto relator na apelação cível nº 1.422. *Revista de Direito Administrativo*. São Paulo: Fundação Carlos Chagas, 1948. v. 14.

SILVA, Germano Marques da. *Direito penal português I*: introdução e teoria da lei penal. Parte geral. 3. ed. Lisboa: Verbo, 2010.

SILVA, Ivan Luiz da. O bem jurídico penal como limite material à intervenção criminal. *Revista de Informação Legislativa – RIL*, Ano 50, número 197, p. 64-74, jan./mar. 2013.

SILVA, José Afonso. *Curso de Direito Constitucional Positivo*. 26. ed. São Paulo: Malheiro. 2006.

SILVA, Roberto Ferreira da. *O indiciado como sujeito de direitos no inquérito policial brasileiro*. 364 f. Dissertação (Mestrado em Direito) – Pontifícia Universidade Católica de São Paulo, São Paulo, 2006.

SILVA, Vasco Manuel Pascoal Dias Pereira da. *Em busca do acto administrativo perdido.* Coleção Teses. Coimbra: Almedina, 2003.

SILVA, Virgílio Afonso. *A constitucionalização do direito*: os direitos fundamentais nas relações entre particulares. São Paulo: Malheiros, 2005.

SIQUEIRA, Galdino. Tratado de direito penal: parte geral. Rio de Janeiro: José Confino Editor, 1947.

SUANNES, Adauto. *Os fundamentos éticos do devido processo penal.* São Paulo: Revista dos Tribunais, 1999.

TAVARES, Juarez. *Teoria do injusto penal.* Belo Horizonte: Del Rey, 2003.

TILLY, Charles. *Democracia.* Petrópolis, RJ: Vozes, 2013.

TORNAGHI, Helio. *Instituições de processo penal.* 2. ed. São Paulo: Saraiva, 1977. v. 2.

TORRINHA, Francisco. *Dicionário latino português.* Porto: Práticas Reunidas Ltda., 1942.

TOURINHO FILHO, Fernando da Costa. *Manual de processo penal.* 16. ed. São Paulo: Saraiva, 2013.

TOURINHO FILHO, Fernando da Costa. *Prática do processo penal.* São Paulo: Saraiva, 1988.

TOURINHO FILHO, Fernando da Costa. *Processo penal.* São Paulo: Saraiva, 2008.

TUCCI, Rogério Lauria. *Devido processo legal e tutela jurisdicional.* São Paulo: Revista dos Tribunais, 1993.

TUCCI, Rogério Lauria. *Teoria do Direito Processual Penal*: jurisdição, ação e processo penal. Estudo sistemático. São Paulo: Revista dos Tribunais, 2003.

VALENTE, Manuel Monteiro Guedes. *Do ministério público e da polícia judiciária*: prevenção criminal e acção penal como execução de uma política criminal do ser humano. Lisboa: Universidade Católica, 2013.

VASAK, Karel. *Las dimensiones internacionales de los derechos humanos.* Barcelona: Serbal/Unesco, 1984. v. I, II e III.

VICO, Giambattista. *Ciência nova.* Tradução de José Vaz de Carvalho. Lisboa: Calouste Gulbenkian, 2005.

VIDAL, Isabel Lifante. *La interpretación jurídica en la teoría del Derecho contemporánea.* Madrid: Centro de Estudios Políticos y Constitucionales, 1999.

VIEIRA DE ANDRADE, José Carlos. *A justiça administrativa.* 12. ed. Coimbra: Almedina, 2012.

VIGO, Rodolfo Luis. Constitucionalização e neoconstitucionalismo: alguns riscos e algumas prevenções. *Revista Eletrônica do Curso de Direito da UFSM,* v. 3, n. 1, p. 1-50, mar. 2008.

VILANOVA, Lourival. *As estruturas lógicas e o sistema do direito positivo.* 2. ed. São Paulo: Max Limonad, 1997.

VILANOVA, Lourival. *Causalidade e relação no direito*. 4. ed. São Paulo: Revista dos Tribunais, 2000.

VILANOVA, Lourival. *Escritos jurídicos e filosóficos*. São Paulo: AXIS MVNDI IBEST, 2003. v. I.

VILANOVA, Lourival. *Escritos jurídicos e filosóficos*. São Paulo: AXIS MVNDI IBEST, 2003. v. II.

WERNER, Guilherme Cunha. *Cleptocracia:* corrupção sistêmica e criminalidade organizada: *criminalidade organizada*: investigação, direito e ciência. Lisboa: Almedina 2017.

ZAFFARONI, Eugenio Raúl; PIERANGELI, José Henrique. *Manual de direito penal brasileiro. Parte Geral.* 5. ed. São Paulo: Revista dos Tribunais, 2004.

ZAGREBELSKY, Gustavo. *La ley y su justicia:* tres capítulos de justicia constitucional. Madrid: Editorial Trotta, 2008.

Esta obra foi composta em fonte Palatino Linotype, corpo 10
e impressa em papel Offset 75g (miolo) e Supremo 250g (capa)
pela Laser Plus Gráfica, em Belo Horizonte/MG.